Reserve
7138

POÉSIES COMPLÈTES

DE

LECONTE DE LISLE

POÈMES ANTIQUES — POÈMES ET POÉSIES

(OUVRAGES COURONNÉS PAR L'ACADÉMIE FRANÇAISE)

POÉSIES NOUVELLES

AVEC UNE EAU-FORTE DESSINÉE ET GRAVÉE

PAR

LOUIS DUVEAU

PARIS

POULET-MALASSIS ET DE BROISE

IMPRIMEURS-LIBRAIRES-ÉDITEURS

9, rue des Beaux-Arts

1858

POÉSIES COMPLÈTES

DE

LECONTE DE LISLE

POÈMES ANTIQUES — POÈMES ET POÉSIES

(OUVRAGES COURONNÉS PAR L'ACADÉMIE FRANÇAISE)

POÉSIES NOUVELLES

AVEC UNE EAU-FORTE DESSINÉE ET GRAVÉE

PAR

LOUIS DUVEAU

PARIS
POULET-MALASSIS ET DE BROISE
IMPRIMEURS-LIBRAIRES-ÉDITEURS
9, rue des Beaux-Arts
—
1858

Les Éditeurs de cet Ouvrage se réservent le droit de le faire traduire dans toutes les langues. Ils poursuivront, en vertu des Lois, Décrets et Traités internationaux, toutes contrefaçons et traductions faites au mépris de leurs droits.

Toutes les formalités prescrites par les Traités ont été remplies dans les divers États avec lesquels la France a conclu des Conventions littéraires.

ALENÇON. — TYP. POULET-MALASSIS ET DE BROISE.

POÉSIES COMPLÈTES

DE

LECONTE DE LISLE

POÈMES ANTIQUES — POÈMES ET POÉSIES

(OUVRAGES COURONNÉS PAR L'ACADÉMIE FRANÇAISE)

POÉSIES NOUVELLES

AVEC UNE EAU-FORTE DESSINÉE ET GRAVÉE

PAR

LOUIS DUVEAU

PARIS

POULET-MALASSIS ET DE BROISE

IMPRIMEURS-LIBRAIRES-ÉDITEURS

9, rue des Beaux-Arts

—

1858

POEMES
ANTIQUES

POEMES ANTIQUES

HYPATIE

Au déclin des grandeurs qui dominent la terre,
Quand les cultes divins, sous les siècles ployés,
Reprenant de l'oubli le sentier solitaire,
Regardent s'écrouler leurs autels foudroyés ;

Quand du chêne d'Hellas la feuille vagabonde
Des parvis désertés efface le chemin,
Et qu'au delà des mers où l'ombre épaisse abonde,
Vers un jeune soleil flotte l'esprit humain ;

Toujours des dieux vaincus embrassant la fortune,
Un grand cœur les défend du sort injurieux ;
L'aube des jours nouveaux le blesse et l'importune :
Il suit à l'horizon l'astre de ses aïeux.

Pour un destin meilleur qu'un autre siècle naisse
Et d'un monde épuisé s'éloigne sans remords ;
Fidèle au songe heureux où fleurit sa jeunesse,
Il entend tressaillir la poussière des morts.

Les sages, les héros se lèvent pleins de vie !
Les poëtes en chœur murmurent leurs beaux noms :
Et l'Olympe idéal qu'un chant sacré convie,
Sur l'ivoire s'assied dans les blancs Parthénons.

O vierge, qui, d'un pan de ta robe pieuse,
Couvris la tombe auguste où s'endormaient tes dieux ;
De leur culte éclipsé prêtresse harmonieuse,
Chaste et dernier rayon détaché de leurs cieux !

Je t'aime et te salue, ô vierge magnanime !
Quand l'orage ébranla le monde paternel,
Tu suivis dans l'exil cet Œdipe sublime,
Et l'enveloppas d'un amour éternel.

Debout, dans ta pâleur, sous les sacrés portiques
Que des peuples ingrats abandonnait l'essaim,
Pythonisse enchaînée aux trépieds prophétiques,
Les Immortels trahis palpitaient dans ton sein.

Tu les voyais passer dans la nue enflammée !
De science et d'amour ils t'abreuvaient encor ;
Et la terre écoutait, de ton rêve charmée,
Chanter l'abeille attique entre tes lèvres d'or.

Comme un jeune lotos croissant sous l'œil des sages,
Fleur de leur éloquence et de leur équité,
Tu faisais, sur la nuit moins sombre des vieux âges,
Resplendir ton génie à travers ta beauté !

Le grave enseignement des vertus éternelles
S'épanchait de ta lèvre au fond des cœurs charmés ;
Et les Galiléens qui te rêvaient des ailes,
Oubliaient leur dieu mort pour tes dieux bien-aimés.

Mais le siècle emportait ces âmes insoumises
Qu'un lien trop fragile enchaînait à tes pas ;
Et tu les voyais fuir vers les terres promises ;
Mais toi qui savais tout, tu ne les suivis pas !

Que t'importait, ô vierge, un semblable délire ?
Ne possédais-tu pas cet idéal cherché ?
Va ! dans ces cœurs troublés tes regards savaient lire,
Et les dieux bienveillants ne t'avaient rien caché.

O sage enfant, si pure entre tes sœurs mortelles!
O noble front, sans tache entre les fronts sacrés !
Quelle âme avait chanté sur des lèvres plus belles,
Et brûlé plus limpide en des yeux inspirés ?

Sans effleurer jamais ta robe immaculée,
Les souillures du siècle ont respecté tes mains :
Tu marchais, l'œil tourné vers la vie étoilée,
Ignorante des maux et des crimes humains.

L'homme en son cours fougueux t'a frappée et maudite,
Mais tu tombas plus grande ! Et maintenant, hélas !
Le souffle de Platon et le corps d'Aphrodite
Sont partis à jamais pour les beaux cieux d'Hellas !

Dors, ô blanche victime, en notre âme profonde,
Dans ton linceul de vierge et ceinte de lotos ;
Dors ! l'impure laideur est la reine du monde,
Et nous avons perdu le chemin de Paros.

Les dieux sont en poussière et la terre est muette ;
Rien ne parlera plus dans ton ciel déserté.
Dors ! mais vivante en lui, chante au cœur du poète
L'hymne mélodieux de la sainte beauté.

Elle seule survit, immuable, éternelle.
La mort peut disperser les univers tremblants,
Mais la beauté flamboie, et tout renaît en elle,
Et les mondes encor roulent sous ses pieds blancs.

THYONÉ

I

O jeune Thyoné, vierge de l'Isménus,
Tu n'as point confié de secrets à Vénus,
Et des flèches d'Eros l'atteinte toujours sûre
N'a point rougi ton sein d'une douce blessure.
Ah ! si les dieux jaloux, vierge, n'ont pas formé
La neige de ton corps d'un marbre inanimé,
Viens au fond des grands bois, sous les larges ramures,
Pleines de frais silence et d'amoureux murmures.

L'oiseau rit dans les bois, au bord des nids mousseux,
O belle chasseresse! et le vent paresseux
Berce du mol effort de son aile éthérée
Les larmes de la nuit sur la feuille dorée.
Compagne d'Artémis, abandonne tes traits ;
Ne trouble plus la paix des sereines forêts,
Et, propice à ma voix qui soupire et qui prie,
De rose et de lotos ceins ta tempe fleurie.
O Thyoné ! l'eau vive où brille le matin,
Sur ses bords parfumés de cytise et de thym,
Modérant de plaisir son onde diligente
Où nage l'hydriade et que l'aurore argente,
D'un cristal bienheureux baignera tes pieds blancs !
Érycine t'appelle aux bois étincelants ;
Viens ! — l'abeille empressée et la brise joyeuse
Chantent aux verts rameaux du hêtre et de l'yeuse ;
Et les faunes moqueurs, au seul bruit de tes pas,
Craindront de te déplaire et ne te verront pas.
O fière Thyoné, viens, afin d'être belle !
Un jour tu pleureras ta jeunesse rebelle...
Qu'il te souvienne alors de ce matin charmant,
De tes premiers baisers et du premier amant,
A l'ombre des grands bois, sous les larges ramures
Pleines de frais silence et d'amoureux murmures.

II

Du cothurne chasseur j'ai resserré les nœuds ;
Je pars, et vais revoir l'Araunos sablonneux
Où la prompte Artémis, par leurs cornes dorées,
Surprit aux pieds des monts les cinq biches sacrées.

J'ai, saisissant mon arc et mes traits éclatants,
Noué sur mon genou ma robe aux plis flottants.
Crains de suivre mes pas. Tes paroles sont belles,
Mais je sais que tu mens et qu'Eros a des ailes!
Artémis me sourit. Docile à ses désirs,
Je coulerai mes jours en de mâles plaisirs,
Et n'enchaînerai point d'amours efféminées,
La force et la fierté de mes jeunes années.
D'autres vierges, sans doute, accueilleront tes vœux,
Qui du mol hyacinthe ornent leurs blonds cheveux,
Et qui, dansant aux sons des lyres ioniques,
Aux autels d'Erycine ont voué leurs tuniques.
Moi, j'aime au fond des bois, loin des regards humains,
Le carquois sur l'épaule et les flèches en mains,
De la chaste déesse intrépide compagne,
A franchir d'un pied sûr la plaine et la montagne.
Fière de mon courage, oubliant ma beauté,
Je veux qu'un lin jaloux garde ma nudité,
Et que ma flèche aiguë, au milieu des molosses,
Perce les grands lions et les biches véloces.
O jeune Phocéen au beau corps indolent,
Qui d'un frêle rameau charges ton bras tremblant,
Et n'as aiguillonné, de cette arme timide,
Que tes bœufs assoupis, épars dans l'herbe humide;
Oses-tu bien aimer la compagne des dieux,
Qui, dédaignant Eros et son temple odieux,
Dans les vertes forêts de la haute Ortygie,
Déjà d'un noble sang a vu sa main rougie?

III

Ne me dédaigne point, ô vierge ! un Immortel
M'a, sous ton noir regard, blessé d'un trait mortel.
Lorsque le chœur léger des jeunes chasseresses
Déroule au vent du soir le flot des souples tresses,
Que ton image est douce à mon cœur soucieux !
Toi seule n'aimes point sous la clarté des cieux.
Les dieux même ont aimé, compagne de Diane !
Aux cimes du Latmos, sous le large platane,
Loin du nocturne char, solitaire, à pas lents,
Attentive aux doux bruits des feuillages tremblants,
On dit qu'une déesse aux amours ténébreuses
Du bel Endymion charma les nuits heureuses.
Ne me dédaigne point. Je suis jeune, et ma main
Ne s'est pas exercée au combat inhumain ;
Mais sur la verte mousse accoudé dès l'aurore,
J'exhale un chant sacré de mon roseau sonore ;
Les tranquilles forêts protègent mon repos ;
Et les riches pasteurs aux superbes troupeaux,
Voyant que, pour dorer ma pauvreté bénie,
Les dieux justes et bons m'ont donné le génie,
M'offrent en souriant, pour prix de mes leçons,
Les pesantes brebis et leurs beaux nourrissons.
Viens partager ma gloire, elle est douce et sereine.
Sous les halliers touffus, pour saluer leur reine,
Mes grands bœufs phocéens de plaisir mugiront.
De la rose des bois je ceindrai ton beau front.
Ils sont à toi les fruits de mes vertes corbeilles,
Mes oiseaux familiers, mes coupes, mes abeilles,

Mes chansons et ma vie ! O belle Thyoné,
Viens et je bénirai le destin fortuné
Qui loin de la Phocide et du toit de mes pères,
Au pasteur exilé gardait des jours prospères.

IV

Jeune homme, c'est assez. Au gré de leur désir,
Les dieux donnent à l'un l'amour et le loisir,
A l'autre les combats. La liberté sacrée
Seule guide mon cœur et ma flèche acérée.
Garde ta paix si douce et tes dons, ô pasteur !
Et ta gloire frivole et ton roseau chanteur ;
Coule loin des périls d'inutiles années ;
Mais moi je poursuivrai mes fières destinées.
Fidèle à mon courage, errante et sans regrets,
Je finirai mes jours dans les vastes forêts,
Ou sur les monts voisins de la voûte éternelle,
Que l'aigle olympien ombrage de son aile !
Et là, le lion fauve, ou le cerf aux abois,
Rougira de mon sang les verts sentiers des bois.
Ainsi j'aurai vécu sans connaître les larmes,
Les jalouses fureurs et les lâches alarmes.
Libre du joug d'Eros, libre du joug humain,
Je n'aurai point brûlé les flambeaux de l'hymen ;
Sur le seuil nuptial les vierges assemblées
N'auront point murmuré les hymnes désolées,
Et jamais Ilythie, avec impunité,
N'aura courbé mon front et flétri ma beauté.
Aux bords de l'Isménus, mes compagnes chéries

Couvriront mon tombeau de couronnes fleuries ;
Puis autour de ma cendre entrelaçant leurs pas,
Elles appelleront qui ne les entend pas !
Vierge j'aurai vécu, vierge sera mon ombre ;
Et quand j'aurai passé le fleuve à l'onde sombre,
Quand le doux Elysée aux ombrages secrets,
M'aura rendu mon arc, mon carquois et mes traits,
Artémis, gémissant et déchirant ses voiles,
Fixera mon image au milieu des étoiles !

GLAUCÉ

I

Sous les grottes de nacre et les limons épais
Où le fleuve Océan sommeille et rêve en paix,
Vers l'heure où l'Immortelle aux paupières dorées
Rougit le pâle azur, de ses roses sacrées,
Je suis née, et mes sœurs, qui nagent aux flots bleus,
M'ont bercée en riant dans leurs bras onduleux,
Et sur la perle humide entrelaçant leurs danses,
Instruit mes pieds de neige aux divines cadences.
Et j'étais déjà grande, et déjà la beauté
Baignait mon souple corps d'une molle clarté.
Longtemps heureuse, au sein de l'onde maternelle,
Je coulais doucement ma jeunesse éternelle ;

Les sourires vermeils sur mes lèvres flottaient ;
Les songes innocents de l'aile m'abritaient ;
Et les dieux vagabonds de la mer infinie
De mon destin candide admiraient l'harmonie.
O jeune Clytios, ô pasteur inhumain,
Que Pan aux pieds de chèvre éleva de sa main,
Quand sous les bois touffus où l'abeille butine,
Il enseigna Syrinx à ta lèvre enfantine,
Et, du flot cadencé de tes belles chansons,
Fit hésiter Diane au détour des buissons !
O Clytios ! sitôt qu'au golfe bleu d'Himère,
Je te vis sur le sable où blanchit l'onde amère :
Sitôt qu'avec amour l'abîme murmurant
Eût caressé ton corps d'un baiser transparent...
Eros ! Eros perça d'une flèche imprévue
Mon cœur que sous les flots je cachais à sa vue.
O pasteur, je t'attends. Mes cheveux azurés
D'algues et de corail pour toi se sont parés :
Et déjà, pour bercer notre doux hyménée,
L'Euros fait palpiter la mer où je suis née.

II

Salut, vallons aimés dans la brume tremblants !
Quand la chèvre indocile et les béliers blancs
Par vos détours connus, sous vos ombres si douces,
Dès l'aube, sur mes pas paissent les vertes mousses ;
Que la terre s'éveille et rit, et que les flots
Prolongent dans les bois d'harmonieux sanglots ;
O nymphe de la mer, déesse au sein d'albâtre,

Des pleurs voilent mes yeux, et je sens mon cœur battre,
Et des vents inconnus viennent me caresser,
Et je voudrais saisir le monde et l'embrasser!
Hélios resplendit : à l'abri des grands chênes,
Aux chants entrecoupés des naïades prochaines,
Je repose, et ma lèvre, habile aux airs divins,
Sur les rameaux ombreux charme les dieux sylvains.
Blonde fille des eaux, les vierges de Sicile
Ont émoussé leurs yeux sur mon cœur indocile;
Ni les seins palpitants, ni les soupirs secrets,
Ni l'attente incertaine et ses pleurs indiscrets,
Ni les baisers promis, ni les voix de syrène,
N'ont troublé de mon cœur la profondeur sereine.
J'honore Pan qui règne en ces bois révérés ;
J'offre un agreste hommage à ses autels sacrés,
Et Cybèle aux beaux flancs est ma divine amante.
Je m'endors en un pli de sa robe charmante ;
Et dès que luit aux cieux le matin argenté,
Sur les fleurs de son sein je bois la volupté !
Dis, si je t'écoutais, combien dureraient-elles,
Ces ivresses d'un jour, ces amours immortelles?
O nymphe de la mer, je ne veux pas t'aimer !
C'est vous que j'aime, ô bois qu'un dieu sait animer,
O matin rayonnant, ô nuit immense et belle!
C'est toi seule que j'aime, ô féconde Cybèle!

III

Viens, tu seras un dieu ! sur ta mâle beauté
Je poserai le sceau de l'immortalité;

Je te couronnerai de jeunesse et de gloire ;
Et sur ton sein de marbre, entre tes bras d'ivoire,
Appuyant, dans nos jeux, mon front pâle d'amour,
Nous verrons tomber l'ombre et rayonner le jour,
Sans que jamais l'oubli, de son aile envieuse,
Brise de nos destins la chaîne harmonieuse.
J'ai préparé moi-même, au sein des vastes eaux,
Ta couche de cristal qu'ombragent des roseaux ;
Et les fleuves marins, aux bleuâtres haleines,
Baigneront tes pieds blancs de leurs urnes trop pleines.
O disciple de Pan, pasteur aux blonds cheveux,
Sur quels destins plus beaux se sont portés tes vœux ?
Souviens-toi qu'un dieu sombre, inexorable, agile,
Desséchera ton corps comme une fleur fragile...
Et tu le supplieras, et tes pleurs seront vains.
Moi je t'aime, ô pasteur, et dans mes bras divins
Je sauverai du temps ta jeunesse embaumée.
Vois ! d'un cruel amour je languis consumée ;
Je puis nager à peine, et sur ma joue en fleur
Le sommeil en fuyant a laissé la pâleur.
Viens et tu connaîtras les heures de l'ivresse !
Où les dieux cachent-ils la jeune enchanteresse
Qui, domptant ton orgueil d'un sourire vainqueur,
D'un regard plus touchant amollira ton cœur ?
Sais-tu quel est mon nom, et m'as-tu contemplée,
Lumineuse et flottant sur ma conque étoilée ?
N'abaisse point tes yeux. O pasteur insensé,
Pour qui méprises-tu les larmes de Glaucé ?
Daigne m'apprendre, ô marbre à qui l'amour me lie,
Comme il faut que je vive ou plutôt que j'oublie !

IV

O nymphe! s'il est vrai qu'Eros, le jeune archer,
Ait su d'un trait doré te suivre et te toucher;
S'il est vrai que des pleurs, blanche fille de l'onde,
Etincellent pour moi dans ta paupière blonde;
Que nul Dieu de la mer n'est ton amant heureux,
Que mon image flotte en ton rêve amoureux,
Et que moi seul enfin je flétrisse ta joue;
Je te plains! Mais Eros de notre cœur se joue,
Et le trait qui blessa ton beau sein, ô Glaucé,
Sans même m'effleurer dans les airs a glissé.
Je te plains! ne crois pas, ô ma pâle déesse,
Que mon cœur soit de marbre et sourd à ta détresse,
Mais je ne puis t'aimer: Cybèle a pris mes jours,
Et rien ne brisera nos sublimes amours.
Va donc, et tarissant tes larmes soucieuses,
Danse bientôt, légère, à tes noces joyeuses!
Nulle vierge, mortelle ou déesse, au beau corps,
N'a vos soupirs divins ni vos profonds accords,
O bois mystérieux, temples aux frais portiques,
Chênes qui m'abritez de rameaux prophétiques,
Dont l'arome et les chants vont où s'en vont mes pas,
Vous qu'on aime sans cesse et qui ne trompez pas!
Qui d'un calme si pur enveloppez mon être,
Que j'oublie et la mort et l'heure où j'ai dû naître.
O nature, ô Cybèle, ô sereines forêts,
Gardez-moi le repos de vos asiles frais;
Sous le platane épais d'où le silence tombe,
Auprès de mon berceau creusez mon humble tombe;

Que Pan confonde un jour, aux lieux où je vous vois,
Mes suprêmes soupirs avec vos douces voix,
Et que mon ombre encore, à nos amours fidèle,
Passe dans vos rameaux comme un battement d'aile !

HÉLÈNE

POEME

I

HÉLÈNE — DÉMODOCE — CHOEUR DE FEMMES

DÉMODOCE

O Muses, volupté des hommes et des dieux,
Vous qui charmez d'Hellas les bois mélodieux ;
Vierges aux lyres d'or, vierges ceintes d'acanthes,
Des sages vénérés nourrices éloquentes,
Muses, je vous implore ! Et toi, divin chanteur,
Qui des monts d'Eleuthère habites la hauteur ;
Dieu dont l'arc étincelle, ô roi de Lycorée
Qui verses aux humains la lumière dorée ;
Immortel dont la force environne Milet ;
Si mes chants te sont doux, si mon encens te plaît,
Célèbre par ma voix, Dieu jeune et magnanime,
Hélène aux pieds de neige, Hélène au corps sublime.

HÉLÈNE

Cesse tes chants flatteurs, harmonieux ami.
D'un trouble inattendu tout mon cœur a frémi.
Réserve pour les dieux, calmes dans l'Empyrée,
Ta louange éclatante et ta lyre inspirée.
La tristesse inquiète et sombre où je me vois
Ne s'est point dissipée aux accents de ta voix ;
Et du jour où voguant vers la divine Crète,
Atride m'a quittée, une terreur secrète,
Un noir pressentiment envoyé par les dieux
Habite en mon esprit tout plein de ses adieux.

LE CHOEUR DE FEMMES

O fille de Léda, bannis ces terreurs vaines ;
Songe qu'un sang divin fait palpiter tes veines.
Honneur de notre Hellas, Hélène aux pieds d'argent,
Ne tente pas le sort oublieux et changeant.

HÉLÈNE

Par delà les flots bleus, vers des rives lointaines
Quel dessein malheureux a poussé tes antennes,
Noble Atride ! que n'ai-je accompagné tes pas ?
Peut-être que mes yeux ne te reverront pas !
Je te prie, ô Pallas, ô déesse sévère,
Qui dédaignes Eros et qu'Athènes révère,
Vierge auguste, guerrière au casque étincelant,
Du parjure odieux garde mon cœur tremblant.
Et toi, don d'Aphrodite, ô flamme inassouvie,
Apaise tes ardeurs qui dévorent ma vie !

LE CHOEUR DE FEMMES

Daigne sourire encore et te plaire à nos jeux.
Reine, tu reverras ton époux courageux.
Déjà sur la mer vaste une propice haleine
Des rapides vaisseaux gonfle la voile pleine,
Et les rameurs, courbés sur les forts avirons,
D'une mâle sueur baignent à flots leurs fronts.

HÉLÈNE

Chante donc, et saisis ta lyre tutélaire ;
Préviens des Immortels la naissante colère,
Doux et sage vieillard, dont les chants cadencés
Calment l'esprit troublé des hommes insensés.
Verse au fond de mon cœur, chantre de Méonie,
Ce partage des dieux, la paix et l'harmonie.
Filles de Sparte, et vous, compagnes de mes jours,
De vos bras caressants entourez-moi toujours.

DÉMODOCE.

Terre au sein verdoyant, mère antique des choses,
Toi qu'embrasse Océan de ses flots amoureux,
Agite sur ton front tes épis et tes roses !
O fils d'Hypérion, éclaire un jour heureux !

Courbez, ô monts d'Hellas, vos prophétiques crêtes.
Lauriers aux larges fleurs, platanes, verts roseaux,
Cachez au monde entier, de vos ombres discrètes,
Le Cygne éblouissant qui flotte sur les eaux.

L'onde, dans sa fraîcheur, le caresse et l'assiége,
Et sur son corps sacré roule en perles d'argent ;
Le vent souffle, embaumé, dans ses ailes de neige :
Calme et superbe, il vogue et rayonne en nageant.

Vierges, qui vous jouez sur les mousses prochaines,
Craignez les flèches d'or que l'archer Délien
Darde, victorieux, sous les rameaux des chênes ;
Des robes aux longs plis détachez le lien.

Le divin Eurotas, ô vierges innocentes,
Invite en soupirant votre douce beauté.
Il baise vos corps nus de ses eaux frémissantes,
Palpitant comme un cœur qui bat de volupté.

Terre au sein verdoyant, mère antique des choses,
Toi qu'embrasse Océan de ses flots amoureux,
Agite sur ton front tes épis et tes roses !
O fils d'Hypérion, éclaire un jour heureux !

Sur tes bras, ô Léda, l'eau joue et se replie,
Et sous ton poids charmant se dérobe à dessein ;
Et le Cygne attentif, qui chante et qui supplie,
Voit resplendir parfois l'albâtre de ton sein.

Tes compagnes, ô reine, ont revêtu sur l'herbe
Leur ceinture légère, et quitté les flots bleus.
Fuis le Cygne nageur, roi du fleuve superbe,
N'attache point tes bras à son col onduleux !

Tyndare, sceptre en main, songe, l'âme jalouse,
Sur le trône d'ivoire avec tristesse assis.
Il admire en son cœur l'image de l'Epouse,
Et tourne vers le fleuve un regard indécis.

Mais le large Eurotas, la montagne et la plaine,
Ont frémi d'allégresse. O pudeur sainte, adieu !
Et l'amante du Cygne est la mère d'Hélène,
Hélène a vu le jour sous les baisers d'un dieu !

Terre au sein verdoyant, mère antique des choses,
Toi qu'embrasse Océan de ses flots amoureux,
Agite sur ton front tes épis et tes roses !
O fils d'Hypérion, éclaire un monde heureux !

HÉLÈNE

Vieillard, ta voix est douce, aucun son ne l'égale.
Telle chante au soleil la divine cigale,
Lorsque les moissonneurs, dans les blés mûrs assis,
Cessent pour l'écouter leurs agrestes récits.
Prends cette coupe d'or par Héphaistos forgée.
Jamais, de l'Ionie aux flots du grand Egée,
Un don plus précieux n'a ravi les humains.
Hélène avec respect le remet dans tes mains.
O divin Démodoce, ô compagnon d'Atrée,
Heureux le favori de la muse sacrée !
De sa bouche féconde en flots harmonieux
Coule un chant pacifique, et les cœurs soucieux,
Apaisant de leurs maux l'amertume cruelle,
Goûtent d'un songe heureux la douceur immortelle.

II

UN MESSAGER

O fille de Léda, sur un char diligent,
Dont la roue est d'ivoire aux cinq rayons d'argent,
Un jeune roi, portant sur son épaule nue
La pourpre qui jadis de Phrygie est venue,
Sur le seuil éclatant du palais arrêté,
Demande le repos de l'hospitalité.
Des agrafes d'argent retiennent ses knémides.
Sur le casque d'airain, aux deux cônes splendides,
Ondule, belliqueux, le crin étincelant,
Et l'épée aux clous d'or résonne sur son flanc.

HÉLÈNE

Servez l'orge aux coursiers. L'hôte qui nous implore
Nous vient des Immortels et sa présence honore.
Dans ce palais qu'Atride à ma garde a commis,
Que le noble étranger trouve des cœurs amis.

LE CHOEUR DE FEMMES

STOPHE

Heureux le sage assis sous le toit de ses pères,
L'homme paisible et fort, ami de l'étranger !
Il apaise la faim, il chasse le danger ;
Il fait la part des dieux dans ses destins prospères.
    Sachant que le sort peut changer.

Cher au fils de Kronos, sa demeure est un temple ;
L'hospitalité rit sur son seuil vénéré ;
Et sa vie au long cours que la terre contemple
    Coule comme un fleuve sacré.

ANTISTROPHE

Zeus vengeur, vigilant, roi de l'Olympe large,
Comme un pâle vieillard marche dans les cités.
Il dit que les destins et les dieux irrités
L'ont ployé sous la honte et sous la lourde charge
    Des aveugles calamités.
Des pleurs baignent sa face, il supplie, il adjure...
Le riche au cœur de fer le repousse en tout lieu.
O lamentable jour, ineffaçable injure !
    Ce suppliant était un dieu !

ÉPODE

Couronné de printemps, chargé d'hivers arides,
Né d'un père héroïque ou d'un humble mortel,
Entre, qui que tu sois, au palais des Atrides ;
De Pallas bienveillante embrasse en paix l'autel.
Reçois en souriant la coupe hospitalière
Où le vin étincelle et réjouit tes yeux,
    Et préside au festin joyeux,
    Le front ceint de rose et de lierre,
    Étranger qui nous viens des dieux !

III

HÉLÈNE. — DÉMODOCE. — PARIS. — CHOEUR DE
FEMMES. — CHOEUR D'HOMMES.

HÉLÈNE

Oui, sois le bien venu dans l'antique contrée
De Pélops, Etranger à la tête dorée.
Si le sort rigoureux t'a soumis aux revers,
Viens, des cœurs bienveillants et droits te sont ouverts.
Mais, sans doute, en ton sein, l'espérance fleurie
Habite encor. Dis-nous ton père et ta patrie.
Est-il un roi, pasteur des peuples? que les dieux
Gardent ses derniers jours des soucis odieux ;
Qu'il goûte longuement le repos et la joie !

PARIS

J'ai respiré le jour dans l'éclatante Troie,
Dans la sainte Ilion, demeure des humains.
Les fils de Dardanos, fils de Zeus, de leurs mains
L'ont bâtie au milieu de la plaine féconde
Que deux fleuves divins arrosent de leur onde.
Mais Ilos engendra le grand Laomédon,
Et lui, Priam, mon père, et Pâris est mon nom.

HÉLÈNE

Sur le large océan à l'humide poussière,
N'as-tu point rencontré de trirème guerrière,

Qui se hâte et revienne aux rivages d'Hellas?
Tes yeux n'ont-ils point vu le divin Ménélas?

PARIS

Un songe éblouissant occupait ma pensée,
Reine, et toute autre image en était effacée.

HÉLÈNE

Pardonne. Vers la Crète assise au sein des eaux,
Affrontant Poseidon couronné de roseaux,
Mon époux, à la voix du sage Idoménée,
A soudain délaissé la couche d'hyménée
Et ce sombre palais où languissent mes jours;
Et les jalouses mers le retiennent toujours!

PARIS

Des bords où le Xanthos roule à la mer profonde
Les tourbillons d'argent qui blanchissent son onde,
Soumis aux Immortels, sur les flots mugissants,
Je suis venu vers toi, femme aux nobles accents.

HÉLÈNE

Etranger, qu'as-tu dit? vers l'épouse d'Atride
Les dieux auraient poussé ta trirème rapide?
Pour cet humble dessein tu quitterais les bords
Où tu naquis au jour, où tes pères sont morts,
Où versant de longs pleurs, ta mère, d'ans chargée,
T'a vu fuir de ses yeux sur les ondes d'Egée?

PARIS

La patrie et le toit natal, l'amour pieux
De mes parents courbés par l'âge soucieux,
Ces vénérables biens, ô blanche Tyndaride,
N'apaisaient plus mon cœur plein d'une flamme aride.
O fille de Léda, pour toi j'ai tout quitté.
Ecoute, je dirai l'auguste vérité.

Aux cimes de l'Ida, dans les forêts profondes
Où paissaient à loisir mes chèvres vagabondes,
A l'ombre des grands pins je reposais songeur.
L'aurore aux belles mains répandait sa rougeur
Sur la montagne humide et sur les mers lointaines;
Les naïades riaient dans les claires fontaines,
Et la biche craintive et le cerf bondissant
Humaient l'air embaumé du matin renaissant.
Une vapeur soudaine, éblouissante et douce,
De l'Olympe sacré descendit sur la mousse.....
Les grands troncs respectés de l'orage et des vents
Courbèrent de terreur leurs feuillages mouvants,
La source s'arrêta sur les pentes voisines,
Et l'Ida frémissant ébranla ses racines;
Et de sueurs baigné, plein de frissons pieux,
Pâle, je pressentis la présence des dieux.

De ce nuage d'or trois formes éclatantes,
Sous les plis transparents de leurs robes flottantes,
Apparurent, debout sur le mont écarté.
L'une, fière et superbe, avec sérénité,
Dressa son front divin tout rayonnant de gloire,

Et croisant ses bras blancs sur son grand sein d'ivoire :
Fils heureux de Priam, tu contemples Héré,
Dit-elle; et je frémis à ce nom vénéré.
Mais d'une voix plus douce et pleine de caresses :
O pasteur de l'Ida, juge entre trois déesses.
Si le prix de beauté m'est accordé par toi,
Des cités de l'Asie un jour tu seras roi.
L'autre, sévère et calme, et pourtant non moins belle,
Me promit le courage et la gloire immortelle,
Et la force qui dompte et conduit les humains.
Mais la dernière alors leva ses blanches mains,
Déroula sur son cou de neige, en tresses blondes,
De ses cheveux dorés les ruisselantes ondes ;
Dénoua sa ceinture, et sur ses pieds d'argent
Laissa tomber d'en haut le tissu négligent ;
Et muette toujours, du triomphe assurée,
Elle sourit d'orgueil dans sa beauté sacrée.
Un nuage à sa vue appesantit mes yeux,
Car la sainte beauté dompte l'homme et les dieux !
Et le cœur palpitant, l'âme encore interdite,
Je dis : Sois la plus belle, ô divine Aphrodite !
La grande Héré, Pallas, plus promptes que l'éclair,
Comme un songe brillant disparurent dans l'air,
Et Kypris : — O pasteur, que tout mortel envie,
De plaisirs renaissants je charmerai ta vie.
Va ! sur l'onde propice à ton heureux vaisseau,
Fuis ton père Priam, Ilion, ton berceau ;
Cherche Hellas et les bords où l'Eurotas rapide
Coule ses flots divins sous le sceptre d'Atride ;
Et la fille de Zeus, Hélène aux blonds cheveux
J'en atteste le Styx, accomplira tes vœux.

LE CHŒUR DE FEMMES

Ce récit merveilleux a charmé mon oreille;
A cette douce voix nulle voix n'est pareille.
Des Muses entouré, tel le roi de Délos,
Mêle un hymne sonore au murmure des flots.
Serait-ce point un Dieu ? le Délien lui-même,
Le front découronné de sa splendeur suprême,
Noble Hélène, qui vient, cachant sa majesté,
D'un hommage divin honorer ta beauté ?

LE CHŒUR D'HOMMES

STROPHE

    Descends des neiges de Kyllène,
    O Pan, qui voles sur les eaux !
    Accours, et d'une forte haleine
    Emplis les sonores roseaux.
Viens ! de Nyse et de Gnosse inspire-moi les danses
    Et les rites mystérieux.
J'ai frémi de désir, j'ai bondi tout joyeux.
Il me plaît d'enchaîner les divines cadences
O Pan ! roi qui conduis le chœur sacré des dieux !

ANTISTROPHE

    Franchis les mers icariennes,
    Jeune Hélios au char doré,
    Et que les lyres déliennes
    Chantent sur un mode sacré.
Compagnes d'Artémis qui, dans les bois sauvages,
    Dansez sur les gazons naissants,

O nymphes, accourez de vos pieds bondissants !
Dieux vagabonds des mers, formez sur les rivages
Un chœur plein d'allégresse au bruit de mes accents !

ÉPODE

Vierges ceintes de laurier rose,
Dites un chant mélodieux :
Semez l'hyacinthe et la rose
Aux pieds de la fille des dieux...
Filles de Sparte, que la joie
En molles danses se déploie
Autour d'Hélène et de Pâris ;
Effleurez le sol de vos rondes,
Et dénouez vos tresses blondes
Au souffle céleste des ris !

HÉLÈNE

Je rends grâces aux dieux de qui je tiens la vie,
S'il faut qu'avec honneur je comble ton envie,
Jeune homme. — Parle donc. La fille de Léda,
Et la reine de Sparte, ô pasteur de l'Ida,
Peut, de riches trésors chargeant ton vaisseau vide,
Contenter les désirs de ta jeunesse avide.
Que réclame ton cœur ? que demandent tes vœux ?
Mes étalons, ployant sur leurs jarrets nerveux,
Nourris dans les vallons et les plaines fleuries,
A cette heure couverts de chaudes draperies,
Hennissent en repos. Ils sont à toi, prends-les.
Prends cet autel sacré gardien de mon palais,
Et l'armure éclatante et le glaive homicide
Que Pallas a remis entre les mains d'Atride ;

Prends, et vers l'heureux bord ou s'ouvrirent tes yeux
Guide à travers les flots tes compagnons joyeux.

PARIS

Noble Hélène, mon père en sa demeure immense
Possède assez de gloire et de magnificence ;
Assez d'or et d'argent, vain désir des mortels,
Décorent de nos dieux les éclatants autels.
Garde, fille de Zeus, tes richesses brillantes,
Et ce fer qui d'Atride arme les mains vaillantes,
Et cet autel d'airain à Pallas consacré.
Ce que je veux de toi, reine, je le dirai.
Il faut abandonner Sparte, Atride et la Grèce,
Et, célébrant Eros par un chant d'allégresse,
Suivre, soumise aux dieux, à l'horizon des flots,
Pâris, fils de Priam, dans les remparts d'Ilos.

HÉLÈNE

Etranger ! si déjà de la maison d'Atrée
Tes pas audacieux n'eussent franchi l'entrée ;
Si tu n'étais mon hôte enfin, et si les dieux
N'enchaînaient mon offense en un respect pieux ;
Imprudent Etranger, tu quitterais sur l'heure
La belliqueuse Sparte, Hélène et la demeure
D'Atride ! Mais toujours un hôte nous est cher.
Tu n'auras pas en vain bravé la vaste mer
Et les vents orageux de la nue éternelle.
Viens donc, le festin fume et la coupe étincelle ;
Viens goûter le repos ; mais, ô Pâris, demain,
Des rives du Xanthos tu prendras le chemin.

IV

DÉMODOCE — DEMI-CHOEUR DE FEMMES — DEMI-CHOEUR D'HOMMES

LE CHOEUR DE FEMMES

Dieu ! donnez-vous raison aux terreurs de la reine ?
C'en est-il fait, ô dieux, de notre paix sereine ?
Je tremble, et de mes yeux déjà remplis de pleurs
Je vois luire le jour prochain de nos douleurs.
Dis-nous, sage vieillard aux mains harmonieuses,
O disciple chéri des Muses glorieuses,
O Démodoce, ami des Immortels, dis-nous
Si, loin de Sparte et loin des rivages si doux
Du natal Eurotas, nos yeux, en leur détresse,
Verront s'enfuir Hélène infidèle à la Grèce ?

DÉMODOCE

Les équitables dieux, seuls juges des humains,
Dispensent les brillants ou sombres lendemains.
Ils ont scellé ma bouche, et m'ordonnent de taire
Leur dessein formidable en un silence austère.

LE CHOEUR D'HOMMES

O vieillard, tu le sais, le destin a parlé.
J'en atteste l'Hadès et l'Olympe étoilé !
Bannis de ton esprit le doute qui l'assiége.
Non, ce n'est point en vain, vierges aux bras de neige,
Que l'Immortelle née au sein des flots amers

A tourné notre proue à l'horizon des mers,
Et que durant dix jours nos rames courageuses
Ont soulevé l'azur des ondes orageuses.

LE CHOEUR DE FEMMES

O cruelle Aphrodite, et toi, cruel Eros !

LE CHOEUR D'HOMMES

Enfant, roi de l'Olympe ! ô reine de Paphos !

DÉMODOCE

La jeunesse est crédule aux espérances vaines :
Elle éblouit nos yeux et brûle dans nos veines,
Et des songes brillants le cortége vainqueur
D'un aveugle désir fait palpiter le cœur.

LE CHOEUR D'HOMMES

STROPHE

Divine Hébé, blonde déesse,
La coupe d'or des dieux étincelle en tes mains.
Salut, ô charme des humains,
Immortelle et douce Jeunesse !
Une ardente lumière, un air pur et sacré
Versent la vie à flots au cœur où tu respires :
Plein de rayons et de sourires,
Il monte et s'élargit dans l'Olympe éthéré !

ANTISTROPHE

Les Jeux, les Ris vermeils, les Grâces,
Eros à l'arc d'ivoire, Aphrodite au beau sein

Et les Désirs, comme un essaim,
Vont et s'empressent sur tes traces.
Le flot des mers pour toi murmure et chante mieux ;
Une lyre cachée enivre ton oreille.
L'aube est plus fraîche et plus vermeille,
Et l'étoile nocturne est plus belle à tes yeux.

ÉPODE

O vierge heureuse et bien aimée,
Ceinte des roses du printemps,
Qui, dans ta robe parfumée,
Apparus au matin des temps !
Ta voix est comme une harmonie ;
Les violettes d'Ionie
Fleurissent sous ton pied charmant.
Salut, ô Jeunesse féconde,
Dont les bras contiennent le monde
Dans un divin embrassement !

DÉMODOCE

Bienheureuse l'austère et la rude jeunesse
Qui rend un culte chaste à l'antique vertu !
Mieux qu'un guerrier de fer et d'airain revêtu,
Le jeune homme au cœur pur marche dans la sagesse.

Le myrte efféminé n'orne point ses cheveux,
Il n'a point effeuillé la rose ionienne ;
Mais sa bouche est sincère et sa face est sereine,
Et la lance d'Arès charge son bras nerveux.

En de mâles travaux ainsi coule sa vie.
Si parfois l'étranger l'accueille à son foyer,
Il n'outragera point l'autel hospitalier,
Et respecte le seuil où l'hôte le convie.

Puis les rapides ans inclinent sa fierté ;
Mais la vieillesse auguste ennoblit le visage !
Et qui vécut ainsi, peut mourir ; il fut sage,
Et demeure en exemple à la postérité.

LE CHOEUR DE FEMMES

Vierge Pallas, toujours majestueuse et belle,
Préserve-moi d'Eros ! A ton culte fidèle,
Dans la maison d'Hélène et dans la chasteté,
Je fuirai du plaisir l'amère volupté.
Sous ton égide d'or, ô sereine déesse,
Garde d'un souffle impur la fleur de ma jeunesse.

LE CHOEUR D'HOMMES

Déesse, qui naquis de l'écume des mers,
Dont le rire brillant tarit les pleurs amers,
Aphrodite ! à tes pieds la terre est prosternée.
O mère des désirs, d'Eros et d'Hyménée,
Ceins mes tempes de myrte, et qu'un hymne sans fin
Réjouisse le cours de mon heureux destin !

DÉMODOCE

Le désir est menteur, la joie est infidèle.
Toi seule es immuable, ô sagesse éternelle !
L'heure passe, et le myrte à nos fronts est fané ;

2.

Mais l'austère bonheur que tu nous as donné,
Semblable au vaste mont qui plonge aux mers profondes
Demeure inébranlable aux secousses des ondes.

LE CHŒUR D'HOMMES

Le souffle de Borée a refroidi vos cieux.
Oh! combien notre Troie est plus brillante aux yeux!
Vierges, suivez Hélène aux rives de Phrygie,
Où le jeune Iakkhos mène la sainte Orgie;
Où la grande Cybèle au front majestueux,
Sur le dos des lions fauves tueurs de bœufs,
Du Pactole aux flots d'or vénérable habitante
Couvre plaines et monts de sa robe éclatante!

LE CHŒUR DE FEMMES

O verts sommets du Taygète, ô beau ciel!
Dieux de Pélops, dieux protecteurs d'Hélène!
Vents qui soufflez une si douce haleine
Dans les vallons du pays paternel;
Et vous, témoins d'un amour immortel,
Flots d'Eurotas, ornement de la plaine!

DÉMODOCE

Etrangers, c'est en vain qu'en mots harmonieux
Vous caressez l'oreille et l'esprit curieux.
C'est assez. Grâce aux dieux qui font la destinée,
Au sol de notre Hellas notre âme est enchaînée;
Et la terre immortelle où dorment nos aïeux
Est trop douce à nos cœurs et trop belle à nos yeux.
Les vents emporteront la poussière inféconde,
Ilion! mais Hellas illumine le monde!

V

HÉLÈNE — PARIS — DÉMODOCE — CHOEUR DE FEMMES
— CHOEUR D'HOMMES

HÉLÈNE

Tes lèvres ont goûté le froment et le vin,
Fils de Priam. Ainsi l'a voulu le destin.
Des dieux hospitaliers j'ai gardé la loi sainte.
Mais de Sparte déjà dorant la vaste enceinte,
L'aurore a secoué ses roses dans l'azur,
Et l'astre à l'horizon incline un front obscur.
Dans le large Eurotas ta trirème lavée
Sur les flots, par les vents, s'agite soulevée.
Va! que Zeus te protége, et que les dieux marins
T'offrent un ciel propice et des astres sereins!
Tu reverras l'Ida couronné de pins sombres,
Et les rapides cerfs qui paissent sous leurs ombres,
Et les fleuves d'argent, Simoïs et Xanthos,
Et tes parents âgés, et les remparts d'Ilos.
Heureux qui, sans remords, et d'une âme attendrie
Revoit les cieux connus et la douce patrie!

PARIS

O blanche Tyndaride, ô fille de Léda,
Noble Hélène! Aphrodite, au sommet de l'Ida,
A mes yeux transportés éblouissante et nue,
Moins sublime, apparut du milieu de la nue!
N'es-tu point Euphrosyne au corps harmonieux

Dont rêvent les humains et qu'admirent les dieux ?
Ou la blonde Aglaé dont les molles paupières
Enveloppent les cœurs d'un tissu de lumières ?
L'or de tes cheveux brûle, et tes yeux fiers et doux
Font palpiter le sein et courber les genoux !
Tes pieds divins sans doute ont foulé les nuées !
Les vierges de Phrygie aux robes dénouées,
Etoiles qui du jour craignent l'auguste aspect,
Vont pâlir devant toi d'envie et de respect.
Viens ! Aphrodite veut qu'aux bords sacrés de Troie
J'emporte avec orgueil mon éclatante proie !
Elle-même, prodigue en son divin secours,
De mon vaisseau rapide a dirigé le cours.

HÉLÈNE

O vous, fils du grand Zeus, Dioscures sublimes,
Qui de l'Olympe auguste illuminez les cimes,
Vous qui, levant la pique et le ceste guerrier,
Jadis avez conquis le divin bélier !
O gloire de l'Hellade, amis de mon enfance,
Mes frères, entendez votre sœur qu'on offense !
Et toi, vierge Pallas, gardienne de l'hymen,
Qui portes l'olivier et la lance en ta main,
Vois combien ce regard me pénètre et m'enflamme !
Mets ta force divine, ô Pallas, dans mon âme ;
Soutiens mon lâche cœur dans ce honteux danger.

LE CHŒUR DES FEMMES

Dieux ! chassez de nos murs ce funeste Etranger.

PARIS

Hélène aux pieds d'argent, des femmes la plus belle,
Mon cœur est dévoré d'une ardeur immortelle !

HÉLÈNE

Je ne quitterai point Sparte aux nombreux guerriers,
Ni mon fleuve natal et ses roses lauriers,
Ni les vallons aimés de nos belles campagnes
Où danse et rit encor l'essaim de mes compagnes ;
Ni la couche d'Atride et son sacré palais.
Crains de les outrager, fils de Priam, fuis-les !
Sur ton large navire, au delà des mers vastes,
Fuis ! et ne trouble pas des jours calmes et chastes.
Heureux encor, si Zeus, de ton crime irrité,
Ne venge mon injure et l'hospitalité.
Fuis donc, il en est temps. Déjà sur l'onde Egée,
A l'appel de l'Hellade et d'Hélène outragée,
Le courageux Atride excite ses rameurs :
Regagne la Phrygie, ou si tu tardes, meurs !

PARIS

La rose d'Ionie ornera ma trirème,
Et tu seras à moi, noble femme que j'aime !
Les dieux me l'ont promis ; nous trompent-ils jamais ?

HÉLÈNE

Les dieux m'en sont témoins, Etranger, je te hais.
Ta voix m'est odieuse et ton aspect me blesse.

O justes dieux, grands dieux ! secourez ma faiblesse.
Je t'implore, ô mon père, ô Zeus ! ah ! si toujours
J'ai vénéré ton nom de pieuses amours ;
Fidèle à mon époux et vertueuse mère,
Si du culte d'Eros j'ai fui l'ivresse amère ;
Souviens-toi de Léda, toi, son divin amant,
Mon père ! et de mon sein apaise le tourment.
Permets qu'en son palais où Pallas le ramène,
Atride, entre les Grecs, soit fier encor d'Hélène.
O Zeus, ô noble Atride, ô má fille, ô vertu,
Sans relâche parlez à mon cœur abattu ;
Calmez ce feu secret qui sans cesse m'irrite.
Je hais ce Phrygien, ce prêtre d'Aphrodite,
Cet hôte au cœur perfide, aux discours odieux...
Je le hais, mais qu'il parte, et pour jamais ! grands dieux !
Je l'aime ! c'est en vain que ma bouche le nie,
Je l'aime et me complais dans mon ignominie !

LE CHOEUR DES FEMMES

O Reine, tes douleurs me pénètrent d'effroi.

LE CHOEUR D'HOMMES

Tu triomphes, Eros, et Pâris avec toi.

LE CHOEUR DE FEMMES

Eros, épargne Hélène, ou frappe-moi pour elle.

LE CHOEUR D'HOMMES

Poursuis, divin Eros, dompte ce cœur rebelle.

LE CHOEUR DE FEMMES

Aphrodite et Pallas, ô combat abhorré !
Se disputent Hélène et son cœur déchiré.

HÉLÈNE

Ne cesserez-vous point, ô dieux inexorables,
D'incliner vers le mal les mortels misérables !

LE CHOEUR D'HOMMES

Pleurs, combats insensés, inutiles efforts.
Tu résistes en vain, et les dieux sont plus forts.

DÉMODOCE

HYMNE

Toi, par qui la terre féconde
Gémit sous un tourment cruel,
Eros, dominateur du ciel,
Eros, Eros, dompteur du monde !
Par delà les flots orageux,
Par delà les sommets neigeux,
Plus loin que les plaines fleuries
Où les Grâces, des dieux chéries,
Mêlent leurs danses et leurs jeux,
Tu touches à tous les rivages ;
Tu poursuis dans les bois sauvages
Les chasseresses aux pieds prompts :
Tu troubles l'équité des sages

Et tu découronnes leurs fronts!
L'épouse, dans son cœur austère,
Durant le silence des nuits
Sent glisser ton souffle adultère,
Et sur sa couche solitaire
Rêve, en proie aux brûlants ennuis.
Tout mortel aux jours éphémères,
De tes flèches sans cesse atteint,
A versé des larmes amères.
Jamais ta fureur ne s'éteint;
Jamais tu ne fermes tes ailes.
Tu frappes, au plus haut des cieux,
Les palpitantes Immortelles,
D'un trait certain et radieux;
Et, réglant l'Ether spacieux,
Présidant aux lois éternelles,
Tu siéges parmi les grands dieux,
Toi, par qui la terre féconde
Gémit sous un tourment cruel,
Eros, Eros, dompteur du monde,
Eros, dominateur du ciel!

PARIS

Enfant divin, sois-moi favorable! Attendrai-je
Que l'âge sur ma tête ait secoué sa neige
Et flétri pour jamais les roses et mon cœur?
O volupté, nectar, enivrante liqueur,
O désir renaissant des dieux, coupe de flamme,
Tu verses à la fois tout l'Olympe dans l'âme!

HÉLÈNE

Heureuse qui peut vivre et peut mourir aux lieux
Où l'aurore première a réjoui ses yeux,
Et qui, de fils nombreux chaste mère entourée,
Laisse au fond de leurs cœurs sa mémoire honorée !
Mais quoi ! ne suis-je plus Hélène ? — Phrygien !
Atride est mon époux, ce palais est le sien...
Fuis ! ne me réponds point. Je le veux, je l'ordonne.
Mais je ne puis parler, la force m'abandonne,
Mon cœur cesse de battre, et déjà sous mes yeux
Roule le fleuve noir par qui jurent les dieux.

LE CHOEUR DE FEMMES

O Zeus, secours au moins ta fille malheureuse !
O Pallas-Athéné, déesse généreuse,
Viens, je t'implore ; rouvre à la douce clarté
Les yeux mourants d'Hélène. O jour, jour détesté,
Jour d'amères douleurs, de larmes, de ruine !
O funeste Étranger, vois la fille divine
De Zeus et de Léda ! Remplissez nos remparts
De lamentations, guerriers, enfants, vieillards...
Hélas ! faut-il qu'Hélène aux pieds d'argent se meure !
Les dieux, ô fils d'Atrée, ont frappé ta demeure.

PARIS

Noble Hélène, reviens à la vie et plains-moi.
J'ai causé ta colère et ton cruel effroi,
Et troublant de ces lieux la paix chaste et sereine,
Offensé ton cœur fier et mérité ta haine ;

Mais la seule Aphrodite a dirigé mes pas ;
Plains-moi, fille des dieux, et ne me punis pas !
Plus grande est ta beauté, plus ta présence est douce,
Plus l'auguste respect me dompte et me repousse.
Pardonne, je retourne en mon lointain pays.
Pour toi, rebelle aux dieux, je pars et t'obéis ;
Heureux si ta pitié, par delà l'onde amère,
Suit durant un seul jour ma mémoire éphémère.
Fuyons, des pleurs amers s'échappent de mes yeux ;
Noble Hélène, reçois mes suprêmes adieux ;
Salut, gloire d'Hellas, je t'aime et je t'honore.

HÉLÈNE

Divin fils de Priam, ton cœur est noble encore.
Sois heureux. Je rends grâce au généreux dessein
Que ta jeune sagesse a fait naître en ton sein
Il est digne des dieux d'où sort ta race antique
Et se vaincre soi-même est d'un cœur héroïque.

VI

HÉLÈNE — DÉMODOCE — CHOEUR DE FEMMES

LE CHOEUR DE FEMMES

STROPHE

O charme du vaste univers,
O terre de Pallas, ô glorieuse Grèce,
    Exhale un hymne d'allégresse,
Emeus l'Olympe au bruit de tes sacrés concerts !

Hellas, ô belle Hellas, terre auguste et chérie,
Mes yeux ont vu pâlir ta gloire, ô ma patrie !
Mais Zeus a dissipé l'ombre vaine d'un jour ;
  Et de Pallas les mains paisibles
Brisent les traits d'Éros, si longtemps invincibles :
  La sagesse a vaincu l'amour !

ANTISTROPHE

  Dieux propices aux matelots,
Sur les eaux de la mer, soufflez, doux Éolides ;
  Poussez nos trirèmes rapides
A travers l'étendue et l'écume des flots.
Reviens, ô fils d'Atrée, au berceau de tes pères,
Et poursuis l'heureux cours de tes destins prospères.
La fille de Léda, reine aux cheveux dorés,
  Honneur d'Hellas que Zeus protége,
O courageux époux, t'ouvre ses bras de neige
  Pour des embrassements sacrés !

ÉPODE

  Ciel natal, lumière si douce,
De ton plus bel éclat resplendis à mes yeux !
O nymphes aux pieds nus, sur un mode joyeux
  Du Taygète foulez la mousse ;
O Démodoce, chante un hymne harmonieux !
Aux sons des lyres d'or, en longues théories,
  Les tempes de roses fleuries,
Femmes de Sparte, allez vers les sacrés autels :
  Et que le sang pur des victimes
Et l'encens à longs flots et les chœurs magnanimes,

Dans l'Olympe aux voûtes sublimes
Réjouissent les Immortels !

DÉMODOCE

Interrompez vos chants, ô vierges innocentes.
La sombre inquiétude et les peines cuisantes
Du front de notre Hélène assiégent la pâleur.
O vierges, respectez sa secrète douleur.
De votre âge fleuri les tristesses légères
Se dissipent bientôt en vapeurs passagères ;
Et de vos yeux brillants les doux pleurs sont pareils
Aux larmes de la nuit sur les rameaux vermeils :
Prompts à naître, à tarir plus faciles encore.
Votre peine en rosée au soleil s'évapore,
O vierges ! Mais le cœur où les dieux ont passé
Garde longtemps le trait profond qui l'a blessé ;
Il se plaît à poursuivre une incessante image,
Et des pleurs douloureux sillonnent le visage.

HÉLÈNE

Vieillard, le doux repos s'est éloigné de moi :
Mon lâche cœur est plein d'amertume et d'effroi.
Tu l'as dit, de ce cœur profonde est la blessure,
Et les dieux de ma honte ont comblé la mesure.
Je l'avoue, — et mon front en rougit, tu le vois !
Mon oreille a gardé le doux son de sa voix ;
De sa jeune fierté l'irrésistible grâce
A mes regards encore en songe se retrace...
Je l'aime ! — Eros ! voilà de tes funestes jeux !
Dis-moi que mon époux est sage et courageux,

Vieillard, et que sans doute, en mon âme abusée,
D'injustes dieux ont mis cette image insensée ;
Dis-moi qu'Atride m'aime et qu'en ce dur moment
Il brave la tempête et le flot écumant ;
Qu'il m'a commis l'honneur de sa vie héroïque,
Que je l'aime !... O douleur, ô race fatidique
D'Atrée ! ô noir destin et déplorable jour !
Flammes qui consumez mon cœur, ô lâche amour !
C'est en vain que sa vue à mes yeux est ravie,
Il emporte la gloire et la paix de ma vie !

DÉMODOCE

Noble Hélène, les dieux, d'où naissent nos travaux,
Aux forces de nos cœurs ont mesuré nos maux,
Et dans les parts qu'ils font des fortunes diverses
Ils livrent les meilleurs aux plus rudes traverses,
Certains que tout mortel armé de sa vertu
Sous le plus lourd destin n'est jamais abattu.
Rejetez loin de vous, murs belliqueux de Sparte,
L'hôte qui vous outrage. O dieux justes, qu'il parte,
Et que les jours futurs dévoilés à mes yeux
S'effacent comme l'ombre à la clarté des cieux !

HÉLÈNE

Toi que les dieux ont fait confident de leur haine,
De quels funestes coups frapperont-ils Hélène ?

DÉMODOCE

Laissons faire les dieux. Oublie un vain discours ;
Que Zeus et que Pallas te gardent de beaux jours.

Puissent la paix divine et la forte sagesse
Descendre dans ton âme et bannir la tristesse !
La sereine douceur d'un amour vertueux
Verse le calme au fond des cœurs tumultueux ;
Tel, dans la voûte obscure où grondent les orages,
Un regard d'Hélios dissipe les nuages.

HÉLÈNE

Mon père, la sagesse est grande. Que le ciel
Couronne tes vieux ans d'un honneur immortel.
J'écouterai toujours d'un esprit favorable
L'harmonieux conseil de ta voix vénérable.
Et vous, ô sœurs d'Hélène, ô beaux fronts ceints de fleurs !
De vos jeunes accords endormez mes douleurs.
J'aime vos chants si doux où la candeur respire,
Et mon front s'illumine à votre heureux sourire.

LE CHOEUR DE FEMMES

Penché sur le timon et les rênes en mains,
Hélios presse aux cieux le splendide attelage ;
Il brûle dans son cours l'immobile feuillage
    Des bois vierges de bruits humains.

Les tranquilles forêts de silence sont pleines ;
Et la source au flot clair du rocher tout en pleurs
Tombe, et mêle aux chansons des furtives haleines
    Son murmure parmi les fleurs.

O divine Artémis, vierge aux flèches rapides,
Accours, l'heure est propice au bain mystérieux.
Sans craindre des mortels le regard curieux,
    Plonge dans les ondes limpides.

Chasseresses des bois, ô nymphes, hâtez-vous.
Dénouez d'Artémis la rude et chaste robe.
Voyez ! le bois épais et sombre la dérobe
    Aux yeux mêmes des dieux jaloux.

Et l'onde frémissante a reçu la déesse
Et retient son beau corps dans un baiser tremblant ;
Elle rit, et l'essaim joyeux, étincelant
    Des nymphes, l'entoure et la presse.

Mais quel soupir émeut le feuillage prochain ?
Serait-ce quelque vierge égarée et peureuse,
Ou le faune moqueur, ou le jeune sylvain,
    Qui pousse une plainte amoureuse ?

C'est toi, fils d'Aristée, aux molosses chasseurs,
Qui surprends Artémis dans sa blancheur de neige,
Nue et passant du front l'éblouissant cortége
    Que lui font ses divines sœurs.

Fuis, chasseur imprudent ! Artémis irritée
T'aperçoit et se lève au milieu des flots clairs,
Et sa main sur ton front lance l'onde agitée ;
    Ses grands yeux sont tous pleins d'éclairs.

La corne aux noirs rameaux sur ta tête se dresse ;
Tu cours dans les halliers comme un cerf bondissant...
Et ta meute en abois, dans une aveugle ivresse
    Hume l'arome de ton sang.

Malheureux ! plus jamais dans les forêts aimées
Tu ne retourneras, ton arc entre les mains.
Ah ! les dieux sont cruels ! aux douleurs des humains
    Toujours leurs âmes sont fermées.

HÉLÈNE

Oui, les dieux sont cruels ! — ô jours, jours d'autrefois !
De ma mère Léda doux baisers, douce voix !
Bras caressants et chers où riait mon enfance,
O souvenirs sacrés que j'aime et que j'offense,
Salut ! — un noir nuage entre mon cœur et vous
D'heure en heure descend comme un voile jaloux.
Salut, seuil nuptial, maison du fils d'Atrée,
O chastes voluptés de sa couche sacrée !
De la grande Pallas autel hospitalier,
Où j'ai brûlé la myrrhe et l'encens familier !
O cité de Tyndare, ô rives de mon fleuve,
Où l'essaim éclatant des beaux cygnes s'abreuve
Et nage, et comme Zeus, quittant les claires eaux,
Poursuit la blanche nymphe à l'ombre des roseaux !
Salut, ô mont Taygète, ô grottes, ô vallées,
Qui, des rires joyeux de nos vierges, troublées,
Sur les agrestes fleurs et les gazons naissants,
Avez formé mes pas aux rhythmes bondissants !
Salut, chère contrée où j'ai vu la lumière !
Trop fidèles témoins de ma vertu première,
Salut ! Je vous salue, ô patrie, ô beaux lieux !
D'Hélène pour jamais recevez les adieux.
Une flamme invincible irrite dans mes veines
Un sang coupable... assez, assez de luttes vaines,
D'intarissables pleurs, d'inutiles remords...
Accours ! Emporte-moi, Phrygien, sur tes bords.
Achève enfin, Eros, ta victoire cruelle.
Et toi, fille de Zeus, ô gardienne infidèle,
Pallas, qui m'as trahie ; et vous, funestes dieux,
Qui me livrez en proie à mon sort odieux,

Qui me poussez aux bras de l'impur adultère...
Par le fleuve livide et l'Hadès solitaire,
Par Niobé, Tantale, Atrée, et le festin
Sanglant ! Par Perséphone et par le noir destin,
Par les fouets ardents de la pâle Erynnie,
O dieux cruels, dieux sourds ! ô dieux, je vous renie !
Viens, ô fils de Priam, je t'aime et je t'attends.

DÉMODOCE

O dieux, pressez sa fuite ! — Hélène, il n'est plus temps.
Sur l'écume du fleuve il vogue, et j'en rends grâces
Aux dieux ! — Les flots mouvants ont effacé ses traces.

HÉLÈNE

Eros brûle en mon sein ! ô vieillard, je me meurs.
Va, Démodoce, cours. De tes longues clameurs
Emplis les bords du fleuve. Arrête sa trirème.
Dis-lui que je l'attends et le supplie et l'aime !

DÉMODOCE

Par ton vaillant époux, par la gloire d'Hellas,
Puissent de Zeus vengeur les foudres en éclats
Frapper ma tête impie et livrer ma poussière
Aux vents d'orage, si j'écoute ta prière !

LE CHOEUR DE FEMMES

Malheureuse et cruelle Hélène, qu'as-tu dit ?

HÉLÈNE

Vierges, séchez vos pleurs, car mon sort est prédit.
Il faut courber le front sous une loi plus forte.

Ah ! sans doute il est lourd le poids que mon cœur porte,
Ils sont amers les pleurs qui tombent de mes yeux ;
Mais les dieux l'ont voulu ; je m'en remets aux dieux.
Ils ont troublé ma vie... Eh bien, quoi qu'il m'en coûte,
J'irai jusques au bout de ma funeste route ;
Gloire, honneur et vertu, je foulerai du pied
Ce que l'homme et le ciel révèrent, sans pitié,
Sans honte ! et quand viendra le terme de mon âge,
Voilà, dirai-je aux dieux, votre exécrable ouvrage !

VII

HÉLÈNE — DÉMODOCE — PARIS — CHOEUR DE FEMMES

PARIS

Viens ! mes forts compagnons, à la suite animés,
Poussent des cris joyeux, des avirons armés.

HÉLÈNE

Les dieux m'ont entendue !

DÉMODOCE

                Envoyé des lieux sombres
Où d'un sceptre de fer Aidès conduit les ombres,
Fils de Priam, — et toi dont le cœur est changeant
Et perfide ! Ecoutez. Sur son trépied d'argent,
Dans Larisse, le dieu qu'honore Lycorée,
Fit entendre autrefois sa parole sacrée.
Jeune encor, mais déjà plein de transports pieux,
J'accoutumais ma voix aux louanges des dieux,

Et le grand Apollon guidait mes pas timides
Sur les sommets chéris des chastes Piérides.
Livrant à mes regards les temps encor lointains
Le dieu me révéla vos sinistres destins,
Fils de Priam, et toi, d'Eros indigne esclave !

PARIS

Résiste-t-on aux dieux ? malheur à qui les brave !
Vieillard, les feux tombés du char d'or d'Hélios
N'amollissent jamais le front glacé d'Athos :
Des songes enflammés l'âge froid te protége,
Et nul dieu de ton cœur n'échauffera la neige.

DÉMODOCE

Jeune homme, ils sont aimés des justes immortels,
Ceux qui vivent en paix sur les bords paternels,
Et des simples vertus suivant le cours austère,
Calment à ce flot pur la soif qui les altère.
Et toi, ma fille, et toi qu'entoura tant d'amour
Depuis l'heure si chère où tu naquis au jour ;
Ma fille, entends ma voix ! — Mes riantes années
Au souffle des hivers se sont toutes fanées,
J'ai vécu longuement. Je sais le lendemain
Des ivresses d'une heure et du désir humain !
Femme de Ménélas, je te prie et t'adjure :
Souviens-toi d'Athéné qui venge le parjure.

LE CHOEUR DE FEMMES

O fille de Léda, noble Hélène aux pieds blancs
Nous pressons tes genoux avec nos bras tremblants.

HÉLÈNE.

C'est assez. J'obéis à tes flammes divines,
Eros ! Emporte-moi sur les ondes marines,
O Pâris ! — Hélios luit dans l'Olympe en feu.
Adieu, vierges de Sparte ! ô Démodoce, adieu !

LE CHOEUR DE FEMMES

Arrête, Hélène ! arrête, ô malheureuse Hélène !
Prends en pitié ta gloire et notre amère peine...
Elle fuit ! et déjà son long voile flottant
Disparaît au détour du portique éclatant.
Tombez, écroulez-vous, murs du palais antique !
O sol, ébranle-toi sur sa trace impudique !

DÉMODOCE

C'en est fait ! l'eau gémit sous l'effort des nageurs.
Fuis donc, couple fatal, et crains les dieux vengeurs.

LE CHOEUR DE FEMMES

STROPHE

Divins frères d'Hélène, éclatants Dioscures,
Qui brillez à nos yeux, durant les nuits obscures,
  A l'horizon des vastes mers ;
  Refusez vos clartés si pures
Au vaisseau ravisseur qui fend les flots amers.
Beaux astres qui régnez au milieu des étoiles,
  Laissez, de l'Olympe attristé,
D'une éternelle nuit tomber les sombres voiles :
Gloire, vertu, patrie, Hélène a tout quitté !

ANTISTROPHE

Comme la rose en proie aux souffles de Borée,
Qui ne voit pas finir l'aube qui l'a dorée,
      Tombe et se fane en peu d'instants,
      Ma jeunesse aux pleurs consacrée
Ne verra pas la fin de son heureux printemps !
O mousses du Taygète, ô fleurs de nos vallées,
      Propices à nos chœurs joyeux,
Qu'autrefois elle aimait, que ses pas ont foulées,
Flétrissez-vous : Hélène a renié ses dieux !

ÉPODE

Vers ton palais désert et sombre, ô noble Atride,
      A travers les flots orageux,
Ne hâte point le cours de ton vaisseau rapide :
Tu ne reverras plus la blanche Tyndaride
      Aux cheveux d'or, aux pieds neigeux !
Pleure comme une femme, ô guerrier courageux !
Du Cygne et de Léda celle qui nous est née,
Sur la pourpre étrangère, insensible à nos pleurs,
      Oublie Hellas abandonnée...
      Grands dieux ! de roses couronnée,
      Hélène rit de nos douleurs !

DÉMODOCE

O Phœbos-Apollon ! de ta bouche divine
Coule la vérité dont l'esprit s'illumine !
Roi des Muses, chanteur des monts et des forêts,
Roi de l'arc d'or, armé d'inévitables traits,
O dompteur de Python, souverain de Larisse !

Que l'océan immense et profond se tarisse,
Que l'impalpable Ether, d'où ton char radieux
Verse la flamme auguste aux hommes comme aux dieux,
S'écroule, et que l'Hadès impénétrable et sombre
Engloutisse le monde éternel dans son ombre,
Si, délaissant ton culte et rebelle à tes lois,
Je doutais, Apollon, des accents de ta voix !
Fiers enfants de l'Hellade, ô races courageuses,
Emplissez et troublez de clameurs belliqueuses
La hauteur de l'Olympe et l'écho spacieux
Des plaines et des monts où dorment vos aïeux !
De l'Epire sauvage aux flots profonds d'Egée,
Levez-vous pour venger la patrie outragée !
Saisissez, ô guerriers, d'une robuste main,
Et le glaive homicide et la pique d'airain.
Pousse des cris, puissante Argos ! divine Athènes,
Couvre la vaste mer d'innombrables antennes...
Et vous, ô rois d'Hellas, emportez sur les flots
La flamme avec la mort dans les remparts d'Ilos !

LE CHOEUR DE FEMMES

STROPHE

Quand du myrte d'Eros la vierge est couronnée,
    Et, sous le lin éblouissant,
S'approche en souriant des autels d'hyménée,
Les Kharites en chœur conduisent en dansant
    Son innocente destinée.
Son cœur bondit de joie ; et l'Epoux radieux
La contemple, l'admire et rend grâces aux dieux !

ANTISTROPHE

Sous le toit nuptial le trépied d'or s'allume ;
La rose jonche les parvis.
Les rires éclatants montent, le festin fume ;
Un doux charme retient les convives ravis
Aux lieux que l'Epouse parfume.
Salut, toi qui nous fais des jours heureux et longs,
Divin frère d'Eros, Hymen aux cheveux blonds !

ÉPODE

Mais, ô chasteté sainte, ô robe vénérable,
Malheur à qui sur toi porte une impure main !
Qu'il vive et meure misérable !
Qu'Erynnis vengeresse, auguste, inexorable,
Le flagelle à jamais dans l'Hadès inhumain !
Malheur à l'Epouse adultère,
En proie aux lâches voluptés,
Source de sang, de honte et de calamités,
Opprobre et fardeau de la terre !
Frappez-la, dieux vengeurs, noires divinités !

LA ROBE DU CENTAURE

Antique justicier, ô divin Sagittaire,
Tu foulais de l'OEta la cime solitaire,
Et dompteur en repos, dans ta force couché,
Sur ta solide main ton front s'était penché.
Les pins de Thessalie, avec de fiers murmures,
T'abritaient gravement de leurs larges ramures ;
Détachés de l'épaule et du bras indompté,
Ta massue et ton arc dormaient à ton côté.
Tel, glorieux lutteur, tu contemplais, paisible,
Le sol sacré d'Hellas où tu fus invincible.
Ni trêve, ni repos ! Il faut encor souffrir :
Il te faut expier ta grandeur et mourir.

O robe aux lourds tissus, à l'étreinte suprême !
Le Néméen s'endort dans l'oubli de soi-même :
De l'immense clameur d'une angoisse sans frein
Qu'il frappe, ô destinée, à ta voûte d'airain !
Que les chênes noueux, rois aux vieilles années,
S'embrasent en éclats sous ses mains acharnées ;
Et, saluant d'en bas l'Olympe radieux,
Que l'OEta flamboyant l'exhale dans les cieux !

Désirs que rien ne dompte, ô robe expiatoire,
Tunique dévorante et manteau de victoire !
C'est peu d'avoir planté d'une immortelle main
Douze combats sacrés aux haltes du chemin ;
C'est peu, multipliant sa souffrance infinie,
D'avoir longtemps versé la sueur du génie ;

O source de sanglots, ô foyer de splendeurs,
Un invisible souffle irrite vos ardeurs ;
Vos suprêmes soupirs, avant-coureurs sublimes,
Guident aux cieux ouverts les âmes magnanimes,
Et sur la hauteur sainte où brûle votre feu
Vous consumez un homme et vous faites un dieu !

CHANT ALTERNÉ

I

Déesse athénienne aux tissus diaphanes,
Ton peuple, ô blanche Hellas, me créa de ses mains.
J'ai convié les dieux à mes baisers profanes ;
D'un immortel amour j'ai brûlé les humains.

II

Dans ma robe aux longs plis, humble vierge voilée,
Les bras en croix, je viens du mystique Orient.
J'ai fleuri sur ton sable, ô lac de Galilée !
Sous les larmes d'un dieu je suis née en priant.

I

Sur mon front plein d'ivresse éclate un divin rire,
Un trouble rayonnant s'épanche de mes yeux ;

Ton miel, ô volupté, sur mes lèvres respire,
Et ta flamme a doré mon corps harmonieux...

II

La tristesse pieuse où s'écoule ma vie
Est comme une ombre douce aux cœurs déjà blessés ;
Quand vers l'Epoux divin vole l'âme ravie,
J'allège pour le ciel le poids des jours passés.

I

Jamais le papyrus n'a noué ma tunique :
Mon sein libre jaillit, blanc trésor de Paros !
Et je chante Kypris sur le mode ionique,
Foulant d'un pied d'ivoire hyacinthe et lotos.

II

Heureux qui se réchauffe à mon pieux délire,
Heureux qui s'agenouille à mon autel sacré !
Les cieux sont comme un livre où tout homme peut lire,
Pourvu qu'il ait aimé, pourvu qu'il ait pleuré.

I

Eros aux traits aigus, d'une atteinte assurée
Dès le berceau récent m'a blessée en ses jeux ;
Et depuis, le désir, cette flèche dorée,
Etincelle et frémit dans mon cœur orageux.

II

Les roses de Sâron, le muguet des collines
N'ont jamais de mon front couronné la pâleur;
Mais j'ai la tige d'or et les odeurs divines
Et le mystique éclat de l'éternelle fleur.

I

Plus belle qu'Artémis aux forêts d'Ortygie,
Rejetant le cothurne en dansant dénoué,
Sur les monts florissants de la sainte Phrygie
J'ai bu les vins sacrés en chantant Evohé!

II

Un Esprit lumineux m'a saluée en reine;
Pâle comme le lis à l'abri du soleil,
Je parfume les cœurs, et la vierge sereine
Se voile de mon ombre à l'heure du sommeil.

I

Dans l'Attique sacrée aux sonores rivages,
Aux bords ioniens où rit la volupté,
J'ai vu s'épanouir sur mes traces volages,
Ta fleur étincelante et féconde, ô Beauté!

II

Les sages hésitaient; l'âme fermait son aile;
L'homme disait au ciel un triste et morne adieu :

J'ai fait germer en lui l'espérance éternelle,
Et j'ai guidé la terre au-devant de son Dieu.

I

O coupe aux flots de miel où s'abreuvait la terre,
Volupté! Monde heureux plein de chants immortels!
Ta fille bien-aimée, errante et solitaire,
Voit l'herbe de l'oubli croître sur ses autels!

II

Amour, amour sans tache, impérissable flamme;
L'homme a fermé son cœur, le monde est orphelin.
Ne renaîtras-tu plus dans la nuit de son âme,
Aurore du seul jour qui n'ait pas de déclin?

ÉGLOGUE

GALLUS

CHANTEURS mélodieux, habitants des buissons,
Le ciel pâlit, Vénus à l'horizon s'éveille;
Cynthia vous écoute, enivrez son oreille;
Versez-lui le flot d'or de vos belles chansons.

CYNTHIA

La nuit sereine monte, et roule sans secousse
Le chœur éblouissant des astres au ciel bleu ;
Moi, de mon bien-aimé, jeune et beau comme un dieu,
J'ai l'image en mon âme et j'entends la voix douce.

GALLUS

O Cynthia, sais-tu mon rêve et mon désir ?
Phœbé laisse tomber sa lueur la plus belle ;
Et l'amoureux ramier gémit et bat de l'aile,
Et dans les bois songeurs passe un divin soupir.

CYNTHIA

La source s'assoupit et murmure apaisée,
Et de molles clartés baignent les noirs gazons.
Qu'ils sont doux à mes yeux vos calmes horizons,
O bois chers à Gallus, tout brillants de rosée !

GALLUS

Que ton sommeil soit pur, fleur du beau sol latin !
Oh ! bien mieux que ce myrte et bien mieux que ces roses,
Puissé-je parfumer ton seuil et tes pieds roses
De nocturnes baisers, jusques au frais matin !

CYNTHIA

Enfant, roi de Paphos, remplis ma longue attente !
Une voix s'est mêlée aux hymnes de la nuit...
O Gallus, ô bras chers qui m'emportez sans bruit
Dans l'épaisseur des bois, confuse et palpitante !

GALLUS

Dans le hêtre immobile où rêvent les oiseaux
On entend expirer toute voix incertaine ;
Viens, un dieu nous convie : en sa claire fontaine
La naïade s'endort au sein des verts roseaux.

CYNTHIA

Voile ton front divin, Phœbé ! sombres feuillages,
Faites chanter l'oiseau qui dort au nid mousseux ;
Agitez les rameaux, ô sylvains paresseux ;
Naïade, éveille-toi dans les roseaux sauvages !

GALLUS

Dormez, dormez plutôt, dieux et nymphes des bois ;
Dormez, ne troublez point notre ivresse secrète.
Reposez, ô pasteurs ; ô brise, sois muette !
Les Immortels jaloux n'entendront point nos voix.

CYNTHIA

Vénus ! ralentis donc les heures infinies !
Ne sois pas, ô bonheur, quelque jour regretté ;
Dure à jamais, nuit chère ! et porte, ô volupté,
Dans l'Olympe éternel nos âmes réunies !

VÉNUS DE MILO

Marbre sacré, vêtu de force et de génie,
Déesse irrésistible au port victorieux,
Pure comme un éclair et comme une harmonie,
O Vénus, ô beauté, blanche mère des dieux !

Tu n'es pas Aphrodite, au bercement de l'onde,
Sur ta conque d'azur posant un pied neigeux,
Tandis qu'autour de toi, vision rose et blonde,
Volent les Ris vermeils avec l'essaim des Jeux.

Tu n'es pas Kythérée, en ta pose assouplie,
Parfumant de baisers l'Adonis bienheureux,
Et n'ayant pour témoins sur le rameau qui plie
Que colombes d'albâtre et ramiers amoureux.

Et tu n'es pas la Muse aux lèvres éloquentes,
La pudique Vénus, ni la molle Astarté
Qui, le front couronné de roses et d'acanthes,
Sur un lit de lotos se meurt de volupté.

Non ! les Ris et les Jeux, les Grâces enlacées,
Rougissantes d'amour, ne t'accompagnent pas.
Ton cortége est formé d'étoiles cadencées,
Et les globes en chœur s'enchaînent sur tes pas.

Du bonheur impassible, ô symbole adorable,
Calme comme la mer en sa sérénité,
Nul sanglot n'a brisé ton sein inaltérable,
Jamais les pleurs humains n'ont terni ta beauté.

Salut ! à ton aspect le cœur se précipite.
Un flot marmoréen inonde tes pieds blancs ;
Tu marches, fière et nue, et le monde palpite,
Et le monde est à toi, déesse aux larges flancs !

Bienheureux Phidias, Lysippe ou Praxitèle,
Ces créateurs marqués d'un signe radieux ;
Car leur main a pétri cette forme immortelle,
Car ils se sont assis dans le sénat des dieux !

Bienheureux les enfants de l'Hellade sacrée !
Oh ! que ne suis-je né dans le saint archipel,
Aux siècles glorieux où la terre inspirée
Voyait les cieux descendre à son premier appel ?

Si mon berceau flottant sur la Thétys antique
Ne fut point caressé de son tiède cristal ;
Si je n'ai point prié sous le fronton attique
Vénus victorieuse, à ton autel natal ;

Allume dans mon sein la sublime étincelle ;
N'enferme point ma gloire au tombeau soucieux ;
Et fais que ma pensée en rhythmes d'or ruisselle
Comme un divin métal au moule harmonieux !

CYBELE

I STROPHE

Le long des mers d'azur aux sonores rivages,
Par les grands bois tout pleins de hurlements pieux,
Tu passes lentement, mère antique des dieux,
    Sur le dos des lions sauvages.
D'écume furieuse et de sueurs baignés,
Les nymphes de l'Ida, les sacrés Korybantes,
    Déchirent leurs robes tombantes,
    Et dansent par bonds effrénés.

I ANTISTROPHE

Consumés de désirs, Dactyles et Kurètes,
Les Kabires velus délaissent leurs marteaux
Et l'âtre où nuit et jour ruissellent les métaux
    Au fond des cavités secrètes.
Haletants, du sommet des rochers hasardeux,
Comme de noirs troupeaux ils roulent sur les pentes,
    Et les asphodèles rampantes
    Ont couronné leurs fronts hideux.

I ÉPODE

Ils accourent vers toi qui naquis la première,
    Qui présides à mille hymens !
Vierge majestueuse, éclatante ouvrière,
Qui revêts de tes dons les dieux et les humains ;
Toi dont le lait divin sous qui germe la vie,
Lumineuse rosée où nage l'univers,

Répand sur la terre ravie
L'été splendide et les hivers !

II STROPHE

O Silène de Nyse, ô bacchante inhumaine,
Agitez en hurlant, ivres, tumultueux,
Les thyrses enlacés de serpents tortueux ;
    Io ! femmes de Dindymène !
    Loin des profanes odieux,
    Les tresses au vent déroulées,
Sous les grands pins flambants des montagnes troublées,
Io ! chantez Cybèle, origine des dieux.
Dans les sombres halliers de la forêt antique,
    Io ! l'œil en feu, le sein nu,
    Versez avec le van mystique
    Le grain où tout est contenu !

II ANTISTROPHE

Cybèle, assise au centre immobile du monde,
Reine aux yeux bienveillants, ceinte de larges tours,
Salut, source des biens et source des longs jours,
    Cybèle, ô nourrice féconde !
    Du sein du Pactole doré
    Où sont tes palais, ô déesse !
Tu donnes aux mortels la force et la sagesse,
Tu respires l'encens du temple préféré.
Secouant de ta robe un nuage de roses,
    Dans l'Ether splendide et sans fin
    Tu déroules le chœur des choses,
    Dociles à l'ordre divin !

II épode

Soumis au joug des destinées,
Tous les pâles humains aux rapides années
    T'adjurent sous le poids des maux ;
Et dans les cœurs blessés, ô sagesse, tu mêles
    Au noir souci de leurs travaux
    Les espérances immortelles :
Le monde est suspendu, déesse, à tes mamelles :
En un pli de ta robe il rêve aux jours nouveaux.

PAN

Pan d'Arcadie, aux pieds de chèvre, au front armé
De deux cornes, bruyant et des pasteurs aimé,
Dès que l'aube a doré la montagne et la plaine,
Emplit les verts roseaux d'une amoureuse haleine.
Vagabond, il se plaît aux jeux, aux chœurs dansants
Des nymphes, sur la mousse et les gazons naissants.
La peau du lynx revêt son dos ; sa tête est ceinte
De l'agreste safran, de la molle hyacinthe ;
Et d'un rire sonore il éveille les bois.
Les nymphes aux pieds nus accourent à sa voix,
Et légères, auprès des fontaines limpides,

Elles entourent Pan de leurs rondes rapides.
Dans les grottes de pampre, au creux des antres frais,
Le long des cours d'eau vive échappés des forêts,
Sous le dôme touffu des épaisses yeuses,
Le dieu fuit de midi les ardeurs radieuses ;
Il s'endort, et les bois respectant son sommeil,
Gardent le divin Pan des flèches du soleil.
Mais sitôt que la nuit, calme et ceinte d'étoiles,
Déploie aux cieux muets les longs plis de ses voiles,
Pan, d'amour enflammé, dans les bois familiers,
Poursuit la vierge errante à l'ombre des halliers ;
La saisit au passage ; et, transporté de joie,
Aux clartés de la lune il emporte sa proie.

KLYTIE

Sentiers furtifs des bois, sources aux frais rivages,
Et vous, grottes de pampre où glisse un jour vermeil,
Platanes, qui voyez, sous vos épais feuillages,
Les vierges de l'Hybla céder au doux sommeil ;

Ce dieu ne m'endort plus dans vos calmes retraites,
Quand midi rayonnant brûle les lourds rameaux.
Ecoutez, ô forêts, mes tristesses secrètes ;
Versez votre silence et l'oubli sur mes maux.

Mes jours ne coulent plus au gré des heures douces.
Moins clair était le flot qui baigne les halliers,
Dont l'écume d'argent, parmi les vertes mousses,
Abreuve les oiseaux et les cerfs familiers.

Et mes yeux sont en pleurs, et la Muse infidèle
A délaissé mon sein d'un autre amour empli :
Fuyez, jeunes chansons, fuyez à tire d'aile;
Pour la joie et pour vous mon cœur est plein d'oubli.

Parlez-moi de Klytie, ô vallée, ô colline !
Fontaine trop heureuse, aux reflets azurés,
N'as-tu pas sur tes bords, où le roseau s'incline,
De Klytie, en chantant, baisé les pieds sacrés ?

Des monts siciliens c'est la blanche Immortelle !
Compagnons d'Erycine, ô cortége enchanté,
Désirs aux ailes d'or, emportez-moi vers elle :
Elle a surpris mon cœur par sa jeune beauté.

Corinthe et l'Ionie et la divine Athènes
Sculpteraient son image en un marbre éternel;
La trirème sacrée, inclinant ses antennes,
L'eût nommée Aphrodite et l'eût placée au ciel.

Klytie a d'hyacinthe orné ses tempes roses,
Et sa robe est nouée à son genou charmant;
Elle effleure en courant l'herbe molle et les roses,
Et le cruel Eros se rit de mon tourment !

O nymphes des forêts, ô filles de Cybèle,
Quel dieu vous poursuivra désormais de ses vœux ?
O déesses, pleurez : plus que vous elle est belle !
Sur son col, à flots d'or, coulent ses blonds cheveux.

Ses lèvres ont l'éclat des jeunes aubépines
Où chantent les oiseaux dans la rosée en pleurs ;
Ses beaux yeux sont tout pleins de ces clartés divines
Que l'urne du matin verse aux buissons en fleurs !

Le rire éblouissant rayonne sur sa joue,
Une forme parfaite arrondit ses bras nus ;
Son épaule est de neige et l'aurore s'y joue ;
Des lis d'argent sont nés sous ses pas ingénus.

Elle est grande, et semblable aux fières chasseresses
Qui passent dans les bois vers le déclin du jour ;
Et le vent bienheureux qui soulève ses tresses,
S'y parfume aussitôt de jeunesse et d'amour.

Les pasteurs attentifs, au temps des gerbes mûres,
Au seul bruit de sa voix délaissent les moissons,
Car l'abeille hybléenne a de moins frais murmures,
Que sa lèvre au matin n'a de fraîches chansons.

Le lin chaste et flottant qui ceint son corps d'albâtre,
Plus qu'un voile du temple est terrible à mes yeux :
Si j'en touche les plis mon cœur cesse de battre ;
J'oublie en la voyant la patrie et les dieux !

Eros, jeune Immortel, dont les flèches certaines
Font une plaie au cœur que nul ne peut fermer,
Incline au moins son front sur l'onde des fontaines :
Oh ! dis-lui qu'elle est belle et qu'elle doit aimer !

Si rien ne peut fléchir cette vierge cruelle,
Ni le syrinx flatteur, ni les dons amoureux,
Ni mes longs pleurs versés durant les nuits pour elle...
Eros ! j'irai guérir sur des bords plus heureux.

Non! je consumerai ma jeunesse à lui plaire,
Et chérissant le joug où m'ont lié les dieux,
J'irai bientôt l'attendre à l'ombre tutélaire
De tes feuillages noirs, Hadès mystérieux!

Sous les myrtes sacrés s'uniront nos mains vaines;
Tu tomberas, Klytie, en pleurant sur mon cœur...
Mais la mort aura pris le pur sang de nos veines,
Et des jeunes baisers la divine liqueur!

LES EOLIDES

O brises flottantes des cieux,
 Du beau printemps douces haleines,
Qui de baisers capricieux
Caressez les monts et les plaines;

Vierges, filles d'Eole, amantes de la paix,
La nature éternelle à vos chansons s'éveille;
Et la dryade, assise aux feuillages épais,
Verse aux mousses les pleurs de l'aurore vermeille.

Effleurant le cristal des eaux
Comme un vif essaim d'hirondelles,
De l'Eurotas aux verts roseaux
Revenez-vous, vierges fidèles?

Quand les cygnes sacrés y nageaient beaux et blancs,
Et qu'un dieu palpitait sur les fleurs de la rive,
Vous gonfliez d'amour la neige de ses flancs
Sous le regard charmé de l'Epouse pensive.

    L'air où murmure votre essor
    S'emplit d'arome et d'harmonie :
    Revenez-vous de l'Ionie,
    Ou du vert Hymette au miel d'or ?

Eolides, salut ! ô fraîches messagères,
C'est bien vous qui chantiez sur le berceau des dieux ;
Et le clair Ilyssos, d'un flot mélodieux,
A baigné le duvet de vos ailes légères.

    Quand Theugénis au col de lait
    Dansait le soir auprès de l'onde,
    Vous avez sur sa tête blonde
    Semé les roses de Milet.

Nymphes aux pieds ailés, loin du fleuve d'Homère,
Plus tard, prenant la route où l'Alphée aux flots bleus
Suit Aréthuse au sein de l'étendue amère,
Dans l'île nourricière aux épis onduleux ;

    Sous le platane où l'on s'abrite
    Des flèches vermeilles du jour,
    Vous avez soupiré d'amour
    Sur les lèvres de Théocrite.

Iapyx et Zéphyre, Euros au vol si frais,
Rires des Immortels dont s'embellit la terre,
C'est vous qui fîtes don au pasteur solitaire
Des loisirs souhaités à l'ombre des forêts.

Au temps où l'abeille murmure
Et vole à la coupe des lis,
Le Mantouan, sous la ramure,
Vous a parlé d'Amaryllis.

Vous avez écouté, dans les feuilles blotties,
Les beaux adolescents de myrtes couronnés,
Enchaînant avec art les molles reparties,
Ouvrir en rougissant les combats alternés ;

Tandis que drapés dans la toge,
Debout à l'ombre du hallier,
Les vieillards décernaient l'éloge,
La coupe ornée ou le bélier.

Vous agitiez le saule où sourit Galatée ;
Et des nymphes baisant les yeux chargés de pleurs,
Vous berçâtes Daphnis, en leur grotte écartée,
Sur le linceul agreste, étincelant de fleurs.

Quand les vierges au corps d'albâtre
Qu'aimaient les dieux et les humains,
Portaient des colombes aux mains,
Et d'amour sentaient leurs cœurs battre ;

Vous leur chantiez tout bas en un songe charmant
Les hymnes de Vénus, la volupté divine,
Et tendiez leur oreille aux plaintes de l'amant
Qui pleure au seuil nocturne et que le cœur devine.

Oh ! combien vous avez baisé
De bras, d'épaules adorées,
Au bord des fontaines sacrées,
Sur la colline au flanc boisé !

Dans les vallons d'Hellas, dans les champs italiques,
Dans les îles d'azur que baigne un flot vermeil,
Ouvrez-vous toujours l'aile, Eolides antiques?
Souriez-vous toujours au pays du soleil?

    O vous que le thym et l'égile
    Ont parfumés, secrets liens
    Des douces flûtes de Virgile
    Et des roseaux siciliens;

Vous qui flottiez jadis aux lèvres du génie,
Brises des mois divins, visitez-nous encor;
Versez-nous en passant, avec vos urnes d'or,
Le repos et l'amour, la grâce et l'harmonie!

ÉTUDES LATINES

I

LYDIE

La Jeunesse nous quitte et les Grâces aussi;
Les désirs amoureux s'envolent après elles,
Et le sommeil facile. A quoi bon le souci
    Des espérances éternelles?

L'aile du vieux Saturne emporte nos beaux jours,
Et la fleur inclinée au vent du soir se fane:

Viens à l'ombre des pins ou sous l'épais platane
    Goûter les tardives amours.

Ceignons nos cheveux blancs de couronnes de roses,
Buvons, il en est temps encore, hâtons-nous :
Ta liqueur, ô Bacchus, des tristesses moroses
    Est le remède le plus doux.

Enfant, trempe les vins dans la source prochaine,
Et fais venir Lydie aux rires enjoués,
Avec sa blanche lyre et ses cheveux noués
    A la mode laconienne.

II

LICYMNIE

Tu ne sais point chanter, ô cithare ionique,
  En ton mode amolli doux à la volupté,
Les flots siciliens rougis du sang punique.
    Numance et son mur indompté.

O lyre, tu ne sais chanter que Licymnie,
Et ses jeunes amours, ses yeux étincelants,
L'enjouement de sa voix si pleine d'harmonie,
    Ses pieds si légers et si blancs.

Toujours prompte, elle accourt aux fêtes de Diane ;
Aux bras nus de ses sœurs ses bras sont enlacés ;
Elle noue en riant sa robe diaphane,
    Et conduit les chœurs cadencés.

Pour tout l'or de Phrygie et les biens d'Achémène,
Qui voudrait échanger ces caresses sans prix,
Et sur ce col si frais ces baisers, ô Mécène,
    Refusés, donnés ou surpris?

III

THALIARQUE

Ne crains pas de puiser aux réduits du cellier
Le vin scellé quatre ans dans l'amphore rustique;
Laisse aux dieux d'apaiser la mer et l'orme antique,
Thaliarque! qu'un beau feu s'égaie en ton foyer.

Pour toi, mets à profit la vieillesse tardive :
Il est plus d'une rose aux buissons du chemin ;
Cueille ton jour fleuri sans croire au lendemain ;
Prends en souci l'amour et l'heure fugitive.

Les entretiens sont doux sous le portique ami,
Dans les bois où Phœbé glisse ses lueurs pures ;
Il est doux d'effleurer les flottantes ceintures,
Et de baiser des mains rebelles à demi.

IV

LYDÉ

Viens ! c'est le jour d'un Dieu. Puisons avec largesse
    Le cécube clos au cellier.
Fière Lydé, permets au plaisir familier
    D'amollir un peu ta sagesse.

L'heure fuit, l'horizon rougit sous le soleil,
    Hâte-toi. L'amphore remplie
Sous Bibulus consul, repose ensevelie :
    Trouble son antique sommeil.

Je chanterai les flots amers, la verte tresse
    Des Néréides ; toi, Lydé,
Sur ta lyre enlacée à ton bras accoudé
    Chante Diane chasseresse.

Puis nous dirons Vénus et son char attelé
    De cygnes qu'un lien d'or guide,
Les Cyclades, Paphos et tes rives, ô Gnide !
    Puis, un hymne au ciel étoilé.

V

PHYLLIS

Depuis neuf ans et plus dans l'amphore scellée
    Mon vin des coteaux d'Albe a lentement mûri ;
Il faut ceindre d'acanthe et de myrte fleuri,
    Phyllis, ta tresse déroulée.

L'anis brûle à l'autel, et d'un pied diligent
Tous viennent couronnés de verveine pieuse ;
Et mon humble maison étincelle joyeuse
    Aux reflets des coupes d'argent.

O Phyllis, c'est le jour de Vénus, et je t'aime !
Entends-moi. Téléphus brûle et soupire ailleurs ;
Il t'oublie et je t'aime, et nos jours les meilleurs
    Vont rentrer dans la nuit suprême.

C'est toi qui fleuriras en mes derniers beaux jours :
Je ne changerai plus, voici la saison mûre.
Chante ! les vers sont doux quand ta voix les murmure,
    O belle fin de mes amours !

VI

VILE POTABIS

En mes coupes d'un prix modique
Veux-tu tenter mon humble vin ?
Je l'ai scellé dans l'urne attique
Au sortir du pressoir sabin.
Il est un peu rude et moderne :
Cécube, Calès ni Falerne
Ne mûrissent dans mon cellier ;
Mais les muses me sont amies,
Et les muses font oublier
    Ta vigne dorée, ô Formies !

VII

GLYCÈRE

Enfant, pour la lune prochaine,
Pour le convive inattendu!
Votre amant, Muses, peut sans peine
Tarir la coupe neuf fois pleine ;
Mais les Grâces l'ont défendu.

Inclinez les lourdes amphores,
Effeuillez la rose des bois !
Anime tes flûtes sonores,
O Bérécinthe, et ce hautbois ;
C'est à Glycère que je bois !

Téléphus, ta tresse si noire,
Tes yeux, ton épaule d'ivoire
Font pâlir Rhodé de langueur ;
Mais Glycère brûle en mon cœur ;
Je t'aime, ô Glycère, et veux boire !

VIII

HYMNE

Vierges, louez Diane, et vous, adolescents,
Apollon Cynthien aux cheveux florissants ;
Louez Latone en chœur, cette amante si chère ;

Vous, celle qui se plaît aux feuillages épais
D'Erymanthe, aux grands cours d'eau vive, ou qui préfère
La verdeur du Cragus ou l'Algide plus frais;

Vous, le carquois sacré, l'épaule, la cithare
Fraternelle, et Tempé, l'honneur thessalien!
Et la mer murmurante et le bord délien.

Louez ces jeunes dieux. Sur le Dace barbare
Qu'ils détournent, émus de vos chants alternés,
La fortune incertaine et les maux destinés.

IX

NÉÈRE

Il me faut retourner aux anciennes amours :
L'Immortel qui naquit de la vierge thébaine,
Et les jeunes Désirs et leur mère inhumaine
    Me commandent d'aimer toujours.

Blanche comme un beau marbre, avec ses roses joues,
Je brûle pour Néère aux yeux pleins de langueur;
Vénus se précipite et consume mon cœur:
    Tu ris, ô Néère, et te joues!

Pour apaiser les dieux et pour finir mes maux,
D'un vin mûri deux ans versez vos coupes pleines;
Et sur l'autel rougi du sang pur des agneaux,
    Posez l'encens et les verveines.

X

PHIDYLÉ

Offre un encens modeste aux Lares familiers,
Phidylé, fruits récents, bandelettes fleuries:
Et tu verras ployer tes riches espaliers
    Sous le faix des grappes mûries.

Laisse aux pentes d'Algide, au vert pays albain,
La brebis qui promet une toison prochaine
Paître cytise et thym sous l'yeuse et le chêne ;
    Ne rougis pas ta blanche main.

Unis au romarin le myrte pour tes Lares,
Offerts d'une main pure aux angles de l'autel,
Souvent, ô Phidylé, mieux que les dons plus rares,
    Les dieux aiment l'orge et le sel.

XI

Plus de neiges aux prés. La nymphe nue et belle
Danse sur le gazon humide et parfumé ;
Mais la mort est prochaine, et nous touchant de l'aile
    L'heure emporte ce jour aimé.

Un vent frais amollit l'air aigu de l'espace ;
L'été brûle, et voici, de ses beaux fruits chargé,
L'Automne au front pourpré ; puis l'hiver ; et tout passe
    Pour renaître, et rien n'est changé.

Tout se répare et chante et fleurit sur la terre ;
Mais quand tu dormiras de l'éternel sommeil,
O fier patricien, tes vertus en poussière
    Ne te rendront pas le soleil !

XII

SALINUM

Le souci, plus léger que les vents de l'Epire,
Poursuivra sur la mer les carènes d'airain :
L'heure présente est douce ; égayons d'un sourire
    L'amertume du lendemain.

La pourpre par deux fois rougit tes laines fines ;
Ton troupeau de Sicile est immense, et j'ai mieux :
Les muses de la Grèce et leurs leçons divines,
    Et l'héritage des aïeux.

XIII

HYMNE

Une âme nouvelle m'entraîne
    Dans les antres sacrés, dans l'épaisseur des bois ;
    Et les monts entendront ma voix,
Le vent l'emportera vers l'étoile sereine.

Evan ! ta prêtresse, au réveil,
Imprime ses pieds nus dans la neige éternelle ;
Evan ! j'aime les monts comme elle,
Et les halliers divins ignorés du soleil.

Dieu des Naïades, des Bacchantes,
Qui brises en riant les frênes élevés,
Loin de moi les chants énervés :
Les cœurs forts sont à toi ; dieu couronné d'acanthes !

Evohé ! noirs soucis, adieu.
Que votre écume d'or, bons vins, neuf fois ruisselle,
Et le monde enivré chancelle,
Et je grandis, sentant que je deviens un dieu !

XIV

PHOLOÉ

Oublie, ô Pholoé, la lyre et les festins,
Les dieux heureux, les nuits si brèves, les bons vins
Et les jeunes désirs volant aux lèvres roses.
L'âge vient : il t'effleure en son vol diligent,
Et mêle en tes cheveux semés de fils d'argent
La pâle asphodèle à tes roses.

XV

TYNDARIS

O blanche Tyndaris, les dieux me sont amis :
　Ils aiment les muses latines ;
Et l'aneth et le myrte et le thym des collines
　　Croissent aux prés qu'ils m'ont soumis.

Viens ; mes ramiers chéris aux voluptés plaintives
　　Ici se plaisent à gémir ;
Et sous l'épais feuillage il est doux de dormir
　　Au bord des sources fugitives.

XVI

PYRRHA

Non loin du cours d'eau vive échappé des forêts,
Quel beau jeune homme, ceint de molles bandelettes,
Pyrrha, te tient pressée au fond de l'antre frais
　　Sur la rose et les violettes ?

Ah ! ton cœur est semblable aux flots sitôt troublés ;
Et ce crédule enfant enlacé de tes chaînes
Vous connaîtra demain serments vite envolés,
　　Dieux trahis et larmes prochaines !

XVII

LYDIA

Lydia, sur tes roses joues,
Et sur ton col frais, et plus blanc
Que le lait, roule étincelant
L'or fluide que tu dénoues.

Le jour qui luit est le meilleur ;
Oublions l'éternelle tombe ;
Laisse tes baisers de colombe
Chanter sur tes lèvres en fleur.

Un lis caché répand sans cesse
Une odeur divine en ton sein ;
Les délices, comme un essaim,
Sortent de toi, jeune déesse !

Je t'aime et meurs, ô mes amours !
Mon âme en baisers m'est ravie.
O Lydia, rends-moi la vie,
Que je puisse mourir toujours !

Imité de Gallus.

XVIII

ENVOI

Je n'ai ni trépieds grecs, ni coupe de Sicile,
Ni bronzes d'Étrurie aux contours élégants ;
Pour mon étroit foyer tous les dieux sont trop grands
Que modelait Scopas dans le Paros docile.

De ces trésors, Lollius, je ne puis t'offrir rien ;
Mais j'ai des mètres chers à la Muse natale :
La lyre en assoupit la cadence inégale.
Je te les donne, ami ; c'est mon unique bien.

NIOBÉ

POEME

Ville au bouclier d'or, favorite des dieux,
Toi que bâtit la lyre aux sons mélodieux,
Toi que baigne Dircé d'une onde inspiratrice,
D'Héraclès justicier magnanime nourrice,
Thèbes ! — Toi qui contins entre tes murs sacrés
Le dieu né de la foudre, aux longs cheveux dorés,
Ceint de pampre, Iacchos, qui, la lèvre rougie,
Danse, le thyrse en main, aux monts de la Phrygie ;

Ville illustre où l'éclair féconda Sémélé,
Un peuple immense en toi murmure amoncelé.

Au lever du soleil doucement agitée,
Telle chante la mer, quand Ino-Leucothée,
La fille de Cadmus, déesse à qui tu plais,
Abandonne en riant son humide palais
Et déroule à longs plis le voile tutélaire
Qui d'Eole irrité fait tomber la colère.
Les nymphes aux beaux yeux, habitantes des eaux,
Ont couronné leurs fronts d'algues et de roseaux,
Et s'élançant du sein des grottes de Nérée,
Suivent la belle Ino, compagne vénérée.
Pareilles sur les mers à des cygnes neigeux,
Elles nagent! les flots s'apaisent sous leurs jeux,
Et le puissant soupir des ondes maternelles
Monte par intervalle aux voûtes éternelles.
Tel murmure ton peuple, ô cité de Cadmus!
De joyeuses clameurs tes remparts sont émus ;
Tes temples animés de marbres prophétiques
Ouvrent aux longs regards leurs radieux portiques;
Aux pieds des grands autels qu'un sang épais rougit
Sous le couteau sacré l'hécatombe mugit,
Et vers le ciel propice une brise embaumée
Emporte des trépieds la pieuse fumée.
Phœbos lycoréen, l'œil mi-clos de sommeil,
De la blonde Thétys touche le sein vermeil :
La nuit tranquille couvre, en déployant ses ailes,
La terre de Pélops d'ombres universelles.
Les jeux héracléens, aux bords de l'Isménus,
Finissent, et font place aux banquets de Vénus;
L'olivier cher aux dieux ceint les fronts héroïques;

Et tous, avec des chants, vers les remparts lyriques,
Reviennent à grands bruits, comme des flots nombreux,
Par les plaines, les monts et les chemins poudreux.
Leur rumeur les devance, et, du berceau d'Alcide,
Jette un écho sonore aux monts de la Phocide.
Mille agiles coursiers impatients du frein,
Liés aux chars roulants sur les axes d'airain,
Superbes, contenus dans leur fougue domptée,
Rongent le mors blanchi d'une écume argentée.
Qu'ils sont beaux, asservis, mais fiers sous l'aiguillon,
Et creusant dans la poudre un palpitant sillon !
Les uns, aux crins touffus, aux naseaux intrépides,
De l'amoureux Alphée ont bu les eaux rapides.
Ceux-ci remplis encor de sauvages élans,
Sous le hardi Lapithe assouplissent leurs flancs,
Et rêvant, dans leur vol, la libre Thessalie,
Hennissent tout joyeux sous le joug qui les lie.
Ceux-là, près de Pylos, par Zéphyre enfantés,
Nourris d'algue marine, et sans cesse irrités,
S'abandonnant au feu d'un sang irrésistible,
Ont du dieu paternel gardé l'aile invisible ;
Et, toujours ruisselants de rage et de sueur,
Jettent de leurs grands yeux une ardente lueur.
Ils entraînent, fumants d'une brûlante haleine,
Les grands vieillards drapés dans la pourpre ou la laine,
Graves, majestueux, couronnés de respect ;
Et les jeunes vainqueurs au belliqueux aspect,
Qui, fiers du noble poids de leur gloire première,
Sur leurs casques polis font jouer la lumière.
Les enfants de Cadmus, à leur trace attachés,
S'agitent derrière eux, haletants et penchés,
Et dans Thèbes bientôt les coursiers qui frémissent

Déposent les guerriers sous qui les chars gémissent.
Le palais d'Amphion, aux portiques sculptés,
S'entr'ouve aux lourds essieux l'un par l'autre heurtés.
Chaque héros s'élance, et les fortes armures
Ont glacé tous les cœurs par d'effrayants murmures.
Les serviteurs du roi, sur le seuil assemblés,
Servent l'orge et l'avoine aux coursiers dételés;
Et les chars, recouverts de laines protectrices,
S'inclinent lentement contre les murs propices.

Sous des voûtes de marbre, abri mystérieux,
Loin des bruits du palais, de l'oreille et des yeux,
En de limpides bains, nourris de sources vives,
De larges conques d'or reçoivent les convives.
L'huile baigne à doux flots leurs membres assouplis;
De longs tissus de lin les couvrent de leurs plis;
Puis, aux sons amoureux des lyres ioniques,
Ils entrent, revêtus d'éclatantes tuniques.
O surprise! en la salle aux contours spacieux,
L'argent, l'ambre et l'ivoire éblouissent les yeux.
Dix nymphes d'or massif, qu'on dirait animées,
Tendent d'un bras brillant dix torches enflammées;
Mille flambeaux encore, aux voûtes suspendus,
Font jaillir tour à tour leurs feux inattendus;
Et la flamme, inondant l'enceinte rayonnante,
Semant d'ardents reflets la pourpre environnante,
Irradie en éclairs aux lambris de métal.
Comme un dieu que supporte un riche piédestal,
Le divin Amphion, semblable au fils de Rhée,
D'un sceptre étincelant charge sa main sacrée,
Et soutient, le front haut, de ses larges genoux,
Sa lyre créatrice aux accents forts et doux.

Le calme et la bonté, la gloire et le génie
Couronnent à la fois ce roi de l'harmonie.
Dans sa robe de pourpre, immobile et songeur,
Il suit auprès des dieux son esprit voyageur ;
Il règne, il chante, il rêve. Il est heureux et sage.
Sa barbe, à longs flocons déjà blanchis par l'âge,
Sur sa grande poitrine avec lenteur descend,
Et le bandeau royal couvre son front puissant.
Assise à ses côtés sur la pourpre natale,
La fière Niobé, la fille de Tantale,
Blanche dans son orgueil, avec félicité
Contemple les beaux fruits de sa fécondité,
Sept filles et sept fils, richesse maternelle
Qu'elle réchauffe encore à l'abri de son aile.
Autour d'elle, à ses pieds, actives, et roulant
La quenouille d'ivoire au gré de leur doigt blanc,
Vingt femmes de Lydie aux riches bandelettes
Ourdissent finement les laines violettes.
Telles, près de Thétys, sous les grottes d'azur
Que baigne incessamment un flot tranquille et pur,
En un lit de corail les blanches Néréides
Tournent en souriant leurs quenouilles humides.

Pourtant les serviteurs font d'un bras diligent
Couler les vins dorés des cratères d'argent ;
Le miel tombe en rayons des profondes amphores ;
Aux convives du Roi les jeunes canéphores
Offrent leurs fruits vermeils. — Sous le festin fumant
La table aux ais nombreux a gémi longuement.

LE CHOEUR

Les héros sont assis, ceints d'un rameau de lierre.
Le tranquille repos rit sur leurs fronts joyeux ;
Et pour charmer encor la table hospitalière,
L'Aède aux chants aimés va célébrer les dieux.
Le divin Amphion, roi que l'Olympe honore,
Calme les bruits épars, de son sceptre incliné ;
Et vers la voûte immense, éclatante et sonore,
Sur le mode éolien la lyre a résonné.

L'AÈDE

Toi qui règnes au sein de la voûte azurée,
Ether, dominateur de tout, flamme sacrée,
Aliment éternel des astres radieux,
De la terre et des flots, des hommes et des dieux !
Ardeur vivante ! Ether ! source immense, invisible,
Qui, pareil en ton cours au torrent invincible,
Dispenses, te frayant mille chemins divers,
La chaleur et la vie au multiple univers,
Salut, Ether divin, ô substance première !
Et vous, signaux du ciel, flamboyante lumière,
Compagnons de la Nuit, toujours jeunes et beaux,
Salut, du vieux Kronos impassibles flambeaux !
Et toi, Nature, habile et sachant toutes choses,
Ceinte d'éclairs, d'épis, d'étoiles et de roses,
Epouse de l'Ether ! toi qui sur nous étends
Comme pour nous bénir tes deux bras éclatants,
Nature, ô vierge-mère, ô nourrice éternelle,
La vie à flots profonds coule de ta mamelle,
Et les dieux, adorant ta puissante beauté,

Te partagent leur gloire et leur éternité.
Salut, vieil Ouranos, agitateur des mondes,
Qui guides dans l'azur leurs courses vagabondes,
Dieu caché, Dieu visible, indomptable et changeant,
Qui ceins les vastes airs de ton vol diligent !
Salut, Zeus, roi du feu, sous qui le ciel palpite,
Dont le courroux subtil gronde et se précipite,
O Zeus au noir sourcil, éclatant voyageur,
Salut, fils de Kronos, salut, ô dieu vengeur !

LE CHOEUR

Il chante. — En son repos, la mer aux flots mobiles
D'un concert moins sublime émeut ses bords charmés
Les héros suspendus à ses lèvres habiles
Ont délaissé la coupe et les mets parfumés.
Cédant aux voluptés de leur joie infinie,
Tels, oubliant la terre et l'encens des autels,
Aux accents d'Apollon, les calmes Immortels
S'abreuvent à longs traits d'une immense harmonie.

L'AÉDE

O race d'Ouranos, ô Titans monstrueux,
O rois découronnés par Zeus, fils de Saturne,
Pleurez et gémissez dans l'abîme nocturne
Du monde aux larges flancs captifs tumultueux !

Atteste Zeus vainqueur, dieu terrible aux cent têtes,
Dernier né de la Terre, immense Typhoé
A la bouche fumante, ô père des tempêtes,
De l'immobile Hadès habitant foudroyé !

Chantez l'immortel Zeus, jeunes Océanides
Qui vous jouez en rond sur les perles humides
Céto, Kallirhoé, Klymène aux pieds charmants,
Cymathoé, Thétys, Glaucé, Cymatolège,
Electre au cou d'albâtre, Eunice aux bras de neige,
Reines des bleus palais sous les flots écumants!

Saliens vagabonds, retentissants Kurètes,
Qui gardiez son enfance en d'obscures retraites,
Du choc des boucliers faites trembler les cieux!
Générateurs des fruits, dieux aux robes tombantes,
Chantez en chœur sa gloire, ô sacrés Korybantes,
Indomptables danseurs aux bonds prodigieux !

Et toi qu'il fit jaillir de sa tête infinie,
Déesse au casque d'or, Pallas Tritogénie,
Enseigne sa prudence aux ignorants mortels.
Viens, dis-nous ses amours, blanche fille de l'onde,
Aphrodite au sein rose, ô reine à tête blonde,
Volupté, dont le rire a conquis des autels !

Vous tous, du divin Zeus, salut, enfants sans nombre,
De l'Olympe éthéré jusqu'à l'Erèbe sombre
Fruits de ses mille hymens, monarques étoilés
Qui régnez à ses pieds et brillez à son ombre,
Vous ne descendez point aux tombeaux désolés.

Vous êtes sa pensée aux formes innombrables,
Vous êtes son courroux, sa force et sa grandeur
Salut, déesses, dieux ! soyez-nous favorables,
Salut, rayons vivants tombés de sa splendeur!

LE CHOEUR

Quel nuage a couvert de son ombre fatale
Ton front majestueux, ô fille de Tantale?
Ton noir sourcil s'abaisse ; un éclair soucieux,
Précurseur de l'orage, a jailli de tes yeux,
Et de ton sein royal la blancheur palpitante
Se gonfle sous les plis de ta robe flottante.

L'AÈDE

Il en est un pourtant plus illustre et plus beau,
C'est le dieu de Sminthée et de la Méonie :
De l'antique Ouranos il porte le flambeau,
Il verse dans son vol la flamme et l'harmonie.

C'est le roi de Pytho, de Milet, de Klaros,
C'est le Lycoréen meurtrier de Titye,
Qui sourit, plein d'orgueil, quand sa flèche est partie ;
Le dieu certain du but, protecteur des héros.

Sur le Pinde ombragé, filles de Mnémosyne,
Vous unissez vos voix à sa lyre divine ;
Et délaissant son char à la cime des cieux,
Il marche environné d'un chœur harmonieux.

Il est jeune, il est fier ! Les brises vagabondes
Glissent avec amour sur ses cheveux dorés ;
O Muses, et pour vous, de ses lèvres fécondes
Tombent les rhythmes d'or et les chants inspirés ;
Puis, il suspend sa lyre aux temples préférés,
Et plonge étincelant aux écumantes ondes.

Dès qu'aux bords de Délos ses yeux furent ouverts,
Un arc d'argent frémit dans ses mains magnanimes ;
Et foulant le sommet des montagnes sublimes,
D'un regard lumineux il baigna l'univers !

Salut ! je te salue, Apollon, qui, sans cesse,
Sur le Pinde as guidé ma timide jeunesse ;
Daigne inspirer ma voix, dieu que j'aime, et permets
Que ma lyre et mes chants ne t'offensent jamais.

Et toi, sœur d'Apollon, ô vierge chasseresse,
Diane aux flèches d'or ! Intrépide déesse,
Tu hantes les sommets battus des sombres vents,
Sous la pluie et la neige, et de sang altérée,
Tu poursuis sans repos de ta flèche acérée
Les grands lions couchés au fond des bois mouvants.

Nul n'échappe à tes coups, ô reine d'Ortygie !
La source des forêts lave ta main rougie,
Et quand Apollon passe en dardant ses éclairs,
Tu livres ton beau corps aux baisers des flots clairs.

Malheur à qui t'a vue aux sources d'Erymanthe !
En vain il suppliera son immortelle amante :
O vierge inexorable, ô chasseur insensé !
Il ne pressera plus le sein qui l'a bercé ;
Et les blancs lévriers que ses yeux ont vu naître,
Oublieux de sa voix, déchireront leur maître !

Salut, belle Cynthie aux redoutables mains,
Qui, parfois, délaissant les belliqueuses chasses,
Danses aux bords delphiens, mêlée aux jeux des Grâces,
O fille du grand Zeus, nourrice des humains !

Et toi, Léto ! salut, mère pleine de gloire !
Tu n'auras point brillé d'un éclat illusoire :
Deux illustres enfants entre tous te sont nés.
Par delà les cités, les monts, la mer profonde,
Vénérable déesse aux destins fortunés,
Ils ont porté ta gloire aux limites du monde.

LE CHŒUR

O reine, ô Niobé, Pythie en proie au dieu,
Tu te lèves, superbe, et les regards en feu,
Et d'un geste apaisant l'assemblée éperdue,
Vers l'Aède inspiré ta main s'est étendue.
Tu parles ! ô terreur ! quels discours insensés
De tes lèvres sans frein tombent à flots pressés ?
Ainsi du froid Hémos les neiges ébranlées
S'écroulent avec bruit dans les blanches vallées ;
L'écho gronde en fuyant, et les tristes pasteurs
Hâtent les bœufs tardifs vers les toits protecteurs.
Ton souffle a fait pâlir le divin Interprète :
Sur la lyre aux trois voix le plectre d'or s'arrête,
Et quelques sons encor, soupirs harmonieux,
S'exhalent en mourant comme une plainte aux dieux !

NIOBÉ

Silence ! — Un chant funeste a frappé mon oreille...
Tout mon cœur s'est troublé d'une audace pareille.
Un mortel, las de vivre, insulta-t-il jamais
La fille de Tantale assise en son palais ?
Mieux vaudrait, qu'au berceau, son implacable mère
Eût arrêté le cours de sa vie éphémère,
Que d'attirer ainsi, sur son front insensé,

L'orage qui dormait dans mon cœur offensé.
Tais-toi. — Je veux t'offrir un retour tutélaire.
Les louanges de Zeus irritent ma colère...
Et c'est assez, sans doute, au Tartare cruel
Qu'il attache à mon père un supplice éternel !
Il était d'autres dieux que les tiens, — race auguste,
Dont le sang était pur, dont l'empire était juste,
Fils de la Terre immense et du vieil Ouranos.
Ces monarques régnaient dans les cieux en repos.
Propices aux mortels, tout remplis de largesse,
Ils dispensaient la paix, le bonheur, la sagesse ;
Et la Terre, bercée en leurs bras caressants,
Vantait la piété de ses fils tout-puissants.
Chante ces dieux déchus des voûtes éthérées,
Qui, frappés dans le sein des batailles sacrées,
Sous les doubles assauts de la foudre et du temps,
Gisent au noir Hadès ; chante les dieux Titans !
Hypérion, Atlas et l'époux de Klymène,
Et celui d'où sortit toute science humaine,
L'illustre Prométhée aux yeux perçants ! celui
Pour qui seul entre tous l'avenir avait lui,
Le ravisseur du feu, cher aux mortels sublimes,
Qui longtemps enchaîné sur de sauvages cimes,
Bâtissait un grand rêve aux serres du vautour ;
Sur qui, durant les nuits, pleuraient, pleines d'amour,
Les filles d'Océan aux invisibles ailes ;
Qu'Héraclès délivra de ses mains immortelles,
Et qui fera jaillir de son sein indompté
Le jour de la justice et de la liberté.
Chante ces dieux ! ceux-là furent heureux et sages :
Leur culte au fond des cœurs survit au cours des âges.
Dans les flancs maternels de la Terre couchés,

Sur le jeune Avenir leurs yeux sont attachés,
Certains qu'au jour fatal, précipité du trône,
Zeus s'évanouira sur les ailes de Krono,
Qu'un autre dieu plus fort, dans l'Olympe désert,
Régnant, enveloppé d'un éternel concert,
Et d'un songe inutile entretenant la Terre,
Refusera la coupe aux lèvres qu'il altère ;
Que lui-même, vaincu par de hardis mortels,
Verra le feu sacré mourir sur ses autels ;
Que les déshérités gisant dans l'ombre avare,
Franchiront glorieux les fleuves du Tartare
Et que les dieux humains, apaisant nos sanglots,
Réuniront la Terre à l'antique Ouranos !

O stupide vainqueur du divin Prométhée,
Puisse, du ciel, ta race avec toi rejetée,
De ton règne aboli comptant les mornes jours,
Au gouffre originel descendre pour toujours !
J'ai honte de ton sang qui coule dans mes veines...
Mais toi-même as brisé ces détestables chaînes,
O Zeus ! toi que je hais ! Dieu jaloux, dieu pervers,
Implacable fardeau de l'immense univers !
Quand mon père tomba sous ta force usurpée,
Impuissant ennemi, que ne m'as-tu frappée ?
Mais ta colère est vaine à troubler mes destins :
Je règne sans terreur assise en mes festins ;
Mon époux me vénère et mon peuple m'honore !
Sept filles et sept fils à leur brillante aurore
Plus beaux, plus courageux, meilleurs que tes enfants,
Croissent chers à mon cœur, sous mes yeux triomphants.
Qui pourrait égaler ma gloire sur la terre ?
Est-ce toi, de Kœos, fille errante, adultère,

Oublieuse du sang généreux dont tu sors,
Toi qui ternis la fleur de tes jeunes trésors,
Et dans l'âpre Délos par Héré poursuivie,
A deux enfants furtifs vins accorder la vie !
Je brave ces enfants d'une impure union,
Ce fils usurpateur du char d'Hypérion,
Cette fille imposée à nos forêts paisibles !
Je défie à la fois leurs colères risibles,
J'appelle à moi leurs traits fatals aux cerfs des bois...
Et toi, mère orgueilleuse, aux échos de ma voix
Irrite tes enfants jaloux ! ô lâche esclave,
O Léto, Niobé te défie et te brave !

LE CHOEUR

Comme à l'heure où le vent passe au noir firmament,
Les grands arbres émus se plaignent sourdement,
A ce défi mortel la craintive assemblée
Fait entendre une voix de mille voix mêlée,
Mais confuse et pareille à ces lointains sanglots
Que poussent dans la nuit les lamentables flots.
L'Aède est tourmenté d'une ardente pensée !
Pâle, les yeux hagards, la tête hérissée,
Depuis que sans retour, ô fière Niobé,
Le blasphème divin de ta lèvre est tombé,
Comme la Pythonisse errante dans le temple,
Il sent venir les dieux ! et son œil les contemple,
Et sa voix les annonce ! et ses bras étendus
Semblent guider leurs coups sur nos fronts suspendus !

La voûte du palais flamboie et se disperse
Comme la foudre fait du ciel noir qu'elle perce...

Les lambris de métal tombent étincelants
Sur les mets renversés et les hôtes tremblants...
Chacun fuit au hasard, et la foule mouvante
Se heurte avec des cris de suprême épouvante.
Un Immortel, un dieu, l'œil ardent, l'arc en main,
Sur les murs vacillants pose un pied surhumain :
C'est Apollon ! Diane, ardente à la vengeance,
Au fraternel archer sourit d'intelligence.
L'arc du dieu retentit sous le trait assassin ;
Il vole, et de Tantale il va percer le sein.
Comme un jeune arbrisseau dans sa saison première,
La flèche d'Apollon t'arrache à la lumière :
Tu regardes ta mère, ô jeune infortuné,
Et tu meurs ! — Mieux valait ne jamais être né !
Diane tend son arc, et la flèche altérée
Boit le sang de Néère à la tête dorée.
Elle tombe et gémit. Phœbos au carquois d'or
Attache Illionée à son frère Agénor ;
Le fer divin, guidé par une main trop sûre,
Les unit dans la mort par la même blessure.
Kallirhoé tremblante et pâle de terreur,
Veut éviter des dieux l'implacable fureur..
Elle fuit, et sa mère en son sein la protége,
Mais Diane a rougi son épaule de neige ;
Jusques au cœur glacé le trait mortel l'atteint,
Et la vierge aux doux yeux dans un soupir s'éteint.
Sypyle a réuni tout son jeune courage ;
Debout, et l'œil tranquille, il contemple l'orage.
L'arc sacré frappe en vain son front audacieux,
Le fier adolescent meurt sans baisser les yeux.
Du dieu de Méonie innocente victime,
Il révèle en mourant sa race magnanime.

Ismène et Kléodos, Phédime et Pélopis
Chancellent tour à tour, pareils à des épis
Que le gai moissonneur, l'âme de plaisir pleine,
Ainsi qu'un blond trésor amasse dans la plaine.
Ils sont tous là, sanglants, vierges, jeunes guerriers,
La tête ceinte encor de myrte ou de lauriers ;
Belles et beaux, couchés dans leur blanche khlamyde
Que le sang par endroits teint de sa pourpre humide.
L'une garde en tombant le sourire amoureux
Dont ses lèvres brillaient en des jours plus heureux ;
L'autre, calme, et dormant dans sa pose amollie,
Couvre de ses cheveux son jeune flanc qui plie...
Leurs frères, à leurs pieds, par la Moire s.a. .s,
Gisent amoncelés au milieu des débris.
Amphion, à l'aspect de sa famille éteinte,
Dans l'ardente douleur dont son âme est atteinte,
Ouvre son sein royal, et, sous un coup mortel,
Presse le front des siens de son front paternel.
Niobé le contemple, immobile et muette,
Et, de son désespoir, comprimant la tempête,
Seule vivante au sein de .es morts qu'elle aimait,
Elle dresse ce front que nul coup ne soumet.

Comme un grand corps taillé par une main habile,
Le marbre te saisit d'une étreinte immobile.
Des pleurs marmoréens ruissellent de tes yeux ;
La neige du Paros ceint ton front soucieux.
En flots pétrifiés ta chevelure épaisse
Arrête sur ton cou l'ombre de chaque tresse ;
Et tes vagues regards où s'est éteint le jour,
Ton épaule superbe au sévère contour,
Tes larges flancs, si beaux dans leur splendeur royale,

Qu'ils brillaient à travers la pourpre orientale :
Et tes seins jaillissants, ces futurs nourriciers,
Des vengeurs de leur mère et des dieux justiciers,
Tout est marbre ! un dieu fend la pourpre de ta robe,
Et plus rien désormais aux yeux ne te dérobe !

Que ta douleur est belle, ô marbre sans pareil !
Non, jamais corps divins dorés par le soleil,
Dans les cités d'Hellas jamais blanches statues
De grâce et de jeunesse et d'amour revêtues,
Du sculpteur palpitant songes mélodieux,
Muets à notre oreille et qui chantent aux yeux ;
Jamais fronts doux et fiers où la joie étincelle
N'ont valu ce regard et ce cou qui chancelle,
Ces bras majestueux dans leur geste brisés,
Ces flancs si pleins de vie et d'efforts épuisés,
Ce corps où la beauté, cette flamme éternelle,
Triomphe de la mort et resplendit en elle !
On dirait à te voir, ô marbre désolé,
Que du ciseau sculpteur des larmes ont coulé !
Tu vis, tu vis encor ! sous ta robe insensible
Ton cœur est dévoré d'un songe indestructible.
Tu vois de tes grands yeux vides comme la nuit
Tes enfants bien-aimés que la haine poursuit.
O pâle Tantalide, ô mère de détresse,
Leur regard défaillant t'appelle et te caresse...
Ils meurent tour à tour, et renaissant plus beaux
Pour disparaître encor dans leurs sanglants tombeaux,
Ils lacèrent ton cœur mieux que les Euménides
Ne flagellent les morts aux demeures livides !
Oh ! qui soulèvera le fardeau de tes jours ?
Niobé, Niobé ! souffriras-tu toujours ?

LA SOURCE

Une eau vive étincelle en la forêt muette,
    Dérobée aux ardeurs du jour ;
Et le roseau s'y ploie, et fleurissent autour
    L'hyacinthe et la violette.

Ni les chèvres paissant les cytises amers
    Aux pentes des proches collines,
Ni les pasteurs chantant sur les flûtes divines,
    N'ont troublé la source aux flots clairs.

Les noirs chênes, aimés des abeilles fidèles,
    En ce beau lieu versent la paix,
Et les ramiers, blottis dans le feuillage épais,
    Ont ployé leurs cols sous leurs ailes.

Les grands cerfs indolents, par les halliers mousseux
    Hument les tardives rosées ;
Sous le dais lumineux des feuilles reposées
    Dorment les Sylvains paresseux.

Et la blanche Naïs dans la source sacrée
    Mollement ferme ses beaux yeux :
Elle songe endormie ; un rire harmonieux
    Flotte sur sa bouche pourprée,

Nul œil étincelant d'un amoureux désir
    N'a vu, sous ces voiles limpides,
La nymphe au corps de neige, aux longs cheveux fluides,
    Sur le sable argenté dormir.

Et nul n'a contemplé la joue adolescente,
　　L'ivoire du col ou l'éclat
Du jeune sein, l'épaule au contour délicat,
　　Les bras blancs, la lèvre innocente.

Mais un faune attentif, sur le prochain rameau,
　　Entrouve la feuillée épaisse,
Et voit, tout enlacé d'une humide caresse,
　　Ce corps souple briller sous l'eau.

Aussitôt il rit d'aise en sa joie inhumaine ;
　　Son rire émeut le frais réduit ;
Et la vierge s'éveille, et pâlissant au bruit,
　　Disparaît comme une ombre vaine.

Telle que la Naïade en ce bois écarté,
　　Dormant sous l'onde diaphane,
Fuis toujours l'œil impur et la main du profane,
　　Lumière de l'âme, ô beauté !

LE REVEIL D'HÉLIOS

Le Jeune homme divin, nourrisson de Délos,
Dans sa khlamyde d'or quitte l'azur des flots ;
De leurs baisers d'argent son épaule étincelle,
Et sur ses pieds légers l'onde amère ruisselle.

A l'essieu plein de force il attache soudain
La roue à jantes d'or, à sept rayons d'airain.
Les moyeux sont d'argent aussi bien que le siége.
Le dieu soumet au joug quatre étalons de neige,
Qui, rebelles au frein, mais au timon liés,
Hérissés, écumants, sur leurs jarrets ployés,
Hennissent vers les cieux, de leurs naseaux splendides.
Mais du quadruple effort de ses rênes solides,
Le fils d'Hépérion courbe leurs cols nerveux.
Et le vent de la mer agite ses cheveux ;
Et Séléné pâlit, et les heures divines
Font descendre l'aurore aux lointaines collines.
Le dieu s'écrie ! Il part, et dans l'ampleur du ciel
Il pousse étincelant le quadrige éternel.
L'air sonore s'emplit de flamme et d'harmonie.
L'Océan qui palpite en sa plainte infinie,
Pour saluer Hélios murmure un chant plus doux ;
Et semblable à la vierge en face de l'époux,
La Terre, au bord brumeux des ondes apaisées,
S'éveille en rougissant sur son lit de rosées.

HYLAS

C'était l'heure où l'oiseau, sous les vertes feuillées
Repose, où tout s'endort, les dieux et les héros.
Du tranquille sommeil les ailes déployées
    Pâlissaient l'astre de Klaros.

Sur la rive incliné, le vaisseau de Minerve
Ne lavait plus sa proue au sein des flots amers;
Et les guerriers d'Argo, que la fatigue énerve,
    Songeaient sur le sable des mers.

Non loin, au pied du mont où croît le pin sonore,
Au creux de la vallée inconnue aux mortels,
Jeunes reines des eaux que Cyanée honore,
    Poursuivant leurs jeux immortels;

Molis et Nikhéa, les belles Hydriades,
Dans la source natale aux reflets de saphir,
Folâtraient au doux bruit des prochaines cascades,
    Loin de Borée et de Zéphyr.

L'eau faisait ruisseler sur leurs blanches épaules
Le trésor abondant de leurs cheveux dorés,
Comme au déclin du jour, le feuillage des saules
    S'épanche en rameaux éplorés.

Parfois, dans les roseaux, jeunes enchanteresses,
Sous l'avide regard des amoureux Sylvains,
De nacre et de corail, enchâssés dans leurs tresses,
    Elles ornaient leurs fronts divins.

Tantôt, se défiant, et d'un essor rapide
Troublant le flot marbré d'une écume d'argent,
Elles ridaient l'azur de leur palais limpide
    De leur corps souple et diligent.

Sous l'onde étincelante on sentait leur cœur battre,
De leurs yeux jaillissait une humide clarté ;
Le plaisir rougissait leur jeune sein d'albâtre
    Et caressait leur nudité.

Mais, voici, sous les feux pourprés du crépuscule,
Beau comme Endymion, l'urne d'argile en main,
Qu'Hylas aux blonds cheveux, cher compagnon d'Hercule,
    Paraît au détour du chemin.

Nikhéa l'aperçoit : — O ma sœur, vois, dit-elle,
De son urne chargé, ce bel adolescent ;
N'est-ce point, revêtu d'une grâce immortelle,
    De l'Olympe un dieu qui descend ?

MOLIS

Des cheveux ondoyants où la brise soupire
Ornent son col d'ivoire ; ignorant du danger,
Sur les fleurs et la mousse, avec un doux sourire,
    Il approche d'un pied léger.

NIKHÉA

Beau jeune homme, salut ! sans doute une déesse
Est ta mère. — Kypris de ses dons t'a comblé.

MOLIS

Salut, bel étranger, tout brillant de jeunesse !
Heureux cet humble bord d'être par toi foulé.

NIKHÉA

Quel propice destin t'a poussé sur nos rives,
Quel soleil a doré tes membres assouplis ?
Viens, nous consolerons tes tristesses naïves,
Et nous te bercerons sur nos genoux polis.

MOLIS

Reste, enfant ! ne vas plus par les mers vagabondes :
Eole outragerait ta sereine blancheur.
Viens, rouge de baisers, dans nos grottes profondes,
    Puiser l'amour et la fraîcheur.

Mais Hylas, oubliant son urne demi-pleine
Et penché sur la source aux mortelles douceurs,
Ecoutait, attentif, suspendant son haleine,
    Parler les invisibles sœurs.

Riant, il regardait dans la claire fontaine...
Soudain par son cou blanc deux bras l'ont attiré ;
Il tombe, et murmurant une plainte incertaine,
    Plonge sous le flot azuré.

Là, sur le sable d'or et la perle argentée
Molis et Nikhéa le couchent mollement,
Mêlant à des baisers sur leur lèvre agitée
    Le doux nom de leur jeune amant.

Il s'éveille, il sourit, et tout surpris encore,
De la grotte nacrée admirant le contour,
Sur les fluides sœurs que la grâce décore,
      Son œil s'arrête avec amour.

Adieu le toit natal et la verte prairie
Où, paissant les grands bœufs, jeune et déjà pasteur,
Pieux, il suspendait la couronne fleurie
      A l'autel du Dieu protecteur !

Adieu sa mère en pleurs dont l'œil le suit sur l'onde,
Et de qui le destin à son sort est lié...
Adieu le grand Hercule, et Kolkhos, et le monde,
      Il aime et tout est oublié !

JUIN

Les prés ont une odeur d'herbe verte et mouillée,
Un frais soleil pénètre en l'épaisseur des bois ;
Toute chose étincelle, et la jeune feuillée
Et les nids palpitants s'éveillent à la fois.

Les cours d'eau diligents, aux pentes des collines
Ruissellent, clairs et gais, sur la mousse et le thym ;
Ils chantent au milieu des blanches aubépines,
Avec le vent rieur et l'oiseau du matin.

Les gazons sont tout pleins de voix harmonieuses,
L'aube fait un tapis de perles aux sentiers ;
Et l'abeille, quittant les prochaines yeuses,
Suspend son aile d'or aux pâles églantiers.

Sous les saules ployants la vache lente et belle
Paît dans l'herbe abondante au bord des tièdes eaux :
Le joug n'a point encor courbé son cou rebelle ;
Une rose vapeur emplit ses blonds naseaux.

Et par delà le fleuve aux deux rives fleuries
Qui vers l'horizon bleu coule à travers les prés,
Le taureau mugissant, roi fougueux des prairies,
Hume l'air qui l'enivre et bat ses flancs pourprés.

La terre rit. Confuse, à la vierge pareille
Qui d'un premier baiser frémit languissamment,
Et son œil est humide et sa joue est vermeille,
Et son âme a senti les lèvres de l'amant.

O rougeur, volupté de la terre ravie !
Frissonnements des bois, souffles mystérieux !
Parfumez bien le cœur qui va goûter la vie,
Trempez-le dans la paix et la fraîcheur des cieux !

Assez tôt, tout baignés de larmes printanières,
Par essaims éperdus ses songes envolés
Iront brûler leur aile aux ardentes lumières
Des étés sans ombrage et des désirs troublés.

Alors inclinez-lui vos coupes de rosée,
O fleurs de son printemps, aube de ses beaux jours !
Et verse un flot de pourpre en son âme épuisée,
Soleil, divin soleil de ses jeunes amours !

MIDI

Midi, roi des étés, épandu sur la plaine,
Tombe en nappes d'argent des hauteurs du ciel bleu.
Tout se tait. L'air flamboie et brûle sans haleine ;
La terre est assoupie en sa robe de feu.

L'étendue est immense et les champs n'ont point d'ombre,
Et la source est tarie où buvaient les troupeaux ;
La lointaine forêt dont la lisière est sombre,
Dort là-bas, immobile, en un pesant repos.

Seuls, les grands blés mûris, tels qu'une mer dorée,
Se déroulent au loin, dédaigneux du sommeil :
Pacifiques enfants de la terre sacrée,
Ils épuisent sans peur la coupe du soleil.

Parfois, comme un soupir de leur âme brûlante,
Du sein des épis lourds qui murmurent entre eux,
Une ondulation majestueuse et lente
S'éveille, et va mourir à l'horizon poudreux.

Non loin quelques bœufs blancs, couchés parmi les herbes,
Bavent avec lenteur sur leurs fanons épais,
Et suivent de leurs yeux languissants et superbes
Le songe intérieur qu'ils n'achèvent jamais.

Homme, si le cœur plein de joie ou d'amertume
Tu passais vers midi dans les champs radieux,
Fuis ! la nature est vide et le soleil consume :
Rien n'est vivant ici, rien n'est triste ou joyeux.

Mais si désabusé des larmes et du rire,
Altéré de l'oubli de ce monde agité,
Tu veux, ne sachant plus pardonner ou maudire,
Goûter une suprême et morne volupté ;

Viens, le soleil te parle en lumières sublimes ;
Dans sa flamme implacable absorbe-toi sans fin ;
Et retourne à pas lents vers les cités infâmes,
Le cœur trempé sept fois dans le néant divin.

NOX

Sur la pente des monts les brises apaisées
Inclinent au sommeil les arbres onduleux ;
L'oiseau silencieux s'endort dans les rosées,
Et l'étoile a doré l'écume des flots bleus.

Au contour des ravins, sur les hauteurs sauvages
Une molle vapeur efface les chemins ;
La lune tristement baigne les noirs feuillages,
L'oreille n'entend plus les murmures humains.

Mais sur le sable au loin chante la mer divine,
Et des hautes forêts gémit la grande voix,
Et l'air sonore, aux cieux que la nuit illumine,
Porte le chant des mers et le soupir des bois.

Montez, saintes rumeurs, paroles surhumaines,
Entretien lent et doux de la terre et du ciel,
Montez et demandez aux étoiles sereines
S'il est pour les atteindre un chemin éternel.

O mers, ô bois songeurs, voix pieuses du monde,
Vous m'avez répondu durant mes jours mauvais,
Vous avez apaisé ma tristesse inféconde,
Et dans mon cœur aussi vous chantez à jamais.

KHIRON

POEME

I

Hélios, désertant la campagne infinie,
S'incline plein de gloire aux plaines d'Hœmonie.
Sa pourpre flotte encor sur la cime des monts.
Le grand fleuve Océan apaise ses poumons ;
Et l'invincible Nuit de silence chargée
Déjà d'un voile épais couvre les flots d'Egée ;
Mais sur le Bœbeis aux rougissantes eaux
Où le coursier lapithe humecte ses naseaux,
Sur l'Hellade sacrée et la mer de Pagase
La robe d'Hélios se déploie et s'embrase.

Non loin du Pélion couronné de grands pins,
Par les sentiers touffus, par les vagues chemins,

Les pasteurs, beaux enfants à la robe grossière,
Qui d'un agile élan courent dans la poussière,
Ramènent tour à tour et les bœufs indolents
Dont la lance hâtive aiguillonne les flancs,
Les chèvres aux pieds sûrs, dédaigneuses des plaines,
Et les blanches brebis aux florissantes laines.
Sur de rustiques chars les vierges aux bras nus
Jettent au vent du soir leurs rires ingénus,
Et tantôt, de narcisse et d'épis couronnées,
Chantent Cérès propice en chansons alternées.
Durant l'éclat du jour, au milieu des joncs verts,
En d'agrestes cours d'eau de platanes couverts,
Les unes ont lavé les toiles transparentes,
Les autres ont coupé les moissons odorantes,
Et toutes, délaissant la fontaine ou les champs,
Charment au loin l'écho du doux bruit de leurs chants.
L'heure fuit, le ciel roule et la flamme recule.
La splendide vapeur du flottant crépuscule
S'épanche autour des chars, baignant d'un pur reflet
Ces bras où le sang luit sous la blancheur du lait,
Ces chastes seins enclos par le lin diaphane,
Qui jamais n'ont bondi sous une main profane;
Ces cheveux dénoués, beau voile, heureux trésor,
Que le vent amoureux déroule en boucles d'or.
Sur les blés, les tissus, l'une près l'autre assises,
Elles vont unissant leurs chansons indécises,
Leurs rires éclatants! Et les jeunes pasteurs
S'empressent pour les voir, et par des mots flatteurs
Caressent en passant leur vanité cachée.
Tels, quittant la montagne en son repos couchée,
Ces enfants de l'Hellade aux immortels échos
Poussent troupeaux et chars vers les murs d'Iolkos.

Mais voici qu'au détour de la route poudreuse
Un étranger s'avance ; et cette foule heureuse
Le regarde et s'étonne, et du geste et des yeux
S'interroge aussitôt. Il approche. Les dieux
D'un sceau majestueux ont empreint son visage.
Dans ses regards profonds règne la paix du sage.
Il marche avec fierté. Sur ses membres nerveux
Flotte le lin d'Egypte aux longs plis. Ses cheveux
Couvrent sa vaste épaule, et dans sa main guerrière
Brille aux yeux des pasteurs la lance meurtrière
Silencieux, il passe, et les adolescents
Ecoutent résonner au loin ses pas puissants.
C'est un dieu ! pensent-ils ; et les vierges troublées
S'entretiennent tout bas en groupes rassemblées.
Mais semblable au lion, le divin voyageur
S'éloigne sans les voir, pacifique et songeur.

La nuit tombe des cieux ; le Pélion énorme
Aux lueurs de Phœbé projette au loin sa forme ;
Et sur la cime altière où dorment les forêts
Les astres immortels dardent leurs divins traits.
Il marche. Il a franchi les roches dispersées,
Formidables témoins des querelles passées ;
Alors que les Géans, de leurs solides mains
Bâtissaient vers les cieux d'impossibles chemins,
Et que Zeus, ébranlant l'escalier granitique,
De ces monts fracassés couvrit l'Hellade antique.

Entre deux vastes blocs, au creux d'un noir vallon,
Non loin d'un bois épais que chérit Apollon,
Un autre offre aux regards sa cavité sonore.
Le seuil en est ouvert ; car tout mortel honore

Cet asile d'un sage, et l'on dit que les dieux
De leur présence auguste ont consacré ces lieux.
Deux torches d'olivier de leur flamme géante
Rougissent les parois de la grotte béante.
Là, comme un habitant de l'Olympe éthéré,
Mais par le vol des ans fugitifs effleuré,
Khiron aux quatre pieds, roi de la solitude,
Sur la peau d'un lion, couche nocturne et rude,
Est assis, et le fils de Pelée, au beau corps,
Charme le grand vieillard d'harmonieux accords.
La lyre entre ses doigts chante comme l'haleine
De l'Euros au matin sur l'écumante plaine.
A ce bruit l'Etranger marche d'un pied hâtif,
Et sur le seuil de pierre il s'arrête attentif.
Mais Khiron l'aperçoit; il délaisse sa couche;
Un rire bienveillant illumine sa bouche;
Il interrompt Achille à ses pieds interdit
Et saluant son hôte, il l'embrasse et lui dit :

Orphée aux chants divins que conçut Kalliope
Entre les bras d'Œagre, aux vallons du Rhodope
Que baigne le Strymon d'un cours aventureux;
O magnanime roi des Kylones heureux !
Dieu mortel de l'Hémos, qui vis le noir rivage,
Ta présence m'honore, et mon antre sauvage
N'a contenu jamais entre tous les humains
Un hôte tel que toi, chantre aux savantes mains.
Ta gloire a retenti des plaines de l'Hellade
Jusqu'aux fertiles bords où gémit Encelade.
Attentive, souvent mon oreille écouta,
De la Thrace glacée aux cimes de l'Œta,
Les sons mélodieux de ta lyre honorée

Voler dans l'air ému sur l'aile de Borée.
Déjà par l'âge éteints, jamais mes faibles yeux
Ne t'avaient contemplé, mortel semblable aux dieux !
J'en atteste l'Olympe et mon père Saturne,
Ta vue a réjoui ma grotte taciturne.
Entre ! repose-toi sur ces peaux de lion.
Dans les vertes forêts du sombre Pélion,
Jadis, en mes beaux jours de force et de courage,
J'immolai de mes mains ces lions pleins de rage.
Maintenant leur poil fauve est propice au repos,
Plus que la toison blanche arrachée aux troupeaux.
Et toi, fils de Thétys, Achille au pied agile,
Verse l'onde qui fume en cette urne d'argile,
Et de mon hôte illustre, aux accents inspirés,
D'une pieuse main lave les pieds sacrés.

Il dit, et le jeune homme, à sa voix vénérée,
Saisit l'urne, d'acanthe et de lierre entourée.
Une eau pure et brûlante y coule ; et, gracieux,
Il s'approche d'Orphée aux chants harmonieux :
O roi ! mortel issu d'une race divine,
Permets que je te serve ; — et son genou s'incline,
Et ses cheveux dorés, au Sperkhios voués,
Sur son front qui rougit s'épandent dénoués.
Le sage lui sourit, l'admire et le caresse :
Que le grand Zeus, mon fils, à ton sort s'intéresse,
Dit-il. — Achille alors lave ses pieds fumants,
Agrafe le cothurne aux simples ornements,
Puis écoute, appuyé sur sa pique de hêtre,
L'harmonieuse voix qui répond à son maître.
Tel, le jeune Iakkhos, dans les divins conseils
S'accoude sur le thyrse aux longs pampres vermeils.

Interdit devant toi, fils de Kronos, ô sage,
A peine j'ose encor contempler ton visage ;
Et je doute en mon cœur que les destins amis
Aient vers le grand Khiron guidé mes pas soumis.
Salut, divin vieillard plein d'un esprit céleste !
Que jamais Erynnis, dans sa course funeste,
Ne trouble le repos de tes glorieux jours !
O sage, vis sans cesse et sois heureux toujours !
La vérité, mon père, a parlé par ta bouche.

Kalliope reçut Œagre dans sa couche :
Je suis né sur l'Hémos de leurs embrassements.
Pour braver Poseidon et les flots écumants
J'ai quitté sans regrets la verte Bistonie
Où des rhythmes sacrés j'enchaînais l'harmonie ;
Et la riche Iolkos m'a reçu dans son sein.
Là, sur le bord des mers, comme un bruyant essaim,
Cinquante rois couverts de brillantes armures,
Poussant jusques aux cieux de belliqueux murmures,
Autour d'un noir navire aux destins hasardeux
Attendent que ma voix te conduise auprès d'eux.
Sur la plage marine où j'ai dressé ma tente,
Environnant mon seuil de leur foule éclatante,
Tous m'ont dit : Fils d'Œagre, aux paroles de miel,
De qui la lyre enchante et la terre et le ciel,
Va ! sois de nos désirs le puissant interprète ;
Que le sage Centaure à te suivre s'apprête.
Dis-lui que des Myniens les héros assemblés
Au delà des flots noirs par l'orage troublés,
Las d'un lâche repos et d'une vie obscure,
Vont ravir la toison du bélier de Mercure.
Rappelle-lui Phryxos avec la blonde Hellé,

Rejetons d'Athamas, que conçut Néphélé,
Alors qu'abandonnant les rives d'Orkhomène,
Ils fuyaient vers Ea leur marâtre inhumaine.
Et le bélier divin les portait sur les mers.
La jeune Hellé tomba dans les gouffres amers ;
Et Phryxos, pour calmer son ombre fraternelle,
Immola dans Kolkhos ce nageur infidèle.
Il suspendit lui-même, au milieu des forêts,
Sa brillante toison dans le temple d'Arès ;
Et depuis, un dragon aux dieux mêmes terrible,
Veille sur ce trésor, gardien incorruptible.
Immense, vomissant la fumée et le feu,
De ses mouvants anneaux il entoure ce lieu.
Il n'a dormi jamais, et tout son corps flamboie ;
Il rugit en lion, en molosse il aboie ;
Comme l'aigle, habitant d'Athos aux pics déserts,
Il vole, hérissé d'écailles, dans les airs !
Il rampe, il se redresse, il bondit dans la plaine
Mieux qu'un jeune étalon à la puissante haleine ;
Et dans la sombre nuit, comme aux clartés du ciel,
Il darde incessamment un regard éternel !
Va donc, cher compagnon, harmonieux Orphée ;
Présente à ses regards cet immortel trophée ;
Va ! qu'il cède à nos vœux et qu'il règne sur nous.
Ses disciples anciens embrassent ses genoux.
Aux luttes des héros il forma leur jeunesse,
Et leur âge viril implore sa sagesse.

Vieillard ! tels m'ont parlé ces pasteurs des humains
Nourris de ton esprit, élevés par tes mains :
Le puissant Héraclès, fils de Zeus et d'Alkmène,
Qui déploie en tous lieux sa force surhumaine,

Et qui naquit dans Thèbe, alors que le soleil
Cacha durant trois jours son éclat sans pareil ;
Typhis, fils d'Aignias, qui de ses mains habiles
Dirige les vaisseaux sur les ondes mobiles ;
Kastor, fils de Tyndare et dompteur de coursiers ;
Pollux que l'Eurotas en ses roses lauriers
Vit naître avec Hélène, au berceau renommée,
Sous les baisers du dieu dont Léda fut aimée ;
Le léger Méléagre, appui de Kalydon ;
Boutès, à qui Pallas d'un glaive d'or fit don ;
Pélée et Télamon, Amphion de Pallène,
Et le bel Eurotos cher au dieu de Kyllène ;
Et le fils de Nélée, et Lyncée aux grands yeux
Qui du regard pénètre et la terre et les cieux,
Et les profondes mers et les abîmes sombres
Où l'implacable Aidès règne au milieu des ombres ;
Et vingt autres héros, avec le fils d'Œson
Jeune, brave et prudent comme Athéné, — Jason !
Je supplie avec eux ta sagesse profonde.
Sur leur respect pour toi tout leur espoir se fonde ;
Parle ! que répondrai-je à ces rois belliqueux ?
Ils n'attendent qu'un chef, mais Argo n'attend qu'eux.
J'écoute ; car demain, dès l'aurore naissante,
Il me faut retourner vers la mer mugissante.

— Les dieux, dit le Centaure, ont habité parfois
Les bruyantes cités, et les monts et les bois,
Alors que de l'Olympe abandonnant l'enceinte,
Ils dérobaient l'éclat de leur majesté sainte.
Ainsi, roi de la Thrace, à tes augustes traits,
Je me souviens du dieu qui lance au loin les traits ;
Tel, exilé des cieux, pasteur de Thessalie,

Je le vis s'avancer dans la plaine embellie.
Son port majestueux, ses chants le trahissaient,
Et les nymphes des bois sur ses pas s'empressaient.
Ta parole, mon hôte, est douce à mon oreille;
Nulle voix à la tienne ici-bas n'est pareille ;
Mais comme un roi puissant, à des enfants épars,
Dispense ses trésors en d'équitables parts,
L'impassible destin, obéi des dieux mêmes,
Ordonne l'univers de ses décrets suprêmes.
Le destin sait, voit, juge ! Et tous lui sont soumis,
Et jamais il ne tient que ce qu'il a promis.
Repose-toi, mon hôte, et daigne en ma retraite
Calmer la sombre faim. — Fils de Pélée, apprête
Et le miel et le vin et nos agrestes mets.
Bientôt, roi de la Thrace, ô chanteur, qui soumets
Au joug mélodieux les forêts animées,
Les sources des vallons de tes accents charmées,
Et les rochers émus et les bêtes des bois,
Bientôt le noir destin parlera par ma voix.
Le destin dévorant, sourd comme l'onde amère,
Engloutit à son jour toute chose éphémère,
O fils d'Œagre ! Et moi, par Kronos engendré,
Qui dus être immortel, dont l'âge immesuré
De générations embrasse un vaste nombre :
Moi qui de l'avenir perce le voile sombre...
Il me semble qu'hier j'ai vu les premiers cieux !
Que Phyllire, ma mère, en son amour joyeux,
Hier en ses doux bras abritait ma faiblesse !
Ne touché-je donc pas à l'aride vieillesse?
N'ai-je pas sur la terre usé de mes pieds durs
La tombe des héros tombés comme fruits mûrs?
Et cet âge éternel qu'on daigna me promettre,

Est-ce un rapide jour qui semble toujours naître?
Sombre destin, pensée où tout est résolu,
O destin, tout mourra quand tu l'auras voulu!

Et durant ce discours, Orphée aux yeux splendides,
Lisant sur ce grand front tout sillonné de rides
La profonde pensée et le secret du sort,
Croit voir un dieu couvert des ombres de la mort.
Cependant il se tait et respecte le sage;
Nul orgueil de savoir ne luit sur son visage ;
Il attend que Khiron, assouvissant sa faim,
L'invite à l'écouter et lui réponde enfin.

Le fier adolescent à la tête bouclée,
Fils de l'Océanide et du divin Pélée,
Achille au cœur ardent, comme un jeune lion
Qui joue en son repaire aux flancs du Pélion,
S'empresse autour d'Orphée et du sage Centaure ;
Souriant, il leur verse un doux vin qui restaure,
Puis, sur un disque il sert un tendre agneau fumant,
Et des gâteaux de miel avec un pur froment.
Parfois, le grand vieillard qui naquit de Phyllire,
Et le roi de la Thrace à la puissante lyre,
Admirent en secret cet enfant glorieux,
Le plus beau des mortels issu du sang des dieux.
Déjà sa haute taille avec grâce s'élance
Comme un pin des forêts que la brise balance ;
Une flamme jaillit de son œil courageux ;
Et, soit qu'il s'abandonne aux héroïques jeux,
Soit qu'il fasse vibrer entre ses mains fécondes
La lyre aux chants divins, mélodieuses ondes;
Comme un nuage d'or, diaphane et mouvant,
A voir ses longs cheveux flotter au libre vent,

Et sur son cou d'ivoire errer pleins de mollesse ;
A voir ses reins brillants de force et de souplesse,
Son bras blanc et nerveux au geste souverain
Qui soutient sans ployer un bouclier d'airain,
Les deux sages déjà, devançant les années,
Déroulent dans leurs cœurs ses grandes destinées.

Mais le festin s'achève, et sur sa large main
Le Centaure pensif pose un front surhumain.
Un long rêve surgit dans son âme profonde,
Son œil semble chercher un invisible monde ;
Son oreille attentive aux bruits qui ne sont plus
Entend passer l'essaim des siècles révolus.
Il s'enflamme aux reflets de leur antique gloire,
Comme au vivant soleil luit une tombe noire !
Tels qu'un écho lointain qui meurt au fond des bois,
Des sons interrompus expirent dans sa voix,
Et de son cœur troublé l'élan involontaire
Fait qu'il frappe soudain des quatre pieds la terre.
Comme pour embrasser des êtres bien aimés,
Il ouvre à son insu des bras accoutumés ;
Il remonte les temps, il s'écrie, il appelle,
Et sur son front la joie à la douleur se mêle.
Enfin sa voix résonne et s'exhale en ces mots,
Comme le vent sonore émeut les noirs rameaux.

II

— Oui ! j'ai vécu longtemps sur le sein de Cybèle...
Dans ma jeune saison que la terre était belle !
Les grandes eaux naguère avaient de leurs limons

Reverdi dans l'Ether les pics altiers des monts.
Du sein des flots féconds les humides vallées,
De nacre et de corail et de fleurs étoilées,
Sortaient, telles qu'aux yeux avides des humains,
De beaux corps ruisselants du frais baiser des bains,
Et fumaient au soleil comme des urnes pleines
De parfums d'Ionie aux divines haleines !
Les cieux étaient plus grands ! D'un souffle généreux
L'air subtil emplissait les poumons vigoureux ;
Et plus que tous, baigné des forces éternelles,
Des aigles de l'Athos je dédaignais les ailes !
Sur l'écume des mers Aphrodite en riant,
Comme un rêve enchanté voguait vers l'Orient...
De sa conque, flottant sur l'onde qui l'arrose,
La nacre aux doux rayons reflétait son corps rose ;
Et l'Euros caressait ses cheveux déroulés,
Et l'Océan baisait ses pieds immaculés,
Et les Grâces en rond sur la mer murmurante
Emperlaient en nageant leur blancheur transparente ;
Et les Ris et les Jeux, dans leurs jeunes essors,
Guidaient la conque bleue et ses divins trésors !

O plaines de l'Hellade, ô montagnes sacrées,
De la Terre au grand sein mamelles éthérées !
O pourpre des couchants, ô splendeur des matins !
O fleuves immortels, qu'en mes jeux enfantins
Je domptais du poitrail, et dont l'onde écumante,
Neige humide, flottait sur ma croupe fumante !
Oui ! j'étais jeune et fort ; rien ne bornait mes vœux :
J'étreignais l'univers entre mes bras nerveux ;
L'horizon sans limite aiguillonnait ma course,
Et j'étais comme un fleuve élancé de sa source,

Qui, du sommet des monts soudain précipité,
Flot sur flot s'amoncelle et roule avec fierté.
Depuis que sur le sable où la mer vient bruire
Kronos m'eut engendré dans le sein de Phyllire,
J'avais erré, sauvage et libre sous les airs,
Emplissant mes poumons du souffle des déserts,
Et fuyant des mortels les obscures demeures.
Je laissais s'envoler les innombrables heures;
De leur rapide essor rival impétueux,
L'orage de mon cœur au cours tumultueux
Mieux qu'elles, dans l'espace et l'ardente durée
Entraînait au hasard ma force inaltérée !
Et pourtant, comme au sein des insondables mers,
Tandis que le Notos émeut les flots amers,
L'empire de Nérée, à nos yeux invisible,
Ignore la tourmente et demeure impassible ;
Dans l'abîme inconnu de mon cœur troublé, tel
J'étais calme, sachant que j'étais immortel !
O jours de ma jeunesse, ô saint délire, ô force !
O chênes dont mes mains brisaient la rude écorce,
Lions que j'étouffais contre mon sein puissant
Monts témoins de ma gloire et rougis de mon sang !
Jamais, jamais mes pieds, fatigués de l'espace,
Ne suivront plus d'en bas le grand aigle qui passe ;
Et, comme aux premiers jours d'un monde nouveau-né,
Jamais plus, de flots noirs partout environné,
Je ne verrai l'Olympe et ses neiges dorées
Remonter lentement aux cieux hyperborées !

O Khiron, dit Orphée, éloigne de ton cœur
Ces indignes regrets dont le sage est vainqueur.
Ton destin fut si beau parmi nos destins sombres !

Les siècles de la terre à nos yeux couverts d'ombres
Sous ton large regard ont passé si longtemps,
Et ta vie est si pleine, ô fils aîné du Temps !
Que l'auguste science en ton sein amassée,
Doit calmer pour jamais ta grande âme blessée.
Daigne instruire plutôt mes esprits incertains,
Dis-moi des peuples morts les antiques destins,
Les luttes des héros et la gloire des sages,
Et le déroulement fatidique des âges ;
Dis-moi les dieux armés contre les fils du ciel,
Dans l'Olympe asseyant leur empire éternel,
Et les vaincus tombés sous les monts qui s'écroulent,
Et Zeus précipitant ses triples feux qui roulent,
Et la Terre, attentive à ces combats géants,
Engloutissant les morts dans ses gouffres béants.

— La sagesse est en toi, fils d'une noble Muse !
Tu dis vrai, car Kronos à nos vœux se refuse ;
Implacable, et toujours avide de son sang,
Il m'emporte moi-même en son vol incessant,
Et les larmes jamais, dans sa fuite éternelle,
N'ont fléchi ce dieu sourd qui nous fauche de l'aile.
Tu sais, tu sais déjà, fils d'Œagre, — tes yeux
Ont lu jusques au fond de mon cœur soucieux,
Que, comme un voyageur errant quand la nuit tombe,
Mon immortalité s'est heurtée à la tombe !
Je mourrai ! Le destin m'attend au jour prescrit...
Mais ta voix, ô mon fils, a calmé mon esprit.
Les justes Dieux, comblant mon orgueilleuse envie,
Bien au delà des temps ont prolongé ma vie ;
Et si je dois tomber comme un guerrier vaincu,
Calme, je veux mourir ainsi que j'ai vécu.

Écoute ! des vieux jours je te dirai l'histoire.
Leurs vastes souvenirs dormaient dans ma mémoire,
Mais ta voix les réveille, et ces jours glorieux
Vont éclairer encor leur ciel mystérieux.

Fils d'Œagre ! aussi loin que mon regard se plonge,
Aux bornes du passé qui flotte comme un songe,
Quand la Terre était jeune et que je respirais
Les souffles primitifs des monts et des forêts :
Des sereines hauteurs où s'épandait ma vie,
Quand j'abaissais ma vue étonnée et ravie,
A mes pieds répandu, j'ai contemplé d'abord
Un peuple qui des mers couvrait le vaste bord.
De noirs cheveux tombaient sur les larges épaules
De ces graves mortels avares de paroles,
Et qui, de Pelasgos, fils de la Terre, issus,
S'abritaient à demi de sauvages tissus.
Au sol qui les vit naître enracinés sans cesse,
Ils paissaient leurs troupeaux, pacifique richesse,
Sans que les flots profonds ou les sombres hauteurs
Eussent tenté jamais leurs pas explorateurs.
Arès au casque d'or, aux yeux pleins de courage,
Dans la paix de leurs cœurs ne jetait point l'orage ;
Ignorant les combats, ils taillaient au hasard
De leurs grossières mains de noirs abris, sans art ;
Et du sein de ces blocs où paissaient les cavales
D'inhabiles clameurs montaient par intervalles,
Cris des peuples enfants qui, simples et pieux,
Sentaient bondir leurs cœurs en présence des cieux.
Car les temples sacrés, les cités sans pareilles,
Les hymnes qui des dieux enchantent les oreilles,

Dans le sein de la Terre et des mortels futurs
Dormaient, prédestinés à des siècles plus mûrs,
Souvent, sur la montagne, au lever de l'aurore
Interrogeant les dieux qui se taisaient encore
Et dans mon jeune esprit, prêt à le contenir,
Déposaient par éclairs le splendide avenir ;
Souvent je méditais, dans le repos de l'âme,
Sur ces peuples pieux purs de crime et de blâme.
Et je tournais parfois mes regards réfléchis
Vers les noirs horizons que le nord a blanchis.

Cependant Artémis, la vierge aux longues tresses,
Menant le chœur léger des fières chasseresses,
Sur la cime des monts à mes pas familiers
Poursuivait les grands cerfs à travers les halliers.
Je rencontrai bientôt la déesse virile
Qui d'un chaste tissu couvre son flanc stérile.
L'arc d'ivoire à la main et les yeux animés,
Excitant de la voix ses lévriers aimés,
Et parfois confiant aux échos des montagnes
Les noms mélodieux de ses belles compagnes,
Elle marchait rapide, et sa robe de lin
Par une agrafe d'or à son genou divin
Se nouait ; et les bois, respectant la déesse,
S'écartaient au-devant de sa mâle vitesse.

Je reposais aux pieds d'un chêne aux noirs rameaux,
Les mains teintes encor du sang des animaux ;
Car depuis qu'Hélios dont le monde s'éclaire
Avait poussé son char dans l'azur circulaire ;
Par les taillis épais d'arbustes enlacés,

Sur les rochers abrupts de mousses tapissés,
Sans relâche, j'avais de mes mains meurtrières
Percé les cerfs légers errant dans les clairières ;
Et des fauves lions suivant les pas empreints,
D'un olivier noueux brisé leurs souples reins.
Artémis s'arrêta sous le chêne au tronc rude,
Et d'une voix divine emplit la solitude :

— Khiron, fils de Kronos, habitant des forêts,
Dont la main est habile à disposer les rêts,
Et qui, sur le sommet de mes vastes domaines,
Coules des jours sereins loin des rumeurs humaines ;
Centaure, lève-toi, les dieux te sont amis.
Sois le cher compagnon que leurs voix m'ont promis,
Et sur le vert Cynthios ou l'Erymanthe sombre,
Sur le haut Pélion noirci de pins sans nombre,
Aux crêtes des rochers où l'aigle fait son nid,
Viens fouler sur mes pas la mousse et le granit.
Viens ! que toujours ta flèche, à ton regard fidèle,
Atteigne aux cieux l'oiseau qui fuit à tire-d'aile ;
Que jamais dans sa rage un hardi sanglier
Ne baigne de ton sang les ronces du hallier ;
Compagnon d'Artémis, invincible comme elle,
Viens illustrer ton nom d'une gloire immortelle !

— Et je dis : — O déesse intrépide des bois,
Qui te plais aux soupirs des cerfs, aux longs abois
Des lévriers lancés sur la trace odorante ;
Vierge au cœur implacable, et qui, toujours errante,
Tantôt pousses des cris féroces, l'arc en main,
L'œil brillant ; et tantôt, au détour du chemin,
Sous les rameaux touffus et les branches fleuries
Entrelaces le chœur de tes nymphes chéries ;

Artémis ! je suivrai tes pas toujours changeants,
J'atteindrai pour te plaire, en mes bonds diligents,
Les biches aux pieds prompts et les taureaux sauvages
Qui troublent, mugissants, les monts et les rivages ;
Si tu daignes, déesse, accorder à mes vœux
La blanche Khariklo, la nymphe aux blonds cheveux,
Qui s'élève au milieu de ses sœurs effacées,
Comme un peuplier vert aux cimes élancées !

La déesse sourit ; et, chasseur courageux,
Depuis, dans les forêts je partageai ses jeux.
Mais, quand vers d'autres bords, la fille de Latone
Lasse de la vallée et du mont monotone,
De ses nymphes suivie, à l'horizon des flots
Volait vers Ortygie ou l'aride Délos ;
Je déposais mon arc et mes flèches sanglantes,
Et le front incliné sur les divines plantes,
Je méditais Cybèle au sein mystérieux,
Vénérable à l'esprit, éblouissante aux yeux.

Tels étaient mes loisirs, ô chanteur magnanime !
Tel je vivais heureux sur la terre sublime,
Toujours l'oreille ouverte aux bruits universels,
Souffle des cieux, échos des parvis immortels,
Voix humaines, soupirs des forêts murmurantes,
Chansons de l'hydriade au sein des eaux courantes ;
Et formant, sans remords, le tissu de mes jours
De force et de sagesse et de chastes amours.
Tel j'étais, fils d'Œagre, en ma saison superbe !
Je buvais l'eau du ciel et je dormais sur l'herbe,
Et parfois, à l'abri des bois mystérieux,
Comme fait un ami j'entretenais les dieux !

En ce temps, sur l'Ossa ceint d'éclatants orages,
J'errais, et sous mes pieds flottaient les lourds nuages,
Quand au large horizon par ma vue embrassé,
Où sommeille Borée en son antre glacé,
Je vis, couvrant les monts et noircissant les plaines,
Attiédissant les airs d'innombrables haleines,
Incessant, et pareil aux épais bataillons
Des avides fourmis dans le creux des sillons,
Un peuple armé surgir ! Des chevelures blondes
Sur leurs dos blancs et nus, en boucles vagabondes
Flottaient, et les échos des monts qui s'ébranlaient
De leurs chants belliqueux s'emplissaient et roulaient.
Tel, le vieil Océan aux forces formidables
Amasse un noir courroux dans ses flancs insondables,
Se gonfle, se déroule, et sous l'effort des vents,
A l'assaut des grands caps pousse ses flots mouvants :
L'Olympe tremble au bruit, et la rive pressée
Palpite sous le poids, d'écume hérissée.
Ainsi ce peuple fier aux combats sans égaux
Heurte dans son essor l'antique Pelasgos ;
Et sur ces bords bercés d'un repos séculaire,
Pour la première fois a rugi la colère.

Les troupeaux éperdus, au hasard dispersés,
Mugissent dans la flamme et palpitent percés ;
Comme au vent orageux volent les feuilles sèches,
Les airs sont obscurcis d'un nuage de flèches...
Superbe et furieux, l'étalon hennissant
Traîne les chars d'airain dans un fleuve de sang ;
Et la clameur féroce aux lèvres écumantes,
Les suprêmes soupirs, les poitrines fumantes,
Les têtes bondissant loin du tronc palpitant,

Le brave, aimé des dieux, qui tombe en combattant,
Le lâche qui s'enfuit; la vieillesse, l'enfance,
Et la vierge au corps blanc qu'un fer cruel offense,
Tout ! cris, soupirs, courage, ardeur, efforts virils,
Tout proclame l'instant des suprêmes périls,
L'heure sombre où l'Erèbe, en ses parois profondes,
Engloutit par essaims les races moribondes;
Jusqu'au jour éternel où leurs restes épars
Dans le repos premier rentrent de toutes parts;
Et, d'une vie antique effaçant le vestige,
Unissent dans la mort les rameaux à la tige.

Les Pasteurs, refoulés par ces torrents humains,
Se frayaient, gémissants, d'inhabiles chemins.
Emportant de leurs dieux les géantes images,
Les uns par grands troupeaux fuyaient sur les rivages;
Les autres, unissant les chênes aux troncs verts,
Allaient chercher sur l'onde un meilleur univers...
Et quand tout disparut, race morte ou vivante,
Moissonnée en monceaux, en proie à l'épouvante;
Je vis, sur les débris de ce monde effacé,
Un nouveau monde croître ! Et vers les cieux poussé,
Comme un chêne noueux aux racines sans nombre,
Epancher sur le sol sa fraîcheur et son ombre;
Tandis que du Destin le livre originel,
Tournant sa page immense aux abîmes du ciel,
Sous mes yeux éblouis déroulait à cette heure
Le sort plus glorieux d'une race meilleure.
Alors je descendis du mont accoutumé,
Chez ce peuple aux beaux corps des Immortels aimé.
Ainsi l'aigle, lassé de la voûte éternelle,
Dans l'ombre des vallons vient reposer son aile.

Roi de l'Hémos ! ma voix aux superbes dédains,
N'avait frappé jamais l'oreille des humains ;
Jamais encor mes bras n'avaient de leur étreinte,
Dans un cœur ennemi fait palpiter la crainte ;
J'ignorais la colère et les combats sanglants ;
Et fier de quatre pieds aux rapides élans,
De ma force éprouvée aux lions redoutable,
J'irritai dans sa gloire une race indomptable.
L'insensée ignorait que le fer ni l'airain
Ne pouvaient entamer mon corps pur et serein,
Semblable, sous sa forme apparente, à l'essence
Des impalpables dieux. Ma céleste naissance,
Le sentiment profond de ma force, ou plutôt
L'inexorable Arès qui m'enflammait d'en haut,
Excitant mon courage à la lutte guerrière,
Rougit d'un sang mortel ma flèche meurtrière.
Que de héros anciens dignes de mes regrets,
Sur la rive des mers, dans l'ombre des forêts,
Race hardie, en proie à ma fureur première,
J'arrachai, fils d'Œagre, à la douce lumière !
Peut-être que vengeant le divin Pelasgos,
J'allais d'un peuple entier déshériter Argos,
Si la grande Athéné, déesse tutélaire,
N'eût brisé le torrent d'une aveugle colère.
J'ensevelis les morts que j'avais immolés,
J'honorai leur courage et leurs mânes troublés ;
Et la Paix souriante aux mains toujours fleuries,
Apaisa pour jamais nos âmes aguerries.

Mais à peine échappée aux combats dévorants,
La Terre tressaillit sous des efforts plus grands ;
Et comme aux jours anciens où tomba Prométhée,

L'Ether devint semblable à la mer agitée.
Les astres vacillaient dans l'écume des cieux...
Et la nue au flanc d'or, voile mystérieux,
En des lambeaux de feu déchirée et flottante,
Montrait des pâles dieux la foule palpitante !
La clameur des mortels roulait ; les flots grondaient
Et d'eux-mêmes au loin en sanglots s'épandaient
Comme de noirs captifs qui, dans l'ombre nocturne,
Redemandent la vie à l'écho taciturne.
D'un vaste ébranlement les jours étaient venus ;
Et la Terre vengeait l'outrage d'Uranus,
Le dieu source des dieux, que de sa faux cruelle
Mon père mutila dans la voûte éternelle ;
Alors que débordant comme un fleuve irrité
Le sang d'un dieu tomba du ciel épouvanté,
Et qu'en flots clandestins la brûlante semence
Féconda lentement la Terre au sein immense.

Or, du crime infini formidables vengeurs,
Naquirent tout armés les Géants voyageurs,
Monstres de qui la tête était ceinte de nues,
Dont le bras ébranlait les montagnes chenues,
Et qui, toujours marchant, secouaient de leur pié
Les entrailles du monde et l'Hadès effrayé.
De leurs soixante voix l'injure irrésistible
Retentit tout à coup dans l'Olympe paisible...
Mais ne pouvant dresser jusques aux larges cieux,
Terreur des Immortels, leurs fronts audacieux,
Les premiers, Diophore et l'informe Encelade,
De l'Empire céleste ont tenté l'escalade !

L'Ossa déraciné s'amasse sur l'Hémus,
Et tous deux sur Athos ! Puis, dans les airs émus,

Le sombre Pélion sur l'Œta s'amoncelle...
L'échelle surhumaine en sa hauteur chancelle!
Mais, franchissant d'un bond ses immenses degrés,
Les Géants vont heurter les palais éthérés.
Tout tremble! En vain la foudre au bras de Zeus s'embrase ;
Sous leurs blocs meurtriers dont la lourdeur écrase,
Les enfants d'Uranus vont briser de leurs mains
L'Olympe éblouissant vénéré des humains.
Des dieux inférieurs la foule vagabonde
Par les sentiers du ciel fuit aux confins du monde;
Et peut-être en ce jour, dispersant leurs autels,
L'Érèbe dans son ombre eût pris les Immortels,
Si, changeant d'un seul coup la défaite mobile,
Athéné n'eût percé Pallas d'un trait habile.

Alors, du haut Ossa soudain précipité,
Encelade recule, et d'un front indompté
Il brave encor des dieux la colère implacable;
Mais le fumant Etna de tout son poids l'accable,
Il tombe enseveli. Vainement foudroyé
Diophore a saisi Pallas pétrifié.
A la fille de Zeus, de son bras athlétique
Il le lance, et le corps du géant granitique
Retombe en tournoyant et brise son front dur
Comme le pied distrait écrase le fruit mûr.
Polybote éperdu fuit dans la mer profonde,
Et ses reins monstrueux dominent encor l'onde,
Et de ses larges pas, mieux que les lourds vaisseaux,
Il franchit sans tarder l'immensité des eaux.
Poseidon l'aperçoit; de ses bras formidables
Il enlève Nysire et ses grèves de sables
Et ses rochers moussus ; il la dresse dans l'air,

Et l'île aux noirs contours vole comme l'éclair,
Gronde, frappe, et les os du géant qui succombe
Blanchissent les parvis de son humide tombe.
Tous croulent au Tartare, où, neuf fois de ses flots,
Le Styx qui les étreint étouffe leurs sanglots ;
Et les dieux oubliant les discordes funestes,
Goûtent d'un long repos les voluptés célestes.

Et moi, contemporain de jours prodigieux,
En plaignant les vaincus j'applaudissais aux dieux,
Certain de leur justice, et pourtant, dans mon âme
Roulant un noir secret brûlant comme la flamme.
Et je laissais flotter, au bord des flots assis,
Dans le doute et l'effroi mes esprits indécis ;
Songeur, je me disais : — Sur les cimes neigeuses
L'aigle peut déployer ses ailes orageuses,
Et, l'œil vers Hélios incessamment tendu,
Briser l'effort des vents dans l'espace éperdu ;
Car sa force est cachée en sa lutte éternelle ;
Il se complaît, s'admire et s'agrandit en elle.
Avide de lumière, altéré de combats,
Le sol est toujours noir, les cieux sont toujours bas ;
Il vole, il monte, il lutte, et sa serre hardie
Saisit le triple éclair dont le feu l'incendie !
Les sereines forêts aux silences épais,
Chères au divin Pan, ruisselantes de paix ;
Les sereines forêts, immobiles naguères,
Peuvent s'écheveler comme des fronts vulgaires ;
L'ouragan qui se rue en bonds tumultueux,
Peut des chênes sacrés briser les troncs noueux ;
L'astre peut resplendir dans la nue azurée
Et brusquement s'éteindre au sein de l'Empyrée !

L'Océan peut rugir; la terre s'ébranler;
Les races dans l'Hadès peuvent s'amonceler ;
L'aveugle mouvement, de ses forces profondes,
Faire osciller toujours les mortels et les mondes...
Mais d'où vient que les dieux qui ne mourront jamais,
Et qui du large Ether habitent les sommets,
Les dieux générateurs des astres et des êtres,
Les rois de l'Infini, les implacables maîtres,
En des combats pareils aux luttes des héros,
De leur éternité troublent-ils le repos?
Est-il donc par delà leur sphère éblouissante,
Une force impassible et plus qu'eux tous puissante,
D'inaltérables dieux, sourds aux cris insulteurs,
Du mobile destin augustes spectateurs,
Qui n'ont connu jamais, se contemplant eux-mêmes,
Que l'éternelle paix de leurs songes suprêmes?

Répondez, répondez, ô terre, ô flots, ô cieux!
Que n'ai-je, ô roi d'Athos, ton vol audacieux!
Que ne puis-je, ô Borée, à tes souffles terribles
Confier mon essor vers ces dieux invisibles!
Eh! sans doute, à leurs pieds, pâles Olympiens,
Vous rampez! — Faibles dieux, vous n'êtes plus les miens!
Comme toi, blond Phœbos, qu'honore Lycorée,
Je darde un trait aigu d'une main assurée :
Python eût succombé sous mes coups affermis!
J'ai devancé ta course, ô légère Artémis
Comme vous immortel, ma force me protége ;
Les dieux des bois souvent ont formé mon cortége ;
J'ai porté des lions dans mes bras étouffants
Et mon père Kronos est votre aïeul, enfants!
O Zeus! les noirs géants ont balancé ta gloire...

C'est aux dieux inconnus qu'appartient la victoire ;
Et mon culte, trop fier pour les autels troublés,
Veut monter vers ceux-ci, de la crainte isolés,
Qui n'ont point combattu ; qui, baignés de lumière,
Dans le sein de la force éternelle et première
Règnent, calmes, heureux, immobiles, sans nom !
Irrésistibles dieux à qui nul n'a dit : Non !
Qui contiennent le monde en leurs seins impalpables
Et qui vous jugeront, hommes et dieux coupables !

Hélas ! tel je songeais, chanteur mélodieux ;
J'osais délibérer sur le destin des dieux !
Ils m'ont puni. Bientôt les Kères indignées
Trancheront le tissu de mes longues années ;
La flèche d'Héraclès finira mes remords ;
J'irai mêler mon ombre au vain peuple des morts,
Et l'antique chasseur des forêts centenaires
Poursuivra dans l'Hadès les cerfs imaginaires !
Et depuis j'ai vécu, mais dans mon sein gardant
Ce souvenir lointain comme un remords ardent.
Pour adoucir les dieux, pour expier ma faute,
J'ai creusé cette grotte où tu sièges, mon hôte ;
Et là durant le cours des âges, j'ai nourri
De sagesse et d'amour tout un peuple chéri,
Peuple d'adolescents sacrés, race immortelle
Que le lion sauvage engraissait de sa moelle,
Et que l'antique Hellade, en des tombeaux pieux,
Tour à tour a couchés auprès de leurs aïeux.

Viens ! ô toi, le dernier des nourrissons sublimes
Que mes bras paternels berceront sur ces cimes,
O rejeton des dieux, ô mon fils bien-aimé !

Toi qu'aux mâles vertus tout enfant j'ai formé,
Et qui de mes vieux jours consolant la tristesse,
Fais mon plus doux orgueil et ma seule richesse.
Fils du brave Pélée, Achille au pied léger,
Puisse ton cœur grandir et ne jamais changer!
O mon enfant si cher, l'Hellade est dans l'attente.
Quels feux éclipseront ton aurore éclatante!
Le plus grand des guerriers embrassant tes genoux
Aux pieds des murs d'Ilos expire sous tes coups…
Un dieu te percera de sa flèche assassine;
Mais comme un chêne altier que l'éclair déracine,
Et qui, régnant parmi les hêtres et les pins,
Émoussa la cognée à ses rameaux divins!
Sous le couteau sacré la vierge Pélasgique
Baignera de son sang ta dépouille héroïque;
Et sur le bord des mers j'entends l'Hellade en pleurs
Troubler les vastes cieux du cri de ses douleurs!
Tu tombes, jeune encor, mais ta rapide vie
D'une gloire immortelle, ô mon fils, est suivie;
L'avenir tout entier, en sonores échos
Fait retentir ton nom dans l'âme des héros
Et l'aride Troade, où tous viendront descendre,
Les verra tour à tour inclinés sur ta cendre.

— Le Centaure se tait. — Dans ses bras vénérés
S'élance le jeune homme aux longs cheveux dorés;
De son cœur généreux la fibre est agitée.
Il baise de Khiron la face respectée;
Et, gracieux soutien du vieillard abattu,
Il le réchauffe au feu de sa jeune vertu.

III

Mon hôte, dit Khiron, dès qu'aux voûtes profondes,
La fille de Thia, l'Aurore aux tresses blondes,
Montera sur son char de perles et d'argent,
Presse vers Iolkos un retour diligent ;
Mais la divine Nuit, ceinte d'astres, balance,
La terre encor plongée en un vaste silence ;
Et seul, le doux Sommeil, le frère d'Atropos,
Plane d'un vol muet dans les cieux en repos.
Je ne foulerai point Argo chargé de gloire,
Fils d'OEagre ! J'attends le jour expiatoire ;
Et mon dernier regard, de tristesse incliné,
Contemple pour jamais la terre où je suis né.
L'Euros aux ailes d'or, d'une haleine attendrie
Confiera ma poussière à la douce patrie
Où fleurit ma jeunesse, où se cloront mes yeux !
Porte au grand Héraclès mes suprêmes adieux.
Dis-lui que résigné, soumis à des lois justes,
Je vois errer ma mort entre ses mains augustes,
Et que nulle colère, en mon cœur paternel,
Ne brûle contre lui pour ce jour solennel.
Mais Hélios encor, dans le sein de Nérée,
N'entrouvre point des cieux la barrière dorée ;
Tout repose, l'Olympe et la terre au sein dur.
Tandis que Séléné s'incline dans l'azur,
Daigne, harmonieux roi qu'Apollon même envie,
Charmer d'un chant sacré notre oreille ravie ;
Tel que le noir Hadès l'entendit autrefois
En rhythmes cadencés s'élancer de ta voix,

Quand le triple gardien du fleuve aux eaux livides
Referma de plaisir ses trois gueules avides,
Et que des pâles morts la foule suspendit
Dans l'abîme sans fond son tourbillon maudit.

Comme aux cimes du Pinde Apollon Musagète,
Le fils de Kalliope est debout! Il rejette
Sur son dos large et blanc, exercé dans les jeux,
Ses cheveux éclatants, sa robe aux plis neigeux ;
Il regarde l'Olympe où ses yeux savent lire,
Et du fils de Pélée il a saisi la lyre.
Sous ses doigts surhumains les cordes ont frémi,
Et s'emplissent d'un souffle en leur sein endormi,
Souffle immense, pareil aux plaintes magnanimes
Du bleuâtre Océan aux sonores abîmes.
Tel, le faible instrument gémit sous ses grands doigts,
Et roule en chants divins pour la première fois!
Un dieu du fils d'Œagre élargit la poitrine ;
D'une ardente lueur son regard s'illumine...
Il va chanter, il chante! Et l'Olympe charmé
S'abaisse de plaisir sur le monde enflammé!
Cybèle aux épis d'or, sereine, inépuisable,
Des grèves où les flots expirent sur le sable
Jusqu'aux âpres sommets où dorment les hivers,
D'allégresse a senti tressaillir ses flancs verts!
L'étalon hennissant de volupté palpite ;
De son aire sanglant l'aigle se précipite ;
Le lion étonné, battant ses flancs velus,
S'élance du repaire en bonds irrésolus,
Et les timides cerfs et les biches agiles,
Les dryades perçant les écorces fragiles,

Les satyres guetteurs des nymphes au sein nu ;
Tous se sentent poussés par un souffle inconnu,
Et vers l'antre où la lyre en chantant les rassemble,
Des plaines et des monts, ils accourent ensemble.

Ainsi, divin Orphée, ô chanteur inspiré,
Tu déroules ton cœur sur un mode sacré !
Comme un écroulement des foudres rugissantes,
La colère descend de tes lèvres puissantes,
Puis le calme succède à l'orage éternel !
Un chant majestueux, large comme le ciel,
Enveloppe la lyre entre tes bras vibrante ;
Et l'oreille, attachée à cette âme mourante,
Poursuit dans un écho décroissant et perdu
Le chant qui n'étant plus est toujours entendu.
Achille écoute encore, et la lyre est muette !
Altéré d'harmonie, il incline la tête.
Sous l'or de ses cheveux, d'une noble rougeur
L'enthousiasme saint brûle son front songeur ;
Une ardente pensée en son cœur étouffée
L'oppresse de sanglots ! Mais il contemple Orphée,
Et, dans un cri sublime, il tend ses bras joyeux
Vers cette face auguste, et ces splendides yeux
Où du céleste éclair que ravit Prométhée
Jaillit, impérissable, une lueur restée ;
Comme si le destin eût voulu confier
La flamme où tous vont boire et se vivifier
Au fils de Kalliope, au chanteur solitaire
Que chérissent les dieux et qu'honore la terre !

Mais le sombre horizon des cieux, les monts dormants
Qui baignent leurs pieds lourds dans les flots écumants,

Les forêts dont l'Euros fait osciller les branches ;
Tout s'éveille, s'argente à des clartés plus blanches ;
Et déjà, de la nuit illuminant les pleurs,
L'Aurore monte au sein d'un nuage de fleurs.
Orphée a vu le jour : — O toi que je révère,
O grand vieillard, dit-il, dont le destin sévère
D'un voile de tristesse obscurcit le déclin,
Je te quitte, ô mon père ! Et, comme un orphelin
Baigne, au départ, de pleurs des cendres précieuses,
Je t'offre le tribut de mes larmes pieuses.
Contemporain sacré des âges révolus,
Adieu, Centaure, adieu ! je ne te verrai plus !
Fils de Pélée, adieu. Puissent les dieux permettre
Qu'un jour ton cœur atteigne aux vertus de ton maître.
Sois le plus généreux, le plus beau des mortels,
Le plus brave ! Et des dieux honore les autels.
Salut, divin asile, ô grotte hospitalière !
Salut, lyre docile à ma main familière !
Dépouille des lions qu'ici foula mon corps,
Montagnes, bois, vallons, tout pleins de mes accords,
Cieux propices, salut ! ma tâche est terminée.

Il dit, et de Khiron la langue est enchaînée ;
Il semble qu'un Dieu gronde en son sein agité ;
Des pleurs baignent sa face : — O mon fils regretté,
Divin Orphée, adieu ! Mon cœur suivra ta trace
Des rives de Pagase aux fleuves de la Thrace.
Je vois le noir Argo sur les flots furieux
S'élancer comme l'aigle à son but glorieux,
Et dans le sein des mers les blanches Kyanées
Abaisser à ta voix leurs têtes mutinées.
Et Kolkos est vaincue ! et remontant aux lieux

Où luit l'ourse glacée à la borne des cieux,
De contrée en contrée, Argo qu'un dieu seconde
D'un cours aventureux enveloppe le monde !
Mais, ô crime, ô douleur éternelle en sanglots !
Quelle tête sacrée errant au gré des flots,
Harmonieuse encore et d'un sang pur trempée,
Roule et gémit, du thyrse indignement frappée ?
Iakkhos, Iakkhos ! dieu bienveillant, traîné
Par la fauve panthère ! Iakkhos, couronné
De pampres et de lierre et de vendanges mûres !
Dieu jeune, qui te plais aux furieux murmures
Des femmes de l'Edon et du Mimas ! ô toi
Qui déchaînes la nuit, sur les monts pleins d'effroi
Comme un torrent de feu l'ardente Sabasie...
De quels regrets, ton âme, Evan, sera saisie,
Quand ce divin chanteur égorgé dans tes jeux
Rougira de son sang le Strymon orageux !
O mon fils ! Mais sa voix expire dans les larmes.

Centaure, dit Orphée, apaise tes alarmes ;
Les pleurs me sont sacrés qui tombent de tes yeux,
Mais la vie et la mort sont dans la main des dieux.

Il marche, et reprenant le sentier de la veille
S'éloigne. — Le ciel luit, le Pélion s'éveille
Et secoue la rosée attachée à ses flancs.
Au souffle du matin les pins étincelants
S'entretiennent au front de la montagne immense ;
Le bruit universel des êtres recommence !
Les grands troupeaux suivis des agrestes pasteurs
Regagnent la vallée humide ou les hauteurs
Verdoyantes. — Voici les vierges au doux rire

Où rayonne la joie, où la candeur respire,
Qui retournent, avec leurs naïves chansons,
Les unes aux cours d'eau, les autres aux moissons.
Mais, ô jeune trésor de l'Hellade divine,
Quelle crainte soudaine en vos yeux se devine?
D'où vient que votre sein s'émeuve et que vos pas
S'arrêtent, et qu'ainsi vous parliez tout bas,
Montrant de vos bras nus, où le désir se pose,
Une apparition dans le lointain éclose?
O vierges, ô pasteurs, de quel trouble assiégés,
Restez-vous, beaux corps nus, en marbre blanc changés?
Serait-ce qu'un lion, désertant la montagne,
Bondisse, l'œil ardent, suivi de sa compagne,
Dévorés de famine et déjà réjouis!
Un éclair menaçant vous a-t-il éblouis?
Non! d'un respect pieux votre âme s'est remplie :
C'est ce même Etranger que jamais nul n'oublie,
Et qui marche semblable aux dieux! — Son front serein
Est tourné vers l'Olympe, et d'un pied souverain
Il foule sans le voir le sentier qui serpente.
Déjà du Pélion il a franchi la pente.
Les vierges, les pasteurs l'ont vu passer près d'eux;
Mais il s'arrête et dit : — Enfants, soyez heureux!
Pasteurs adolescents, vierges chastes et belles,
Salut! Puissent vos cœurs être forts et fidèles!
Bienheureux vos parents! honneur de leurs vieux jours,
Entourez-les, enfants, de pieuses amours;
Et que les dieux, contents de vos vertus naissantes,
Vous prodiguent longtemps leurs faveurs caressantes! —
Il dit et disparaît; mais la sublime voix,
Dans le cours de leur vie entendue une fois,
Ne quitte plus jamais leurs âmes enchaînées;

Et quand l'âge jaloux a fini leurs années,
Des maux et de l'oubli ce souvenir vainqueur
Fait descendre la paix divine dans leur cœur.

LA FONTAINE AUX LIANES

A Alfred L. de L.

Comme le flot des mers ondulant vers les plages,
O bois, vous déroulez, pleins d'arome et de nids,
Dans l'air splendide et bleu vos houles de feuillages ;
Vous êtes toujours vieux et toujours rajeunis.

Le temps a respecté, rois aux longues années,
Vos grands fronts couronnés de lianes d'argent ;
Nul pied ne foulera vos feuilles non fanées :
Vous verrez passer l'homme et le monde changeant.

Vous inclinez d'en haut, au penchant des ravines,
Vos rameaux lents et lourds qu'ont brûlés les éclairs :
Qu'il est doux le repos de vos ombres divines,
Aux soupirs de la brise, aux chansons des flots clairs !

Le soleil de midi fait palpiter vos sèves ;
Vous siégez, revêtus de sa pourpre, et sans voix ;
Mais la nuit, épanchant la rosée et les rêves,
Apaise et fait chanter les âmes et les bois.

Par delà les verdeurs des zones maternelles
Où vous poussez d'un jet vos troncs inébranlés,
Seules plus près du ciel, les neiges éternelles
Couvrent de leurs plis blancs les pics immaculés.

O bois natals, j'errais sous vos larges ramures ;
L'aube aux flancs noirs des monts marchait d'un pied vermeil ;
La mer avec lenteur éveillait ses murmures,
Et de tout œil vivant fuyait le doux sommeil.

Au bord des nids, ouvrant ses ailes longtemps closes,
L'oiseau disait le jour avec un chant plus frais
Que la source agitant les verts buissons de roses,
Que le rire amoureux du vent dans les forêts.

Les abeilles sortaient des ruches naturelles
Et par essaims vibraient au soleil matinal ;
Et livrant le trésor de leurs corolles frêles,
Chaque fleur répandait sa goutte de cristal.

Et le ciel descendait dans les claires rosées
Dont la montagne bleue au loin étincelait ;
Un mol encens fumait des plantes arrosées
Vers la sainte nature à qui mon cœur parlait.

Au fond des bois baignés d'une vapeur céleste,
Il était une eau vive où rien ne remuait ;
Quelques joncs verts, gardiens de la fontaine agreste,
S'y penchaient au hasard en un groupe muet.

Les larges nénuphars, les lianes errantes,
Blancs archipels, flottaient enlacés sur les eaux,
Et dans leurs profondeurs vives et transparentes
Brillait un autre ciel où nageaient les oiseaux.

O fraîcheur des forêts, sérénité première,
O vents qui caressiez les feuillages chanteurs,
Fontaine aux flots heureux où jouait la lumière
Eden épanoui sur les vertes hauteurs !

Salut, ô douce paix, et vous, pures haleines,
Et vous qui descendiez du ciel et des rameaux,
Repos du cœur, oubli de la joie et des peines !
Salut, ô sanctuaire interdit à nos maux !

Et sous le dôme épais de la forêt profonde,
Aux réduits du lac bleu dans les bois épanché,
Dormait, enveloppé du suaire de l'onde,
Un mort, les yeux aux ciel sur le sable couché.

Il ne sommeillait pas, calme comme Ophélie,
Et souriant comme elle et les bras sur le sein ;
Il était de ces morts que bientôt on oublie ;
Pâle et triste, il songeait au fond du clair bassin.

La tête au dur regard reposait sur la pierre ;
Aux replis de la joue où le sable brillait,
On eût dit que des pleurs tombaient de la paupière,
Et que le cœur encor par instants tressaillait.

Sur les lèvres errait la sombre inquiétude.
Immobile, attentif, il semblait écouter
Si quelque pas humain, troublant la solitude,
De son suprême asile allait le rejeter.

Jeune homme, qui choisis pour ta couche azurée
La fontaine des bois aux flots silencieux,
Nul ne sait la liqueur qui te fut mesurée
Au calice éternel des esprits soucieux

De quelles passions ta jeunesse assaillie
Vint-elle ici chercher le repos dans la mort ?
Ton âme à son départ ne fut pas recueillie,
Et la vie a laissé sur ton front un remord.

Pourquoi jusqu'au tombeau cette tristesse amère ?
Ce cœur s'est-il brisé pour avoir trop aimé ?
La blanche illusion, l'espérance éphémère
En s'envolant au ciel l'ont-elles vu fermé ?

Tu n'es pas né sans doute au bord des mers dorées,
Et tu n'as pas grandi sous les divins palmiers ;
Mais l'avare soleil des lointaines contrées
N'a pas mûri la fleur de tes songes premiers.

A l'heure où de ton sein la flamme fut ravie,
O jeune homme qui vins dormir en ces beaux lieux,
Une image divine et toujours poursuivie,
Un ciel mélancolique ont passé dans tes yeux.

Si ton âme ici-bas n'a point brisé sa chaîne,
Si la source au flot pur n'a point lavé tes pleurs,
Si tu ne peux partir pour l'étoile prochaine,
Reste, épuise la vie et tes chères douleurs !

Puis, ô pâle étranger, dans ta fosse bleuâtre,
Libre des maux soufferts et d'une ombre voilé,
Que la nature au moins ne te soit pas marâtre :
Repose entre ses bras, paisible et consolé.

Tel je songeais. Les bois, sous leur ombre odorante,
Epanchant un concert que rien ne peut tarir
Sans m'écouter, berçaient leur gloire indifférente,
Ignorant que l'on souffre et qu'on puisse en mourir.

La fontaine limpide, en sa splendeur native,
Réfléchissait toujours les cieux de flamme emplis ;
Et sur ce triste front nulle haleine plaintive
Des flots riants et purs ne vint rider les plis.

Sur les blancs nénuphars l'oiseau ployant ses ailes
Buvait de son bec rose en ce bassin charmant,
Et sans penser aux morts, tout couvert d'étincelles,
Volait sécher sa plume au tiède firmament.

La nature se rit des souffrances humaines ;
Ne contemplant jamais que sa propre grandeur,
Elle dispense à tous ses forces souveraines,
Et garde pour sa part le calme et la splendeur.

JANE

Je pâlis et tombe en langueur :
Deux beaux yeux m'ont blessé le cœur.

Rose pourprée et tout humide,
Ce n'était pas sa lèvre en feu ;
C'étaient ses yeux d'un si beau bleu
Sous l'or de sa tresse fluide.

Je pâlis et tombe en langueur,
Deux beaux yeux m'ont blessé le cœur.

Toute mon âme fut ravie !
Doux étaient son rire et sa voix ;
Mais ses deux yeux bleus, je le vois,
Ont pris mes forces et ma vie !

Je pâlis et tombe en langueur :
Deux beaux yeux m'ont blessé le cœur

Hélas ! la chose est bien certaine :
Si Jane repousse mon vœu,
Dans ses deux yeux d'un si beau bleu
J'aurai puisé ma mort prochaine.

Je pâlis et tombe en langueur :
Deux beaux yeux m'ont blessé le cœur.

Imité de Burns

NANNY

Bois chers aux ramiers, pleurez, doux feuillages,
Et toi, source vive, et vous, frais sentiers ;
Pleurez, ô bruyères sauvages,
Buissons de houx et d'églantiers.

Du courlis siffleur l'aube saluée
Suspend au brin d'herbe une perle en feu ;
   Sur les monts rose est la nuée ;
   La poule d'eau nage au lac bleu.

Pleurez, ô courlis ; pleure, blanche aurore ;
Gémissez, lac bleu, poules, coqs pourprés ;
   Vous que la nue argente et dore,
   O claires collines, pleurez.

Printemps, roi fleuri de la verte année,
O jeune dieu, pleure ! Eté mûrissant,
   Coupe ta tresse couronnée ;
   Et pleure, Automne rougissant.

L'angoisse d'aimer brise un cœur fidèle.
Terre et ciel, pleurez : oh ! que je l'aimais !
   Cher pays, ne parle plus d'elle :
   Nanny ne reviendra jamais !

Imité de Burns.

NELL

Ta rose de pourpre, à ton clair soleil,
  O juin, étincelle enivrée ;
Penche aussi vers moi ta coupe dorée :
  Mon cœur à ta rose est pareil.

Sous le mol abri de la feuille ombreuse
  Monte un soupir de volupté :
Plus d'un ramier chante au bois écarté,
  O mon cœur, sa plainte amoureuse.

Que ta perle est douce au ciel enflammé,
  Etoile de la nuit pensive !
Mais combien plus douce est la clarté vive
  Qui rayonne en mon cœur charmé !

La chantante mer, le long du rivage,
  Taira son murmure éternel,
Avant qu'en mon cœur, chère amour, ô Nell,
  Ne fleurisse plus ton image !

Imité de Burns.

LA FILLE AUX CHEVEUX DE LIN

Sur la luzerne en fleur assise
Qui rêve dès le frais matin ?
C'est la fille aux cheveux de lin,
La belle aux lèvres de cerise

L'amour au clair soleil d'été,
Avec l'alouette, a chanté.

Ta bouche a des couleurs divines,
Ma chère, et tente le baiser !
Sur l'herbe en fleur veux-tu causer,
Fille aux cils longs, aux boucles fines ?

L'amour au clair soleil d'été,
Avec l'alouette, a chanté.

Ne dis pas non, fille cruelle ;
Ne dis pas oui ! — J'entendrai mieux
Le long regard de tes grands yeux,
Et ta lèvre rose, ô ma belle !

L'amour, au clair soleil d'été,
Avec l'alouette, a chanté.

Adieu les daims, adieu les lièvres
Et les rouges perdrix ! — Je veux
Baiser le lin de tes cheveux,
Presser la pourpre de tes lèvres !

L'amour, au clair soleil d'été,
Avec l'alouette, a chanté.

ANNIE

La lune n'était point ternie,
Le ciel était tout étoilé ;
Et moi, j'allai trouver Annie
Dans les sillons d'orge et de blé.
Oh ! les sillons d'orge et de blé !

Le cœur de ma chère maîtresse
Etait étrangement troublé.
Je baisai le bout de sa tresse,
Dans les sillons d'orge et de blé.
Oh ! les sillons d'orge et de blé !

Que sa chevelure était fine !
Qu'un baiser est vite envolé !
Je la pressai sur ma poitrine,
Dans les sillons d'orge et de blé.
Oh! les sillons d'orge et de blé !

Notre ivresse était infinie,
Et nul de nous n'avait parlé...
Oh ! la douce nuit, chère Annie,
Dans les sillons d'orge et de blé !
Oh ! les sillons d'orge et de blé !

Imité de Burns.

ÇURYA

HYMNE VÉDIQUE

Ta demeure est au bord des océans antiques,
Çurya ! Les grandes eaux lavent tes pieds mystiques

Sur ta face divine et ton dos écumant
L'abîme primitif ruisselle lentement.
Tes cheveux qui brûlaient au milieu des nuages,
Parmi les rocs anciens déroulés sur les plages,
Pendent en noirs limons, et la houle des mers
Et les vents infinis gémissent au travers.
O Çurya ! prisonnier de l'ombre infranchissable,
Tu sommeilles couché dans les replis du sable.
Une haleine terrible habite en tes poumons.
Elle trouble la neige errante aux flancs des monts ;
Dans l'obscurité morne en grondant elle affaisse
Les astres submergés par la nuée épaisse,
Et fait monter en chœur les soupirs et les voix
Qui roulent dans le sein vénérable des bois.

Ta demeure est au bord des océans antiques,
Çurya ! Les grandes eaux lavent tes pieds mystiques.

Elle vient, elle accourt, ceinte de lotus blancs,
L'Aurore aux belles mains, aux pieds étincelants ;
Et tandis que, songeur, près des mers tu reposes,
Elle lie au char bleu les trois génisses roses.
Vois ! les palmiers divins, les érables d'argent,
Et les frais nymphéas sur l'eau vive nageant

La vallée où pour plaire entrelaçant leurs danses
Tournent les Apçaras en rapides cadences,
D'une nue onduleuse et molle enveloppés
S'éveillent, de rosée et de flamme trempés.
Pour franchir des sept cieux les larges intervalles,
Attelle au timon d'or les sept fauves cavales ;
Secoue aux vents des mers un reste de langueur,
Et lève-toi, Çurya, dans toute ta vigueur !

Ta demeure est au bord des océans antiques,
Çurya ! les grandes eaux lavent tes pieds mystiques.

Mieux que l'oiseau géant qui tourne au fond des cieux.
Tu montes, ô guerrier, par bonds victorieux ;
Tu roules comme un fleuve, ô roi, source de l'Etre !
Le visible infini que ta splendeur pénètre,
En houles de lumière ardemment agité
Palpite de ta force et de ta majesté.
Dans l'air flambant, immense, oh ! que ta route est belle
Pour arriver au bord de la nuit éternelle !
Quand ton char tombe et roule au bas du firmament,
Que l'horizon sublime ondule largement !
Adieu, Çurya. Ton corps lumineux vers l'eau noire
S'incline, revêtu d'une robe de gloire ;
L'abîme te salue et s'ouvre devant toi :
Descends sur le rivage et te couche, ô mon roi !

Ta demeure est au bord des océans antiques,
Çurya ! les grandes eaux lavent tes pieds mystiques.

Guerrier resplendissant qui marches dans le ciel
A travers l'étendue et le temps éternel ;
Toi qui verses au sein de la terre robuste

Le fleuve fécondant de ta chaleur auguste,
Et siéges vers midi sur les brûlants sommets ;
Roi du monde, entends-nous, et protége à jamais
Les hommes au sang pur, les races pacifiques
Qui te chantent au bord des océans antiques.

Si les chastes amours avec respect louées
Éblouissent encor ta pensée et tes yeux,
N'effleure point les plis de leurs robes nouées :
Garde la pureté de ton rêve pieux.
Ces blanches visions, ces vierges que tu crées
Sont ta jeunesse en fleur épanouie au ciel !
Verse à leurs pieds le flot de tes larmes sacrées,
Brûle tous tes parfums sur leur mystique autel.
Mais si l'amer venin est entré dans tes veines,
Pâle de volupté pleurée et de langueur,
Tu chercheras en vain un remède à tes peines :
L'angoisse du néant te remplira le cœur.
Ployé sous ton fardeau de honte et de misère,
D'un exécrable mal ne vis pas consumé ;
Arrache de ton sein la mortelle vipère,
Ou tais-toi, lâche, et meurs, meurs d'avoir trop aimé.

BHAGAVAT

POÈME

Le grand fleuve, à travers les bois aux mille plantes,
Vers le lac infini roulait ses ondes lentes,
Majestueux, pareil au bleu lotus du ciel,
Confondant toute voix en un chant éternel ;
Cristal immaculé, plus pur et plus splendide
Que l'innocent esprit de la vierge candide.
Les Çuras bienheureux qui calment les douleurs,
Cygnes aux corps de neige, aux guirlandes de fleurs,
Gardaient le réservoir des âmes, le saint fleuve,
La coupe de saphir où Bhagavat s'abreuve.
Aux pieds des jujubiers déployés en arceaux,
Trois sages méditaient, assis dans les roseaux ;
Des larges nymphéas contemplant les calices
Ils goûtaient, absorbés, de muettes délices.
Sur les bambous prochains, accablés de sommeil,
Les aras aux becs d'or luisaient en plein soleil,
Sans daigner secouer, comme des étincelles,
Les oiseaux qui mordaient la pourpre de leurs ailes.
Revêtu d'un poil rude et noir, le roi des ours
Au grondement sauvage, irritable toujours,
Allait se nourrissant de miel et de bananes.
Les singes oscillaient suspendus aux lianes.
Tapi dans l'herbe humide et sur soi reployé,
Le tigre au ventre jaune, au souple dos rayé,
Dormait ; et par endroits, le long des vertes îles,
Comme des troncs pesants flottaient les crocodiles.

Parfois, un éléphant songeur, roi des forêts,
Passait et se perdait dans les sentiers secrets,
Vaste contemporain des races terminées,
Triste, et se souvenant des antiques années.
L'inquiète gazelle, attentive à tout bruit,
Venait, disparaissait comme le trait qui fuit ;
Au-dessus des nopals bondissait l'antilope ;
Et sous les noirs taillis dont l'ombre l'enveloppe,
L'œil dilaté, le corps nerveux et frémissant,
L'immobile panthère humait leur jeune sang.
Du sommet des palmiers pendaient les grands reptiles,
Des couleuvres glissaient en spirales subtiles ;
Et sur les fleurs de pourpre et sur les lis d'argent,
Emplissant l'air d'un vol sonore et diligent,
Dans la forêt touffue, aux longues échappées,
Les abeilles vibraient, d'un rayon d'or frappées.

Telle, la vie immense, auguste, palpitait,
Rêvait, étincelait, soupirait et chantait ;
Tels, les germes éclos et les formes à naître
Brisaient ou soulevaient le sein large de l'Être.
Mais, dans l'inaction surhumaine plongés,
Les Brahmanes muets et de longs jours chargés,
Ensevelis vivants dans leurs songes austères,
Et des roseaux du fleuve habitants solitaires,
Las des vaines rumeurs de l'homme et des cités,
En un monde inconnu puisaient leurs voluptés :
Des parts faites à tous choisissant la meilleure,
Ils fixaient leur esprit sur l'âme intérieure.
Enfin, le jour, glissant sur la pente des cieux,
D'un long regard de pourpre illumina leurs yeux ;

Et, sous les jujubiers qu'un souffle pur balance,
Chacun interrompit le mystique silence.

MAITREYA

J'étais jeune et jouais dans le vallon natal,
Au bord des bleus étangs et des lacs de cristal,
Où les poules nageaient, où cygnes et sarcelles
Faisaient étinceler les perles de leurs ailes ;
Dans les bois odorants, de lianes fleuris,
Où sur l'écorce d'or chantaient les colibris.
Et j'aperçus, semblable à l'aurore céleste,
L'Apçaras aux doux yeux, gracieuse et modeste,
Qui de loin s'avançait, foulant les gazons verts.
Ses pieds blancs résonnaient de mille anneaux couverts ;
Sa voix harmonieuse était comme l'abeille
Qui murmure et s'enivre à ta coupe vermeille,
Belle rose ! — et l'amour ondulait dans son sein.
Les bengalis charmés, la suivant par essaim,
Allaient boire le miel de ses lèvres pourprées ;
Ses longs cheveux, pareils à des lueurs dorées,
Ruisselaient mollement sur son cou délicat ;
Et moi, j'étais baigné de leur divin éclat !
Le souffle frais des bois, de ses deux seins de neige
Ecartait le tissu léger qui les protége ;
D'invisibles oiseaux chantaient pleins de douceur,
Et toute sa beauté rayonnait dans mon cœur !
Je n'ai pas su le nom de l'Apçaras rapide.
Que ses pieds étaient blancs sur le gazon humide !
Et j'ai suivi longtemps, sans l'atteindre jamais,
La jeune illusion qu'en mes beaux jours j'aimais.
O contemplation de l'essence des choses,

Efface de mon cœur ces pieds, ces lèvres roses,
Et ces tresses de flamme et ces yeux doux et noirs
Qui troublent le repos des austères devoirs.
Sous les figuiers divins, le lotus à cent feuilles,
Bienheureux Bhagavat, si jamais tu m'accueilles,
Puissé-je, libre enfin de ce désir amer,
M'ensevelir en toi comme on plonge à la mer.

NARADA

Que de jours disparus ! Toujours prompte à la tâche,
Durant la nuit, ma mère allait traire la vache :
Le serpent de Kala la mordit en chemin.
Ma pauvre mère, hélas ! mourut le lendemain.
Comme un enfant privé du seul être qui l'aime,
Moi, je me lamentais dans ma douleur suprême.
De vallée en colline et de fleuve en forêts,
Pâle, cheveux épars et gémissant, j'errais
A travers les grands monts et les riches contrées,
Les agrestes hameaux et les villes sacrées ;
Sous le soleil qui brûle et dévore, et souvent
Poussant des cris d'angoisse emportés par le vent.
Dans le bois redoutable ou sous l'aride nue
Les chacals discordants saluaient ma venue,
Et la plainte arrachée à mon cœur soucieux
Éveillait la chouette aux cris injurieux.
Venu pour y dormir dans ce lieu solitaire,
Aux pieds d'un pippala je m'assis sur la terre ;
Et je vis une autre âme en mon âme, et mes yeux
Voyaient croître sur l'onde un lotus merveilleux ;
Et, du sein entrouvert de la fleur éternelle,
Sortait une clarté qui m'attirait vers elle.

Depuis, pareils aux flots se déroulant toujours,
Dans cette vision j'ai consumé mes jours ;
Mais la source des pleurs n'est point tarie encore.
Dans l'ombre de ma nuit la clarté que j'adore
Parfois s'est éclipsée, et son retour est lent.
Des êtres et des dieux, ô le plus excellent !
Sous les figuiers divins, le lotus à cent feuilles,
Bienheureux Bhagavat, si jamais tu m'accueilles,
Puissé-je, délivré du souvenir amer,
M'ensevelir en toi, comme on plonge à la mer.

ANGIRA

J'ai vécu, l'œil fixé sur la source de l'Etre,
Et j'ai laissé mourir mon cœur pour mieux connaître !
Les sages m'ont parlé, sur l'antilope assis,
Et j'ai tendu l'oreille aux augustes récits ;
Mais le doute toujours appesantit ma face,
Et l'enseignement pur de mon esprit s'efface.
Je suis très malheureux, mes frères, entre tous.
Mon mal intérieur n'est pas connu de vous :
Et si mes yeux parfois s'ouvrent à la lumière,
Bientôt la nuit épaisse obscurcit ma paupière.
Hélas ! l'homme et la mer, les bois sont agités ;
Mais celui qui persiste en ses austérités,
Celui qui, toujours plein de leur sublime image
Dirige vers les dieux son immobile image,
Ferme aux tentations de ce monde apparent,
Voit luire Bhagavat dans son cœur tansparent.
Tout resplendit, cité, plaine, vallon, montagne ;
Des nuages de fleurs rougissent la campagne ;
Il écoute, ravi, les chœurs harmonieux

Des Kinnaras sacrés, des femmes aux beaux yeux,
Et des flots de lumière enveloppent le monde.
Le vain bonheur des sens s'écoule comme l'onde ;
Les voluptés d'hier reposent dans l'oubli ;
Rien qui dans le néant ne roule enseveli ;
Rien qui puisse apaiser ta soif inexorable,
O passion avide, ô doute insatiable,
Si ce n'est le plus doux et le plus beau des dieux.
Sans lui tout me consume et tout m'est odieux.
Sous les figuiers divins, le lotus à cent feuilles,
Bienheureux Bhagavat, si jamais tu m'accueilles,
Puissé-je, ô Bhagavat, chassant le doute amer,
M'ensevelir en toi comme on plonge à la mer.

Ainsi dans les roseaux se lamentaient les sages
Des pleurs trop contenus inondaient leurs visages,
Et le fleuve gémit en réponse à leurs voix,
Et la nuit formidable enveloppa les bois.
Les oiseaux s'étaient tus, et sur les rameaux frêles
Aux nids accoutumés se reployaient leurs ailes.
Seuls, éveillés par l'ombre, en détours indolents,
Les grands pythons rôdaient, dans l'herbe étincelants ;
Les panthères, par bonds musculeux et rapides,
Dans l'épaisseur des bois chassaient les daims timides ;
Et sur le bord prochain, le tigre, se dressant,
Poussait par intervalle un cri rauque et puissant.
Mais le ciel, dénouant ses larges draperies,
Faisait aux flots dorés un lit de pierreries,
Et la lune, inclinant son urne à l'horizon,
Épanchait ses lueurs d'opale au noir gazon.
Les lotus entrouvraient sur les eaux murmurantes,

Plus larges dans la nuit, leurs coupes transparentes ;
L'arome des rosiers dans l'air pur dilaté
Retombait plus chargé de molle volupté ;
Et mille mouches d'or, d'azur et d'émeraude,
Étoilaient de leurs feux la mousse humide et chaude.

Les Brahmanes pleuraient en proie aux noirs ennuis.

Une plainte est au fond de la rumeur des nuits,
Lamentation large et souffrance inconnue
Qui monte de la terre et roule dans la nue ;
Soupir du globe errant dans l'éternel chemin,
Mais effacé toujours par le soupir humain.
Sombre douleur de l'homme, ô voix triste et profonde,
Plus forte que les bruits innombrables du monde,
Cri de l'âme, sanglot du cœur supplicié,
Qui t'entend sans frémir d'amour et de pitié !
Qui ne pleure sur toi, magnanime faiblesse !
Esprit qu'un aiguillon divin excite et blesse,
Qui t'ignores toi-même et ne peux te saisir,
Et sans borner jamais l'impossible désir,
Durant l'humaine nuit qui jamais ne s'achève,
N'embrasses l'Infini qu'en un sublime rêve !
O douloureux Esprit, dans l'espace emporté,
Altéré de lumière, avide de beauté,
Qui retombes toujours de la hauteur divine
Où tout être vivant cherche son origine,
Et qui gémis, saisi de tristesse et d'effroi,
O conquérant vaincu, qui ne pleure sur toi !

Et les sages pleuraient. Mais la blanche déesse,
Ganga, sous l'onde assise, entendit leur détresse.
Dans la grotte de nacre, aux sables d'or semés,

Mille femmes peignaient en anneaux parfumés
Sa vierge chevelure, odorante et vermeille ;
Mais aux voix de la rive elle inclina l'oreille,
Et voilée à demi d'un bleuâtre éventail,
Avec ses bracelets de perle et de corail,
Son beau corps diaphane et frais, sa bouche rose
Où le sourire ailé comme un oiseau se pose,
Et ses cheveux divins de nymphéas ornés,
Elle apparut et vit les sages prosternés.

GANGA

Brahmânes ! qui vivez et priez sur mes rives,
Vous qui d'un œil pieux contemplez mes eaux vives,
Pourquoi gémir ? Quel est votre tourment cruel ?
Un Brahmane est toujours un roi spirituel.
Il reçoit au berceau mille dons en partage ;
Aimé des dieux, il est intelligent et sage ;
Il porte au sacrifice un cœur pur et des mains
Sans tache ; il vit et meurt vénérable aux humains.
Pourquoi gémissez-vous, ô Brahmanes que j'aime ?
Ne possédez-vous pas la science suprême ?
Avez-vous offensé l'essentiel Esprit
Pour n'avoir point prié dans le rite prescrit ?
Confiez-vous en moi, mes paroles sont sûres :
Je puis tarir vos pleurs et fermer vos blessures,
Et fixer de nouveau, loin du monde agité,
Vos âmes dans le rêve et l'immobilité.

Sur le large lotus où son corps divin siége,
Ainsi parlait Ganga, blanche comme la neige.

MAITREYA

Salut, vierge aux beaux yeux, reine des saintes eaux,
Plus douce que le chant matinal des oiseaux,
Que l'arome amolli qui des jasmins émane ;
Reçois, belle Ganga, le salut du Brahmane.
Je te dirai le trouble où s'égare mon cœur.
Je me suis enivré d'une ardente liqueur,
Et l'amour, me versant son ivresse funeste,
Dirige mon esprit hors du chemin céleste.
O vierge, brise en moi les liens de la chair !
O vierge, guéris-moi du tourment qui m'est cher !

NARADA

Salut, vierge aux beaux yeux, aux boucles d'or fluide,
Plus fraîche que l'Aurore au diadème humide,
Que les brises du fleuve au fond des bois rêvant ;
Reçois, belle Ganga, mon hommage fervent.
Je te raconterai ma peine encore amère.
Oui, le dernier baiser que me donna ma mère,
Suprême embrassement après de longs adieux,
De larmes de tendresse emplit toujours mes yeux.
Quand vient l'heure fatale et que le jour s'achève,
Cette image renaît et trouble le saint rêve.
O vierge, efface en moi ce souvenir cruel !
O vierge, guéris-moi de tout amour mortel !

ANGIRA

Salut, vierge aux beaux yeux, rayonnante de gloire,
Plus blanche que le cygne et que le pur ivoire,

Qui sur ton cou d'albâtre enroules tes cheveux ;
Reçois, belle Ganga, l'offrande de mes vœux.
Mon malheur est plus fort que ta pitié charmante,
O déesse ! le doute infini me tourmente.
Pareil au voyageur dans les bois égaré,
Mon cœur dans la nuit sombre erre désespéré.
O vierge, qui dira ce que je veux connaître :
L'origine et la fin et les formes de l'être ?

Sous un rayon de lune, au bord des flots muets,
Tels parlaient tour à tour les sages inquiets.

GANGA

Quand de telles douleurs troublent l'âme blessée,
O Brahmanes chéris, l'attente est insensée.
Si le remède est prêt, les longs discours sont vains.
Levez-vous, et quittez le fleuve aux flots divins,
Et la forêt profonde où son beau cours commence.
O sages, le temps presse et la route est immense.
Par delà les lacs bleus de lotus embellis,
Que le souffle vital berce dans leurs grands lits,
Le Kailaça céleste, entre les monts sublimes,
Elève le plus haut ses merveilleuses cimes.
Là, sous le dôme épais des feuillages pourprés,
Parmi les kokilas et les paons diaprés,
Réside Bhagavat dont la face illumine.
Son sourire est Mâyâ, l'illusion divine ;
Sur son ventre d'azur roulent les grandes eaux ;
La charpente des monts est faite de ses os.
Les fleuves ont germé dans ses veines, sa tête
Enferme les Védas ; son souffle est la tempête ;

Sa marche est à la fois le temps et l'action ;
Son coup d'œil éternel est la création,
Et le vaste Univers forme son corps solide.
Allez, la route est longue et la vie est rapide.

Et Ganga disparut dans le fleuve endormi
Comme un rayon qui plonge et s'éclipse à demi.

Pareils à l'éléphant qui, de son pied sonore,
Fuit l'ardente forêt qu'un feu soudain dévore ;
Qui mugit à travers les flamboyants rameaux,
Et respirant à peine et consumé de maux,
Emportant l'incendie à son flanc qui palpite,
Dans la fraîcheur des eaux roule et se précipite ;
A la voix de Ganga les sages soucieux
Sentaient les pleurs amers se sécher dans leurs yeux.
Sept fois, les bras tendus vers l'onde bleue et claire,
Ils bénirent ton nom, ô vierge tutélaire,
O fille d'Himavat, déesse au corps charmant,
Qui jadis habitais le large firmament,
Et que Bhagiratha, le roi du sacrifice,
Fit descendre en ce monde en proie à l'injustice.
Puis adorant ton nom béni par eux sept fois,
Ils quittèrent le fleuve et l'épaisseur des bois ;
Et vers la région des montagnes neigeuses,
Durant les chauds soleils et les nuits orageuses,
Dédaigneux du péril et du rire moqueur,
Les yeux clos, ils marchaient aux clartés de leur cœur.
Enfin les lacs sacrés, à l'horizon en flammes,
Resplendirent, berçant des Esprits sur leurs lames.
Dans leur sein azuré, le mont intelligent,
L'immense Kaïlaça mirait ses pics d'argent

Où siége Bhagavat sur un trône d'ivoire ;
Et les sages en chœur saluèrent sa gloire.

LES BRAHMANES

Kailaça ! Kailaça ! montagne, appui du ciel,
Des dieux supérieurs séjour spirituel,
Centre du monde, abri des âmes innombrables,
Où les Kalahamsas chantent sur les érables ;
Kailaça ! Kailaça ! trône de l'Incréé,
Que tu t'élances haut dans l'espace sacré !
Oh ! qui pourrait monter sur tes degrés énormes,
Si ce n'est Bhagavat, le créateur des formes ?
Nous qui vivons un jour et qui mourrons demain,
Hélas ! nos pieds mortels s'useront en chemin ;
Et sans doute épuisés de vaine lassitude,
Nous tomberons, vaincus, sur la pente trop rude,
Sans boire l'air vital qui baigne tes sommets ;
Mais les yeux qui t'ont vu ne t'oublieront jamais !
Les urnes de l'autel, qui fument d'encens pleines,
Ont de moins doux parfums que les vives haleines ;
Tes fleuves sont pareils aux pythons lumineux
Qui sur les palmiers verts enroulent leurs beaux nœuds ;
Ils glissent au détour de tes belles collines
En guirlandes d'argent, d'azur, de perles fines ;
Tes étangs de saphir, où croissent les lotus,
Luisent dans les vallons d'un éclair revêtus,
Une rouge vapeur à ton épaule ondoie
Comme un manteau de pourpre où le couchant flamboie ;
Mille fleurs, sur ton sein, plus brillantes encor,
Au vent voluptueux livrent leurs tiges d'or,

Berçant dans leur calice, où le miel étincelle,
Mille oiseaux dont la plume en diamants ruisselle.
Kailaça ! Kailaça ! soit que nos pieds hardis
Atteignent la hauteur pure où tu resplendis,
Soit que le souffle humain manquant à nos poitrines
Nous retombions morts sur tes larges racines ;
O merveille du monde, ô demeure des dieux,
Du visible univers monarque radieux,
Sois béni ! Ta beauté, dans nos cœurs honorée,
Fatiguera du temps l'éternelle durée.
Salut, route du ciel que vont fouler nos pas ;
Dans la vie ou la mort nous ne t'oublierons pas !

Ayant chanté le mont Kailaça, les Brahmanes
Se baignèrent trois fois dans les eaux diaphanes.
Ainsi purifiés des souillures du corps,
Ils gravirent le mont, plus sages et plus forts.
Les Aurores naissaient, et, semblables aux roses,
S'effeuillaient aux soleils qui brûlent toutes choses ;
Et les soleils voilaient leur flamme, et, tour à tour,
Du sein profond des nuits rejaillissait le jour.
Les Brahmanes montaient, pleins de force et de joie.
Déjà les kokilas, sur le bambou qui ploie,
Et les paons et les coqs au plumage de feu
Annonçaient le séjour, l'inénarrable lieu,
D'où s'épanche sans cesse, en torrents de lumière,
La divine Mâyâ, l'illusion première.
Mille femmes au front d'ambre, aux longs cheveux noirs,
Des flots aux frais baisers troublaient les bleus miroirs ;
Et du timbre argentin de leurs lèvres pourprées
Disaient en souriant les hymnes consacrées ;
Et les Esprits nageaient dans l'air mystérieux ;

Et les doux Kinnaras, musiciens des dieux,
Sur les flûtes d'ébène et les vinâs d'ivoire,
Chantaient de Bhagavat l'inépuisable histoire.

LES KINNARAS

I

Il était en principe, unique et virtuel,
Sans forme et contenant l'univers éternel.
Rien n'était hors de lui, l'abstraction suprême !
Il regardait sans voir et s'ignorait soi-même.
Et soudain tu jaillis et tu l'enveloppas,
Toi, la source infinie, et de ce qui n'est pas
Et des choses qui sont ! Toi par qui tout s'oublie,
Meurt, renaît, disparaît, souffre et se multiplie,
Mâyâ ! qui, dans ton sein invisible et béant,
Contiens l'homme et les dieux, la vie et le néant !

II

La Terre était tombée au profond de l'abîme,
Et les Richis jetaient une plainte unanime :
Mais Bhagavat, semblable au lion irrité,
Rugit dans la hauteur du ciel épouvanté.
Le divin sanglier, mâle du sacrifice,
L'œil rouge, et secouant son poil qui se hérisse,
Tel qu'un noir tourbillon, un souffle impétueux,
Traversant d'un seul bond les airs tumultueux,
Favorable aux Richis dont la voix le supplie,
Suivait à l'odorat la Terre ensevelie.
Il plongea sans tarder au fond des grandes eaux ;
Et l'Océan souffrit alors d'étranges maux,

Et les flancs tout meurtris de la chute sacrée,
Etendit les longs bras de l'onde déchirée,
Poussant une clameur douloureuse et disant :
Seigneur ! prends en pitié l'abîme agonisant !
Mais Bhagavat nageait sous les flots sans rivage
Il vit dans l'algue épaisse et les limons sauvages,
La Terre qui gisait et palpitait encor ;
Et transfixant, du bout de ses défenses d'or.
L'univers échoué dans l'étendue humide,
Il remonta couvert d'une écume splendide.

III

Quand, sur la nue assis, noir de colère, Indra,
Amassera la pluie et la déchaînera
Pour engloutir le monde et venger son offense ;
Le jeune Bhagavat, dans la fleur de l'enfance,
Qui, sous les açokas cherchant de frais abris,
Jouera dans la rosée avec les colibris,
Voulant sauver la Terre encor féconde et belle,
Soutiendra d'un seul doigt, comme une large ombrelle,
Sous les torrents du ciel qui rugiront en vain,
Durant sept jours entiers, l'Himalaya divin !

IV

Le chef des Eléphants, brûlé par la lumière,
Vers midi se baignait dans la fraîche rivière ;
Et tout murmurant d'aise et lavé d'un flot pur,
Respirait des lotus les calices d'azur.
Un crocodile noir, troublant sa quiétude,
Le saisit tout-à-coup par son pied lourd et rude.
Seigneur ! dit l'Eléphant plein de crainte, entends-moi !

Seigneur des âmes, viens ! Je vais mourir sans toi.
Bhagavat l'entendit, et d'un effort facile
Brisa comme un roseau les dents du crocodile.

Aux chants des Kinnaras, de désirs consumés,
Les Brahmanes foulaient les gazons parfumés ;
Et sur les bleus étangs et sous le vert feuillage,
Cherchant de Bhagavat la glorieuse image,
Ils virent, plein de grâce et plein de majesté,
Un Être pur et beau comme un soleil d'été.
C'était le Dieu. Sa noire et lisse chevelure,
Ceinte de fleurs des bois et vierge de souillure,
Tombait divinement sur son dos radieux ;
Le sourire animait le lotus de ses yeux ;
Et dans ses vêtemens, jaunes comme la flamme,
Avec son large sein où s'anéantit l'âme,
Et ses bracelets d'or de joyaux enrichis,
Et ses ongles pourprés qu'adorent les Richis ;
Son nombril merveilleux, centre unique des choses,
Ses lèvres de corail où fleurissent les roses,
Ses éventails de cygne et son parasol blanc,
Il siégeait, plus sublime et plus étincelant
Qu'un nuage, unissant, dans leur splendeur commune,
L'éclair et l'arc-en-ciel, le soleil et la lune.
Tel était Bhagavat, visible à l'œil humain.
Le nymphéa sacré s'agitait dans sa main.
Comme un mont d'émeraude aux brillantes racines,
Aux pics d'or, embellis de guirlandes divines,
Et portant pour ceinture à ses reins florissants
Des lacs et des vallons et des bois verdissants,
Des jardins diaprés et de limpides ondes ;

Tel il siégeait. Son corps embrassait les trois mondes :
Et de sa propre gloire un pur rayonnement
Environnait son front majestueusement.

Bhagavat ! Bhagavat ! Essence des Essences,
Source de la beauté, fleuve des renaissances !
Lumière qui fais vivre et mourir à la fois !
Ils te virent, Seigneur, et restèrent sans voix.
Comme l'herbe courbée au souffle de la plaine
Leur tête s'abaissa sous ta mystique haleine,
Et leur cœur, bondissant dans leur sein dilaté,
Comme un lion captif chercha la liberté.
L'air vital, attiré par la chaleur divine,
D'un insensible effort monta dans la poitrine,
Et sous le crâne épais, à l'Esprit réuni,
Se fraya le chemin qui mène à l'Infini.
Ainsi que le soleil ami des hautes cimes,
Tu souris, Bhagavat, à ces âmes sublimes.
Toi-même, ô dieu puissant, dispensateur des biens,
Dénouas de l'Esprit les suprêmes liens ;
Et dans ton sein sans borne, océan de lumière,
Ils s'unirent tous trois à l'essence première,
Le principe et la fin, erreur et vérité,
Abîme de néant et de réalité
Qu'enveloppe à jamais de sa flamme féconde
L'invisible Màyà, créatrice du monde ;
Espoir et souvenir, le rêve et la raison :
L'unique, l'éternelle et sainte Illusion,

DIES IRÆ

A A. Lacaussade

Il est un jour, une heure, où dans le chemin rude,
Courbé sous le fardeau des ans multipliés,
L'Esprit humain s'arrête, et pris de lassitude,
Se retourne pensif vers les jours oubliés.

La vie a fatigué son attente inféconde ;
Désabusé du Dieu qui ne doit point venir,
Il sent renaître en lui la jeunesse du monde ;
Il écoute la voix, ô sacré souvenir !

Les astres qu'il aima, d'un rayon pacifique
Argentent dans la nuit les bois mystérieux,
Et la sainte montagne et la vallée antique
Où sous les noirs palmiers dormaient ses premiers dieux.

Il voit la terre libre, et les verdeurs sauvages
Flotter comme un encens sur les fleuves sacrés,
Et les bleus océans, chantant sur leurs rivages,
Vers l'inconnu divin rouler immesurés.

De la hauteur des monts, berceaux des races pures,
Au murmure des flots, au bruit des dômes verts,
Il écoute grandir, vierge encor de souillures,
La jeune Humanité sur le jeune Univers.

Bienheureux ! Il croyait la terre impérissable,
Il entendait parler au prochain firmament ;
Il n'avait point taché sa robe irréprochable ;
Dans la beauté du monde il vivait fortement.

L'éclair qui fait aimer et qui nous illumine
Le brûlait sans faiblir un siècle comme un jour ;
Et la foi confiante et la candeur divine
Veillaient au sanctuaire où rayonnait l'amour.

Pourquoi s'est-il lassé des voluptés connues?
Pourquoi les vains labeurs et l'avenir tenté?
Les vents ont épaissi là-haut les noires nues ;
Dans une heure d'orage ils ont tout emporté.

Oh! la tente au désert et sur les monts sublimes,
Les grandes visions sous les cèdres pensifs,
Et la liberté vierge et ses cris magnanimes,
Et le débordement des transports primitifs !

L'angoisse du désir vainement nous convie :
Au livre originel qui lira désormais?
L'homme a perdu le sens des paroles de vie :
L'esprit se tait, la lettre est morte pour jamais.

Nul n'écartera plus vers les couchants mystiques
La pourpre suspendue au devant de l'autel,
Et n'entendra passer dans les vents prophétiques
Les premiers entretiens de la terre et du ciel.

Les lumières d'en haut s'en vont diminuées,
L'impénétrable nuit tombe déjà des cieux,
L'astre du vieil Ormuzd est mort sous les nuées :
L'Orient s'est couché dans la cendre des dieux.

L'Esprit ne descend plus sur la race choisie ;
Il ne consacre plus les justes et les forts.
Dans le sein desséché de l'immobile Asie
Les soleils inféconds brûlent les germes morts.

Les Ascètes, assis dans les roseaux du fleuve,
Écoutent murmurer le flot tardif et pur.
Pleurez, Contemplateurs ; votre sagesse est veuve :
Viçnou ne siége plus sur le lotus d'azur.

L'harmonieuse Hellas, vierge aux tresses dorées,
A qui l'amour d'un monde a dressé des autels,
Gît muette à jamais, au bord des mers sacrées,
Sur les membres divins de ses blancs Immortels.

Plus de charbon ardent sur la lèvre-prophète,
Adonaï ! les vents ont emporté ta voix ;
Et le Nazaréen, pâle et baissant la tête,
Pousse un cri de détresse une dernière fois.

Figure aux blonds cheveux, d'ombre et de paix voilée,
Errante au bord des lacs sous ton nimbe de feu,
Salut ! l'humanité, dans ta tombe scellée,
O jeune Essénien, garde son dernier dieu.

Et l'Occident barbare est saisi du vertige.
Les âmes sans vertu dorment d'un lourd sommeil,
Comme des arbrisseaux, viciés dans leur tige,
Qui n'ont verdi qu'un jour et n'ont vu qu'un soleil.

Et les sages couchés sous les secrets portiques,
Regardent, possédant le calme souhaité,
Les époques d'orage et les temps pacifiques
Rouler d'un cours égal l'homme à l'Eternité.

Mais nous, nous consumés d'une impossible envie,
En proie au mal de croire et d'aimer sans retour,
Répondez, jours nouveaux, nous rendrez-vous la vie
Dites, ô jours anciens, nous rendrez-vous l'amour ?

Où sont nos lyres d'or, d'hyacinthe fleuries,
Et l'hymne aux dieux heureux et les vierges en chœur,
Éleusis et Délos, les jeunes Théories,
Et les poëmes saints qui jaillissaient du cœur?

Où sont les dieux promis, les formes idéales,
Les grands cultes de pourpre et de gloire vêtus,
Et dans les cieux ouvrant ses ailes triomphales
La blanche ascension des sereines Vertus?

Les Muses, à pas lents, mendiantes divines,
S'en vont par les cités en proie au rire amer.
Ah! c'est assez saigner sous le bandeau d'épines,
Et pousser un sanglot sans fin comme la mer.

Oui! le mal éternel est dans sa plénitude!
L'air du siècle est mauvais aux esprits ulcérés.
Salut, oubli du monde et de la multitude ;
Reprends-nous, ô Nature, entre tes bras sacrés !

Dans ta khlamyde d'or, Aube mystérieuse,
Éveille un chant d'amour au fond des bois épais ;
Déroule encor, Soleil, ta robe glorieuse;
Montagne, ouvre ton sein plein d'arome et de paix !

Soupirs majestueux des ondes apaisées,
Murmurez plus profonds en nos cœurs soucieux :
Répandez, ô forêts, vos urnes de rosées;
Ruisselle en nous, silence étincelant des cieux !

Consolez-nous enfin des espérances vaines :
La route infructueuse a blessé nos pieds nus.
Du sommet des grands caps, loin des rumeurs humaines,
O vents ! emportez-nous vers les dieux inconnus.

Mais si rien ne répond dans l'immense étendue
Que le stérile écho de l'éternel désir,
Adieu, déserts où l'âme ouvre une aile éperdue !
Adieu, songe sublime, impossible à saisir !

Et toi, divine Mort, où tout rentre et s'efface,
Accueille tes enfants dans ton sein étoilé ;
Affranchis-nous du temps, du nombre et de l'espace,
Et rends-nous le repos que la vie a troublé.

POEMES

ET

POESIES

POEMES
ET
POESIES

LA PASSION

POEME

A ma Mère

GETHSÉMANI

JÉSUS AU JARDIN DES OLIVIERS

La nuit envahissait le Temple jusqu'au faîte.
Par delà le torrent où but le Roi-Prophète,
Sur la montagne, aux flancs de ronce et de graviers,
Les Onze étaient couchés sous les noirs oliviers.
Et tandis qu'ils dormaient, chargés de lassitude,
Un sanglot surhumain troubla la solitude ;
Et nul ne l'entendit parmi ceux qui vivaient ;
Et des larmes de sang sur la terre pleuvaient,

Comme aux jours disparus des prodiges antiques
Où s'agitaient des morts les muettes reliques.
Et l'homme, sans mourir, n'aurait point écouté
Ce cri de désespoir dans l'espace emporté,
Car c'était un sanglot de l'angoisse infinie,
C'était Dieu qui suait sa sueur d'agonie !

Vous l'entendîtes seuls, Anges des cieux venus !
Vos yeux, brûlants de pleurs jusqu'alors inconnus,
Pour consoler au moins sa détresse sublime,
Versaient leur pitié sainte à la grande Victime ;
Et toi, Gethsémani, qui dois fleurir un jour,
Aux soupirs de ton Dieu tu tressaillais d'amour !

Enveloppé d'un pan de sa robe grossière,
Il s'agite et frémit, le front dans la poussière.
Ses longs cheveux épars, où palpitent encor
Quelques mornes reflets de l'auréole d'or,
Traînent confusément, pleins de fange et de sable.
Il sent gémir en lui la race périssable :
Tous les siècles éteints renaissent sous ses yeux ;
Et, criant à travers le silence des cieux,
Les flots du sang versé, tels qu'une mer d'écume,
Montent jusqu'à son cœur abreuvé d'amertume.
O jardin du Cédron, lieu sinistre et sacré,
O refuge suprême où David a pleuré,
Tu vis le Juste, en proie à l'angoisse profonde,
Racheter par l'amour les souillures du monde,
Et, tout chargé des maux et des remords humains,
Élever dans la nuit ses suppliantes mains :

Écarte loin de moi ce calice terrible,
Toi qui donnas la vie au néant insensible,

Et qui peux, sans blesser l'immuable équité,
Faire rentrer ton œuvre en ton éternité!
Mais que ta volonté soit faite, et non la mienne.
Et vous, les premiers-nés de la famille humaine,
Et vous que Dieu réserve aux jours de l'avenir,
Soyez bénis, ô vous pour qui je vais mourir!

Et comme il exhalait ses plaintes immortelles,
Les saints Anges, muets, se voilaient de leurs ailes;
Au travers des rameaux agités pesamment,
Le vent des nuits passa comme un gémissement;
Et l'on vit, déjà loin des murs noirs de la ville,
Luire et ramper dans l'ombre, au pied du mont stérile,
Comme un éclair livide au bord de l'horizon,
La torche de la haine et de la trahison!

PREMIÈRE STATION

JÉSUS EST CONDAMNÉ

La terre a salué le Jour expiatoire,
Et le peuple en rumeur gronde autour du prétoire,
Et le Juge contemple avec un sombre ennui,
Le Rédempteur debout et muet devant lui.
Comme un bandeau royal, le noir réseau d'épines
S'enfonce amèrement dans ses tempes divines;
Les immondes liens, le fouet aux nœuds de fer,
De leur empreinte affreuse ont sillonné sa chair;
La pourpre le revêt, et de sa face pâle
Quelques gouttes de sang tombent par intervalle.
Mais son regard est calme; il entend sans terreur
Rugir et s'enivrer de sa propre fureur,

Ce peuple qu'il aima d'une amour infinie,
Et qui lui rend la mort avec l'ignominie !

Oh ! quand hier encore, innombrable et joyeux,
Tu le suivais au bord des lacs mystérieux,
Et que, te nourrissant du miel des paraboles,
Tu gardais dans ton cœur ses divines paroles,
Songeais-tu que ce cœur dans la haine affermi,
S'éloignerait sitôt de ton céleste ami ?
O foule ingrate et vile, ô race sans mémoire,
Les démons de l'Enfer à peine l'ont pu croire,
Quand, le voyant couvert d'opprobre et châtié,
Furieuse, tu dis : Qu'il soit crucifié !
Mort au Nazaréen ! Que par delà la tombe
Sur nous et nos enfants son sang maudit retombe !
Et ton souhait farouche, emporté par le vent,
S'élança pour jamais aux pieds du Dieu vivant !

Devant ce Dieu, par qui ton arrêt se décide,
Ta parole fut vraie, ô peuple déicide !
Marqué comme Caïn d'un stigmate éternel,
Comme le sable, en proie aux tempêtes du ciel,
Dans l'espace et le temps, de rivage en rivage,
Tu fuiras, entraîné par un torrent d'orage ;
Et sur tous tes chemins, dans tes nuits et tes jours,
Ce sang que tu maudis t'inondera toujours !
Tu le verras pleuvoir sans trêve et sans mesure,
Comme un jaillissement d'une large blessure ;
Comme un râle arraché par le fer meurtrier,
Des bouts de l'univers tu l'entendras crier ;
Le sol s'indignera de conserver ta trace,
Et l'homme avec horreur détournera sa face !

Et toi, qui te lavant les mains, crus à jamais
T'être purifié du sang que tu livrais,
Va! tu te plongerais, ivre de ta démence,
Dans la flamme infernale ou dans la mer immense,
Que désormais, Romain! les siècles qui naîtront
Se souviendront d'un lâche et te reconnaîtront!
Et quand, cherchant l'oubli comme un dernier refuge,
Tu verras resplendir la droite de ton Juge ;
Quand ton iniquité, te pénétrant d'effroi,
Se dressera, vivante et morne devant toi;
Puisqu'au supplice infâme abandonnant le Juste,
Tu souillas sans remords la conscience auguste,
Rien, rien n'aura lavé, ni l'onde ni le feu,
Tes misérables mains rouges du sang d'un Dieu!

DEUXIÈME STATION

JÉSUS EST CHARGÉ DE SA CROIX

Aux jours libérateurs où l'Ange, ceint du glaive,
Frappait l'Assyrien dans l'orgueil de son rêve,
Et prodiguait la chair des guerriers aux vautours,
Jérusalem montait au sommet de ses tours ;
Et voyant, par milliers, cette armée inhumaine,
Semblable aux épis mûrs joncher au loin la plaine,
Et dans un tourbillon, les chevaux effarés,
Hennissants, entraîner les chars désemparés :
La cité de David, joyeuse et hors des tentes,
Triomphait et poussait des clameurs éclatantes!

L'Ange exterminateur a-t-il, comme autrefois,
D'un vertige de mort saisi le cœur des rois,

Et, pour glorifier la race bien-aimée,
Eteint dans une nuit la rumeur d'une armée?
Non ! si Jérusalem exhale un cri joyeux,
C'est que le Fils de l'homme agonise à ses yeux ;
C'est que, multipliant l'outrage et l'anathème,
Elle peut désormais le frapper elle-même,
Et, l'entraînant ainsi de douleurs en douleurs,
Le clouer au gibet entre les deux voleurs !

O Christ! tu vas enfin épuiser ton calice !
Et ployé, chancelant sous l'arbre du supplice,
Par l'ardeur du soleil et les sentiers pierreux,
Tu vas suivre, pieds nus, ton chemin douloureux !
Qu'il sera long, Seigneur, et qu'il sera terrible
Ce chemin qui conduit à ta mort impossible !
O Rédempteur, pour qui les siècles sont un jour,
Ce jour va contenir des siècles à son tour !
Que d'angoisses encor t'attendent au passage !
Oh! que de pleurs amers vont brûler ton visage !
Abandonné du monde et du ciel, ô Seigneur,
Combien tu vas saigner dans ta chair et ton cœur ;
Combien, toujours percé d'une atteinte plus sûre,
Chaque pas va rouvrir et creuser ta blessure !

Mais, ô Verbe infini, ce mal immérité,
Tu l'as voulu subir de toute éternité !
En déroulant des cieux les tentures sublimes,
En versant l'Océan dans ses larges abîmes,
Immuable, absolu, d'éclairs environné,
Tu rachetais dès-lors le monde nouveau-né !
L'homme à peine échappait à la main créatrice,
Que ton amour pour lui s'offrit en sacrifice :

Tu pardonnais déjà quand tu pouvais punir :
Et lavant de ton sang ses forfaits à venir,
Pour le guider parmi les ombres de la terre,
Tu fis briller ta Croix dans sa nuit solitaire !

Vers la gloire éternelle où tu seras demain,
Suis donc, ô Rédempteur, ton sublime chemin !
Et, d'instants en instants, sous le ciel implacable,
Si ton corps abattu cède au poids qui l'accable,
Divin Martyr, en qui pleure l'humanité,
Ta seule patience égale ta bonté,
Et le torrent d'amour qui jaillit de ton âme
T'emportera vivant sur la colline infâme !

TROISIÈME STATION

JÉSUS TOMBE SOUS LE POIDS DE LA CROIX

O vous qui, voyageant d'un vol mystérieux
De l'homme au Créateur et de la terre aux cieux,
Allumez les soleils et chantez dans l'espace,
Esprits d'amour, Esprits de sagesse et de grâce,
Du cœur de Jéhovah rayons puissants et doux,
De vos sphères de flamme, Esprits, inclinez-vous !
Désormais, sans troubler l'impassible harmonie,
Chaque univers, bercé sur sa courbe infinie,
De l'ordre primitif ne s'écartera pas :
Un plus sacré devoir vous appelle ici-bas.
Frémissez de pitié, de respect, d'épouvante !
Lui, que vous adoriez ! la Parole vivante,
Le Sauveur annoncé par d'infaillibles voix,
Succombe, haletant, pour la première fois !

Couronné de mépris, résigné sous l'injure,
Il s'avançait, portant la croix massive et dure.
Comme Isaac, jadis, aux cimes du rocher,
Le fer de l'holocauste et le bois du bûcher ;
Et voici que le sang dans ses veines se fige ;
Sa tête tourbillonne et s'emplit de vertige ;
D'une sueur de mort les cheveux inondés,
Il défaille et chancelle ! Oh ! venez, descendez,
Anges consolateurs des misères mortelles,
Abritez votre Dieu de l'ombre de vos ailes,
Soulevez son front pâle, et sur ses pieds blessés
Pleurez, divins amis, et les rafraîchissez !
Mais non ! restez aux cieux ! De sa douleur féconde,
Anges, vous le savez, sort le salut du monde,
Et nul de vous jamais ne pourrait épuiser
Ce sang dont l'univers se verra baptiser !

Bientôt, l'Eglise aussi, selon le rite antique,
Comme une veuve assise au foyer domestique,
Gémissant, et pleurant l'Epoux mort dans ses bras,
Défaillira, tremblante, à ses premiers combats.
Ses enfants éplorés, se pressant autour d'elle,
Partageront les maux de leur mère immortelle,
Qui tournera, le cœur plein d'un seul souvenir,
Ses regards incertains vers le sombre avenir ;
Et, sur le seuil désert croyant toujours entendre
Du Bien-Aimé la voix consolatrice et tendre,
Toujours désabusée, et le front dans la main,
Dira : Veillons encore ! Il reviendra demain.

Espérance sacrée ! Il reviendra sans doute !
Il se penche vers toi de l'éternelle voûte,

Il te voit, il te guide, et, comme il est écrit,
Te donne sans retour sa force et son esprit !
Comme la cendre au vent se disperse et s'envole,
Les siècles passeront, mais non point sa parole ;
Et contre sa Maison divine, désormais
Les portes de l'enfer ne prévaudront jamais.
Relève-toi ! reprends ton fardeau, noble veuve !
Sois prête à triompher d'une plus rude épreuve,
Marche, Église de Dieu ! Le monde est orphelin,
Prends-le comme un enfant dans ta robe de lin,
Et, par les durs sentiers où ton sang pur ruisselle,
Ramène sa famille à l'Époux qui t'appelle !

QUATRIÈME STATION

JÉSUS RENCONTRE SA MÈRE

Celle qui, dans l'amour purifiant son cœur,
Répandit le parfum sur les pieds du Sauveur
Et qui les essuya de ses tresses pieuses ;
Et Marthe et Salomé, tristes et soucieuses,
Pour retrouver le Maître absent et regretté
Accompagnaient Marie à travers la cité ;
Et la Vierge, livrée à de vagues alarmes,
Cherchait son Fils divin en comprimant ses larmes.

Soudain, parmi les flots du peuple furieux,
Elle voit, accablé du faix injurieux,
Pâle et meurtri, menant ses propres funérailles,
Son Fils, ce fruit sacré qu'ont porté ses entrailles,
Le Rédempteur du monde ! elle hâte ses pas
Et tombe demi-morte en lui tendant les bras.

Et Lui, la contemplant ainsi, versa sur elle
Une larme d'adieu, déchirante et mortelle,
Une larme suprême où son cœur épuisé
Mit tout le désespoir de tant d'amour brisé :
Et, soulevant sa croix avec son deuil immense,
Il reprit son chemin de douleur en silence ;
Et sa Mère gisait, froide, blanche, l'œil clos,
Les cheveux dénoués ; et, poussant des sanglots,
Celles qui la suivaient depuis la Galilée,
Pressaient contre leur sein la Vierge immaculée.

Ah ! de sa tige d'or, quand cette Fleur du ciel
Tomba pour embaumer les vallons d'Israël,
Que les vents étaient doux qui passaient dans les nues !
Tu vis naître, ô Saron, des roses inconnues !
Tes palmiers, ô Gadès, émus d'un souffle pur,
Bercèrent, rajeunis, leurs palmes dans l'azur ;
Ton cèdre, ô vieux Liban, noir d'une ombre profonde,
Croyant qu'il revoyait les premiers jours du monde,
Salua le soleil qui brilla sur Eden !
Les parfums oubliés de l'antique jardin,
Comme un cher souvenir et comme une promesse
Des enfants de l'exil adoucit la tristesse,
Et de célestes voix, en chants harmonieux
Dirent ton nom, Marie, à l'univers joyeux :

Terre ! oublie en un jour ton antique détresse !
O cieux ! comme les mers palpitez d'allégresse !
La Vierge bienheureuse est née au sein de Dieu !
Elle vole, aux clartés de l'arc-en-ciel en feu,
La Colombe qui porte à l'arche du refuge
Le rameau d'olivier qui survit au déluge !

Le mystique Rosier va parfumer les airs !
L'Etoile matinale illumine les mers !
Saluez, bénissez, créatures sans nombre,
Celle que le Très-Haut doit couvrir de son ombre,
Et qui devra porter, vierge, en ses flancs bénis,
Le Dieu qui précéda les siècles infinis !

Et maintenant, ô cieux, obscurcissez vos flammes !
Pousse des cris, ô terre, où gémissent les âmes !
Race d'Adam, répands des larmes et frémis,
Puisque le Fils de l'homme à la mort est promis,
Et que la Vierge sainte, entrevue en tes rêves,
Va sentir dans son cœur la pointe des sept glaives !

CINQUIÈME STATION

SIMON LE CYRÉNÉEN AIDE JÉSUS A PORTER SA CROIX

Vers l'aride montagne où son heure l'attend
Le divin Rédempteur s'avançait haletant.
L'arbre lourd de la croix rudement équarrie
Opprimait et blessait son épaule meurtrie ;
Ses pieds nus hésitaient entre les durs cailloux
Dont souvent l'angle aigu déchirait ses genoux.
Sans pitié, pour hâter sa démarche inégale,
Les soldats, le frappant de leur lance brutale,
Le heurtaient du poitrail des chevaux écumeux ;
Et le peuple, plus lâche et plus féroce qu'eux,
Insultant sa détresse et souillant son visage,
Excitait contre Dieu leur colère sauvage !

Or, le voyant sans force et loin encor du but,
Ces insensés craignaient que le Sauveur mourût,

Et qu'il leur enlevât une part de leur joie !
Comme des chiens lancés et hurlant sur la voie,
Jaloux de prolonger le supplice trop prompt,
Ou de multiplier la torture et l'affront,
Ils voulaient que du moins, avant l'heure suprême,
Jésus endurât plus que la mort elle-même !

A cette heure, Simon revenait de son champ,
Et du mont escarpé descendait le penchant.
Du côté de Damas, secouant sa poussière,
Il a franchi la porte aux deux piliers de pierre,
Il entre ; et les clameurs et les hennissements
L'environnent. Il voit, accablé de tourments,
Frappé, poussé, raillé, tout assiégé de haine,
Jésus qui, sous le faix mortel ploie et se traîne,
Et sent naître en son cœur, tout surpris d'être ému,
Une vague pitié pour cet homme inconnu ;
Mais tandis qu'il hésite, au milieu du tumulte
Un cavalier l'appelle avec des cris d'insulte :
On le contraint d'aider le divin condamné ;
Et le Cyrénéen obéit, étonné,
Et saisissant la Croix de sa main rude et forte,
Il en prend une part, la soulève et l'emporte.

Simon ! toi qui prêtais ton épaule et tes bras
Au Rédempteur du monde, et qui ne savais pas
A quelle tâche auguste, à quelle œuvre sublime
Tu vins mêler ta force inculte et magnanime,
Heureux es-tu, Simon, d'avoir jadis porté
Ce céleste fardeau qui te sera compté ;
Car nul ne peut toucher à la Croix éternelle
Sans que Grâce ou Vertu s'éveille et sorte d'elle !

Et les mains l'ont portée ! Heureux, heureux es-tu !
Mais si, venant en aide au Sauveur abattu,
Ton cœur, comme tes bras, devançant la contrainte,
Eût secouru ton Dieu librement et sans crainte,
O Simon de Cyrène, ô pauvre laboureur,
Plus heureux mille fois en face du Seigneur,
Car il eût mesuré ta gloire à sa puissance
Et ta béatitude à sa reconnaissance !

SIXIÈME STATION

UNE FEMME PIEUSE ESSUIE LE VISAGE DE JÉSUS

Non loin de l'angle obscur où gémissait Lazare
Devant le mauvais riche et son festin avare,
Debout au seuil étroit de son humble maison
Se tenait Bérénice au long voile, au doux nom ;
Ignorant qu'entraîné sur la route mortelle,
Le Sauveur, pour mourir, dût passer devant elle,
Et recueillir enfin, dans ce suprême jour,
Pour l'emporter aux cieux, l'obole de l'amour.
Mais quand elle le vit, chargé de flétrissures,
Rougissant son chemin de ses mille blessures,
Levant au ciel des yeux toujours calmes et doux,
Traînant l'arbre fatal sous l'injure et les coups
Sans qu'une main amie allégeât son supplice,
Tout son cœur se brisa ! — Tu courus, Bérénice !
Tes faibles bras, roidis par ton saint dévouement,
Ecartèrent les flots de ce peuple écumant ;
Parmi les cavaliers qu'irrite ton audace,
Ardente, irrésistible enfin, tu te fais place !

Comme une mère auprès d'un fils qui va mourir,
Et qui pleure, et l'embrasse et veut le secourir,
Aux pieds du Rédempteur tu tombes, hors d'haleine ;
Et, le baignant des pleurs dont ta poitrine est pleine,
Ne pouvant le ravir à son trépas divin,
Tu sèches son visage à ton voile de lin !

O femme, qui parmi ce peuple ingrat et traître,
Osas seule essuyer le front du divin Maître,
Et qui, mieux que du fer dont se vêt le guerrier,
T'abritais de ton cœur comme d'un bouclier ;
Bérénice autrefois, mais aux cieux Véronique !
Béni soit le transport de ton âme héroïque,
Quand, montrant ce que peut la céleste pitié,
Des douleurs de ton Dieu tu prenais la moitié !
De ton voile aux longs plis, avec ta main tremblante
Tu venais d'étancher sa figure sanglante,
Et ses bras tout meurtris et ses pieds douloureux,
En répandant des pleurs de tendresse sur eux ;
Dès lors, le Rédempteur, bénissant ton courage,
A ce voile pieux attacha son image ;
Car tu faisais sans peur pour ton Maître épuisé
Ce que nul, entre tous, n'avait encore osé ;
Car l'élan de ton cœur fit taire tes alarmes
Et jaillir de tes yeux de généreuses larmes,
Et te précipita sous les pieds des chevaux,
Sans souci d'irriter un peuple de bourreaux !

Elle brûlait en toi, cette flamme sacrée
Qui remonte plus vive à Celui qui la crée !
Tu cédais, Véronique, à ce divin transport
Plus doux que la bonté, plus puissant que la mort,

Et qui, du jour où Dieu pétrit l'humaine fange,
Dans le sein de la femme a mis le cœur de l'ange !
L'amour, l'amour sauveur, l'ardente charité,
Te couronne aujourd'hui dans l'immortalité.
O courageuse femme, et t'inonde de gloire,
Et l'homme de ton nom parfume sa mémoire !

SEPTIÈME STATION

JÉSUS TOMBE POUR LA SECONDE FOIS

Seigneur ! contre le sol arrosé de ton sang
Faiblis et tombe encor sous ton fardeau pesant ;
L'humanité déchue est là qui te contemple :
Sois pour elle l'image et l'éternel exemple
De ce qu'il faut subir pour remonter à Dieu :
Et dis-lui quel bandeau ceint les tempes en feu
De ceux qui, se lavant de l'antique souillure,
Aspirent à ce ciel où l'âme, libre et pure,
Dans l'adoration, la lumière et la paix,
Par ton sentier sanglant se repose à jamais !

Ah ! devant ce supplice auguste et volontaire,
Expiateur divin des crimes de la terre,
Heureux qui prend sa part de ton sublime affront
Et de l'épine aussi peut couronner son front !
Heureux qui sous le poids des jours qu'il nous faut vivre
Détourne de la coupe où l'insensé s'enivre
Son cœur, d'une eau plus vive et plus pure altéré !
Heureux qui boit ton sang sur l'autel consacré ;
Qui seul, parmi tous ceux en qui ton nom s'efface
Baise avec des sanglots ton adorable trace !

Heureux qui de t'aimer fait son unique loi,
Qui sait la chair faillible, et n'est fort que par toi,
Et sent germer en lui, comme une fleur bénie,
Au soleil de l'amour l'espérance infinie !
Mais plus heureux, Seigneur, qui n'a jamais douté
Qu'en créant l'univers, tu l'avais racheté !

O Christ ! quand tu seras remonté dans ta gloire,
De l'homme aveugle encor conserve la mémoire !
Jésus ! prends en pitié, toi qui connus les pleurs,
Ses désirs insensés, non moins que ses douleurs :
O Rédempteur promis à la faute première,
Toi, la toute-justice et la toute-lumière,
N'abandonne point l'homme à l'Esprit tentateur !
Toi qui fus délaissé, divin Consolateur,
Pardonne ! Et soulevant le fardeau qui nous blesse,
Mesure toute chute à la toute-faiblesse !

Et les Anges, penchés à la cime des cieux,
Immobiles, versaient des pleurs silencieux :
La Volonté divine avait ployé leurs ailes
Qui voilaient leurs fronts purs et palpitaient entre elles.
Oh ! si Dieu l'eût voulu ! Que d'un ardent essor
Ils eussent dans les airs tracé leur sillon d'or,
Et du vent enflammé de ces ailes rapides
Balayé d'un seul coup ces bourreaux déicides !

Consolez-vous, Esprits du Très-Haut, ayez foi !
Vous reverrez aux Cieux remonter votre Roi,
Rayonnant comme aux jours où, guidant vos phalanges,
Il refoula l'essaim impur des mauvais anges ;
Puissant, mais doux, semblable, au sortir du tombeau,
A l'éclat d'un jour pur sur un monde nouveau,

Et menant, aux reflets de l'auréole en flammes,
Vers l'Eden reconquis la famille des âmes !

HUITIÈME STATION

JÉSUS CONSOLE LES FILLES DE JÉRUSALEM

Tandis qu'il gravissait l'âpre et dure colline,
Quelques femmes en pleurs se frappaient la poitrine,
Et parfois, en secret, baisaient ses vêtements,
Et répandaient leur cœur en sourds gémissements.
Et Lui, plein de pitié pour leurs larmes amères,
Leur dit: Pleurez sur vous, sur vos propres misères.
Pleurez sur vos enfants, ô femmes d'Israël !
Voici venir les temps marqués par l'Éternel,
Et les temps de justice et les temps de vengeance,
Où l'impie est troublé dans son intelligence
Et s'empresse au-devant des châtiments prédits !
Pleurez plutôt sur vous, femmes, je vous le dis.

Tremble, Sion ! La main du Très-Haut s'est levée !
Comme en son nid l'oiseau rassemble sa couvée,
Que de fois j'ai voulu, dans mes bras caressants,
O cité de mon peuple, abriter tes enfants !
Tu ne l'as pas voulu ! — Dieu te voue à l'épée !
Et tu seras saisie à la gorge et frappée
Comme le bouc traîné de l'étable à l'autel,
Qui se débat en vain sous le couteau mortel,
Et qui saigne son sang et qui hâte son heure !
Donc, couvre tes cheveux de cendre, crie et pleure,
Car tu verras le Temple où priaient tes aïeux,
Ployé, déraciné comme un chêne trop vieux,

Dans la flamme et le bruit s'écrouler sur sa base :
Et tes murs et tes tours que l'incendie embrase
Céder en mugissant aux coups des lourds béliers,
Et tes enfants aux fers et vendus par milliers !

Quelques vieillards en deuil, assis sur tes ruines,
Voulant mourir au pied de tes mornes collines,
Leurs cheveux blancs souillés et leur robe en lambeaux,
Dans tes restes fumants choisiront leurs tombeaux ;
Car ton crime, ô Sion, par delà les nuées,
A réveillé de Dieu les foudres enchaînées ;
Ton crime a retenti, dans un sombre concert,
Des rives de ton fleuve aux sables du désert,
Comme dans Josaphat le clairon de l'Archange !
Et quand le feu vengeur aura séché ta fange ;
Quand le souffle de Dieu, de la plaine aux vallons,
Aura semé ta cendre aride en tourbillons,
Telle qu'un vil bétail, ta race vagabonde
S'en ira sans retour, errante par le monde !

Pleurez, pleurez sur vous, ô filles de Sion !
Dans ce jour d'épouvante et d'expiation
Un cri s'élèvera des hameaux et des villes :
Heureux ceux qui sont morts ! Heureuses les stériles !
Et bienheureux les seins qui n'ont jamais nourri,
Et le germe avorté dans le sillon flétri !
Pleurez, gémissez donc, lamentez-vous, ô femmes,
Mais non sur moi ! Parmi les ossements infâmes
Les ossements du Christ ne blanchiront jamais ;
Car mon Père, en ce jour, loin de ceux que j'aimais,
Pour couronner son Fils vers les cieux me rappelle,
Et j'attire le monde à la vie éternelle !

NEUVIÈME STATION

JÉSUS TOMBE POUR LA TROISIÈME FOIS

Une dernière fois, sur la pente escarpée,
D'une sueur de mort la figure trempée,
Jésus tombe, immobile, anéanti, sans voix,
Et de ses faibles bras laisse échapper la Croix.
Ce n'est plus la douleur charnelle qui le brise,
Ni le sang répandu qui dans son cœur s'épuise,
Ni qu'une main barbare, en aggravant ses maux,
Ait surpris à l'enfer des outrages nouveaux;
Non! Mais de l'avenir illuminant les ombres,
Le Rédempteur regarde à travers les temps sombres,
Et voyant que le Mal, jusques au dernier jour,
Flétrira pour beaucoup les fruits de son amour,
Saisi d'une souffrance amère, inexorable,
Il se meurt de pitié pour la race coupable !

Mère et fille de l'homme, aveugle humanité,
Ton Dieu même gémit de ton iniquité !
Contemple en frémissant ce désespoir auguste,
Cette prostration du seul Pur, du seul Juste,
Tel qu'un cadavre aux flancs du Golgotha couché !
Lui ! qui pour te laver de l'antique péché,
Pour rouvrir devant toi, repentante et charmée,
La porte d'or d'Eden que l'Ange avait fermée,
Comme pour un enfant rebelle et toujours cher,
Abaissa l'infini dans un corps fait de chair !
Voulant dans sa bonté plus que dans sa justice,
Par un mystérieux et suprême supplice,

Sans mesurer le prix de ta rédemption,
Te ramener à Dieu par son oblation,
Emportant sur son sein, vers la paix éternelle,
Ta famille innombrable, et passée et nouvelle !

Mais tandis que ton Christ tombe en t'ouvrant les bras,
Tu détournes la tête et tu ne l'entends pas !
Et c'est pourquoi, gisant sous la Croix lourde et rude,
Devant l'abîme ouvert de ton ingratitude
Il sent plus que jamais son cœur s'épouvanter
Pour ceux de tes enfants qu'il n'a pu racheter,
Qui, sans pitié pour lui, sans pitié pour eux-mêmes,
S'enivrent du concert de leurs propres blasphèmes !
Et d'autres visions, en lacérant son cœur,
Lui présentent l'Esprit mauvais partout vainqueur :
Il voit les saints martyrs, dans les rouges arènes,
Expirer sous la dent des lions et des hyènes,
Ou, comme des flambeaux pour la fête allumés,
Illuminer César de leurs corps enflammés !
Et les vierges, ses sœurs, ces filles de sa mère,
Tomber, comme des fleurs sous la faux meurtrière ;
Et tels que Zacharie, à l'angle de l'autel,
Ses prêtres renversés sous le couteau mortel ;
Et le ciel, noir du vol des hordes infernales,
Rugir comme la mer aux cris des saturnales,
Et, malgré tant de maux divinement soufferts,
Son saint nom blasphémé par le vieil univers !

Mais, ô Christ, ô lumière et source de la vie,
Relève-toi, c'est l'heure, et la mort te convie !

DIXIÈME STATION

JÉSUS EST DÉPOUILLÉ DE SES VÊTEMENTS

Par les yeux de l'Esprit, dans les heures futures,
Lorsque le fils d'Amos contempla tes tortures,
Seigneur ! Il se pencha sur ton calice amer,
Et, comme pour mourir, il frémit dans sa chair ;
Et le sein haletant du transport prophétique,
Il montra, dans un triste et sublime cantique,
Au sommet du Calvaire où tu t'es arrêté,
Les bourreaux dépouillant ton corps ensanglanté,
Elargissant la plaie en feu qui t'enveloppe
Et t'offrant par mépris le fiel avec l'hysope !

Et ceux qui l'écoutaient raconter l'avenir,
Disaient : — Souffrira-t-il Celui qui doit venir ?
Non ! il ceindra son flanc d'une robe de gloire,
Le lion de Juda rugira sa victoire,
Et courbé sous le joug à son cou destiné,
L'univers apprendra qu'un Vengeur nous est né !
Car la foule, ignorant le sens des Prophéties,
Sous la force et la pourpre abritait ses Messies.

Debout près de la Croix, pâle et silencieux,
O Christ ! Le Golgotha se dresse sous tes yeux,
Ainsi qu'il apparut dans sa forme première,
Lorsque tu fis jaillir le monde à la lumière,
Portant déjà, flétri, sinistre, à peine né,
Une empreinte fatale à son front décharné.
C'est lui ! Les os des morts laissés sans sépulture

Le couvrent du linceul de leur poussière impure,
Fange épaisse, séchée au soleil des étés,
Et qui vole au hasard dans les vents empestés ;
C'est l'horrible colline où tant de cris suprêmes
Sont montés de la croix avec de sourds blasphèmes ;
Où le sol a tant bu de misérable sang ;
Et que l'homme parfois se montre en frémissant,
Quand aux pâles éclairs d'une orageuse nue,
Elle détache au ciel sa tête morne et nue !

Martyr qui t'es offert, ô Christ, vois, c'est le lieu
Que tu purifieras sur terre et devant Dieu !
Et les siècles, saisis d'un respect unanime,
Se tourneront bientôt vers cette auguste cime,
Infâme encore hier, vil ossuaire humain,
Et, comme un saint autel, vénérable demain ;
Phare que saluera l'homme dans ses naufrages,
Et que n'éteindront plus les terrestres orages !

Après quatre mille ans, flots sur flots révolus,
Voici l'instant fatal tel que tu le voulus
Avant le premier jour, l'espace et la durée !
Seigneur, ta chair divine est blême et déchirée ;
Et, sur le roc stérile, ouvert de toutes parts,
Où tu restes en proie aux insolents regards,
Tandis que sur ton front où l'épine s'enlace
Chaque goutte de sang se durcit et se glace,
Ainsi qu'un vil butin qu'on dispute ardemment
Les Romains vont jouer ton sacré vêtement,
Afin que, pauvre et nu, sur leur gibet immonde,
Tu retournes aux cieux comme tu vins au monde !

ONZIÈME STATION

JÉSUS EST ATTACHÉ A LA CROIX

La foule, avec des cris d'anathème et de joie,
Parmi les rocs massifs comme un serpent ondoie,
Et, hurlante, couvrant le stérile sommet,
Demande qu'on l'attache à l'infâme gibet.
Ainsi, Jérusalem que le vertige assiége
A vomi de ses murs sa race sacrilége,
Et seule, sous le ciel, implacable témoin,
Entend gronder son peuple et l'applaudit de loin ;
Ignorante qu'un jour, pour d'autres funérailles,
Ce peuple sans merci, hérissant ses murailles,
Lui criera : sois maudite ! — Et, fils dénaturé,
S'entre-dévorera sur son sein déchiré !

Sans qu'un soupir d'angoisse échappe de sa bouche,
Sur l'arbre de la Croix le Rédempteur se couche.
Il offre aux clous aigus, aux marteaux inhumains,
Ses pieds déjà meurtris et ses divines mains ;
Et, regardant les cieux sourds à son agonie,
Cherche son Père au fond de la voûte infinie.
Mais, d'instants en instants, pareil aux sombres flots,
L'espace s'obscurcit et roule des sanglots ;
Sous le vol des Démons l'air sinistre tressaille ;
Et le Sauveur frémit dans son âme, et défaille ;
Et, comme dans la nuit des Oliviers, son cœur
S'emplit d'une invincible et suprême terreur.

O Jésus ! c'est assez d'outrage et de souffrance !
Si tu ne veux punir, songe à ton innocence !

Seigneur, il en est temps encor ! Méritons-nous
Tes douleurs et ta mort ? O cieux, ébranlez-vous !
Foudre de l'Éternel, que ta colère éclate !
Fais écrouler ce mont sur cette foule ingrate ;
Epargne, ô Fils de l'homme, à ce peuple insensé
Un forfait qui jamais ne sera surpassé ;
Ne laisse pas crier dans la mémoire humaine
Ce hideux souvenir de folie et de haine !
La race de Jacob, au cœur avare et dur,
N'a-t-elle donc versé des torrents de sang pur
Que pour rougir encor, fatales aux prophètes,
Ses mains, contre Dieu même, au meurtre toujours prêtes ?
En faveur d'Abraham, d'Isaac, d'Israël,
O Christ, détourne-la de ce crime éternel !

Tu l'eusses fait sans doute, ô Source de la grâce,
O seul Ami de l'homme en ce monde où tout passe !
Mais, dans son équité, même au prix de ta mort,
Le Très-Haut de ce peuple avait prévu le sort.

Et le Sauveur s'abîme en son angoisse immense.
Les bourreaux ont fini leur œuvre de démence :
Les clous grossiers, heurtés par les marteaux de fer.
L'attachent au supplice en transperçant sa chair....
C'en est fait ! Vision lamentable et sublime,
On dresse avec lenteur la croix et la victime,
Et le haut Golgotha, déjà purifié,
Présente à l'univers le grand Supplicié !

DOUZIÈME STATION

JÉSUS MEURT SUR LA CROIX

Tourné vers l'Occident et la Ville éternelle,
Jésus semble appeler l'humanité nouvelle,
Et, par delà les temps que Dieu guide en leurs cours,
Saluer en mourant l'aurore des grands jours,
Où toute nation, de son sang baptisée,
Refleurira, baignée au cœur par sa rosée,
Et, d'un même transport d'espérance et de foi,
Verra par sa lumière et gardera sa loi.
Dans un embrassement symbolique et suprême
Il ouvre les deux bras au monde entier qu'il aime,
Au monde qui le nie et le tue à la fois,
Car toutes les douleurs sont au pied de sa croix!
Du calice épuisé goûtant la lie amère,
Il écoute gémir ses amis et sa Mère;
Et seul, cloué, sanglant et délaissé du ciel,
Les yeux brûlés de pleurs, le cœur noyé de fiel,
La chair vive et cuisante n'étant qu'une plaie,
Il cède au long supplice, enfin la mort l'effraie;
Il désespère, et pousse à travers l'infini
Un cri terrible : *Eli, lamma sabacthani!*

O désespoir du Christ! ô divine épouvante!
Quoi! la seule Vertu, la Vérité vivante,
Jésus! l'Agneau sans tache et le Verbe incréé,
Comme un fils de la femme a donc désespéré?
Oh! qui peut concevoir, quelle humaine parole
Dira ton sens sublime, adorable symbole!

La chair souffrant en Dieu, sans force et sans appui,
Et Dieu contenant l'homme et gémissant sur lui!
Mais nul ne soutiendra ces torrents de lumière,
Seigneur! nous t'adorons, courbés dans la poussière!
L'heure approche, et l'angoisse a fait place à l'amour.
Il s'attendrit, pardonne et sauve tour à tour.
Le bon larron, touché de l'auguste souffrance,
Rouvre son cœur, longtemps aride, à l'espérance,
Et se tourne en priant vers les cieux reconquis.
Voici ta mère, Jean! Mère, voici ton fils!
Pleurez, mes bien-aimés, toute larme est féconde!
Mais espérez toujours : j'ai racheté le monde!

Et maintenant, la tâche est faite, il faut mourir.
Et, vers la neuvième heure, avec un long soupir,
Le Rédempteur baissa la tête et rendit l'âme!
Et le ciel s'empourpra d'une sanglante flamme :
On entendit des cris et des plaintes sans nom ;
Un grand vent accourut des bords de l'horizon,
Et, semblables aux mâts sur les flots blancs d'écume,
Courba les monts lointains oscillant dans la brume ;
Et le voile du Temple en deux parts éclata ;
Et la terre entr'ouvrit son sein et palpita ;
Et, surgissant du fond des anciens ossuaires,
Les morts, à pas muets, marchaient dans leurs suaires ;
Et comme un marbre noir sur la tombe jeté,
La nuit enveloppa le monde épouvanté!
Le peuple, amoncelé sur les pentes fatales,
Mêlait ses cris d'horreur aux bruits sourds des rafales,
Et le Romain, fuyant de ce sinistre lieu,
Cria : Malheur à nous : cet homme était un Dieu!

TREIZIÈME STATION

JÉSUS EST DÉTACHÉ DE LA CROIX ET REMIS A SA MÈRE

L'oblation divine est enfin consommée !
La plaie ouverte au flanc, la tête inanimée,
Le Rédempteur n'est plus, et le poids de son corps
Allonge sur la croix et roidit ses bras morts.
Mais le bourreau qui doit, de sa masse pesante,
Outrager jusqu'au bout la chair agonisante,
Et, pour finir plus tôt leur vie et leurs tourments,
Des blêmes condamnés briser les ossements,
A respecté Jésus, selon la prophétie.
Et Nicodème avec Joseph d'Arimathie,
Dans un pieux respect, du bois sanctifié,
Détachent lentement leur Dieu supplicié.
Ils remettent aux bras étendus de sa Mère
Ce cadavre immortel, relique trois fois chère,
Où le sang est tari, d'avoir, par flots féconds.
Sans mesure arrosé de stériles sillons,
Fait germer le bon grain parmi l'ivraie impure
Et préparé le sol pour la moisson future ;
Où le cœur ne bat plus d'avoir trop palpité
D'amour pour l'univers et pour la vérité !

Oh ! de quels yeux chargés d'un désespoir sans borne,
Sa Mère le contemple, inerte, pâle, morne,
Le cœur d'un seul désir désormais consumé.
Sans pouvoir détourner de ce Fils bien-aimé,
Sa joie et son orgueil, sa divine amertume,
Un regard fixe où l'âme entière se résume !

Tout est là, sur ce bois rougi d'un sang sacré,
Sur ce front ceint d'épine, et ce reste adoré
Que l'impossible mort a glacé devant elle,
Tout! ses terrestres jours et sa vie immortelle!
Elle baise, muette, et presse entre ses bras
Cette immobilité terrible du trépas;
Elle touche ces pieds où les clous déicides
Font encore saigner leurs empreintes livides,
Et les mains, et le flanc que le fer a percé!
Et comme pour sortir de son rêve insensé,
Pour dissiper plus tôt cette effrayante image,
Elle approche plus près du céleste visage,
Elle épie un soupir, un vague mouvement,
Le voit mort, et frémit silencieusement.

Et c'est pourquoi, Marie, au Ciel où tu vas luire,
Où le Sauveur aura couronné ton martyre,
Quand un jeune tombeau fera couler leurs pleurs,
Elles te nommeront la Mère de douleurs,
Celles qui, gémissant dans un même supplice,
De la maternité tariront le calice!
Et devant ton autel mystérieux et doux,
Les bras tendus vers toi, pâles, à deux genoux,
Elles t'invoqueront, aux feux tremblants des cierges,
O consolation des mères et des vierges!
Certaines que ton cœur, aux pieds du Fils divin,
Percé des mêmes coups, ne saigna pas en vain ;
Que, sans cesse rempli d'une égale tendresse,
Jusqu'à Dieu qui l'écoute il porte leur détresse,
Et que, dans la foi sainte où tu te ranimais,
Se souvenant toujours, on espère à jamais!

QUATORZIÈME STATION

JÉSUS EST MIS DANS LE TOMBEAU

Et sur la pierre nue et désormais sacrée,
Pierre de l'onction des siècles vénérée,
Pour rendre à ta dépouille un funéraire honneur,
Les disciples pieux t'étendirent, Seigneur !
Une eau vive, effaçant les traces de l'outrage,
Lava tes membres froids et ton pâle visage ;
Et l'encens qui brûla sur ton berceau divin,
La myrrhe et l'aloès parfumèrent ton sein ;
Et répandant sur toi les sanglots de leurs âmes,
Dans un suaire neuf et blanc, les saintes femmes
T'ayant couché, Jésus, abaissèrent les yeux
Qu'elles n'espéraient plus voir se rouvrir qu'aux cieux.
Et la Vierge, puisant dans son amour lui-même
La force de t'offrir cet hommage suprême,
Se dressant sous le poids de ses maux surhumains,
Voulut les assister de ses tremblantes mains !

Dans le roc vif, non loin, nouvellement creusée,
Une grotte s'ouvrait, au Levant exposée ;
Et là, jamais nul mort, chair promise au réveil,
N'avait encor dormi l'immobile sommeil.
C'est vers ce blanc sépulcre, aride et solitaire,
Qu'ils portaient ta dépouille, ô Sauveur de la terre !
Soutenus par l'amour, l'espérance et la foi,
Mais les yeux lourds de pleurs, et plus pâles que toi !
Et ta mère suivait, et les femmes fidèles ;
Et le disciple aimé qui marchait auprès d'elles,

Celui qui, dans la Cène, un moment endormi,
Se pencha sur le sein de l'immortel Ami,
Sombre, laissant flotter sa blonde chevelure,
S'illuminait déjà de ta flamme future,
O Pathmos! ô rocher prophétique, où ses yeux
Verront le Christ assis dans la gloire des cieux!
Et c'est ainsi qu'au sein de la crypte profonde
Ils allaient enfermer la lumière du monde!

Le sépulcre a reçu le Sauveur trépassé.
Les pieds à l'Orient, il repose, glacé,
Immobile, muet et rigide, et semblable
A toute créature humaine et périssable.
Et ceux qui le pleuraient, l'ayant enseveli,
Le cœur de sa divine image encor empli,
Parlant bas dans la nuit d'un nuage voilée,
Fermèrent le tombeau d'une pierre scellée;
Puis, vers Jérusalem, éplorés, chancelants,
Ils descendirent tous la montagne à pas lents.

Allez, derniers amis du Dieu mort pour nos crimes,
Vous qui, durant ses jours rapides et sublimes,
L'avez vu de vos yeux et l'avez écouté,
Et qui partagerez son immortalité!
Allez, vous dont les mains ont lavé ses blessures,
En qui Jésus a mis ses grâces les plus sûres,
Femmes, qui jusqu'au bout l'avez accompagné,
Et qui le reverrez vivant et couronné!
Car déjà, de la mort faisant reculer l'ombre,
Le Rédempteur tressaille en son sépulcre sombre!

LA RÉSURRECTION

JÉSUS MONTE AU CIEL

Il est ressuscité ! Dans un flot de lumière
Du sépulcre en éclats il fait voler la pierre,
Il s'élève, il s'élance, il est ressuscité !
Hosanna dans l'espace et dans l'éternité !
Un jour éblouissant succède à la nuit noire ;
Il monte, enveloppé d'un tourbillon de gloire,
Et sa face revêt, au sortir du sommeil,
O neige, ta blancheur, et ta flamme, ô soleil !
Il est ressuscité ! Dans son divin suaire
Le Saint des Saints retourne au triple Sanctuaire ;
Mais il lègue le pain et l'eau vive, son sang
Et sa chair, et sa Croix à l'homme renaissant,
Cent miracles sacrés, son amour, sa justice,
Et le dernier pardon du haut de son supplice !
Et tout est accompli : le monde est racheté !
Hosanna dans l'espace et dans l'éternité !

O Justes, qui dormiez, attendant sa venue,
Le jour libérateur éclate à votre vue !
De vos tombeaux glacés, patriarches anciens,
Levez-vous ! Le Seigneur a brisé vos liens !
Accourez ! saluez d'ineffables cantiques
Celui dont on parlait aux siècles prophétiques,
Le Dieu par Isaïe aux peuples annoncé :
Un rejeton naîtra de ta tige, ô Jessé !
Dans la crèche rustique, humble et nu dans ses langes,
Adoré des trois Rois, des Bergers et des Anges,

Comme il était écrit, le Verbe s'est fait chair !
Il est né d'une Vierge, il a vécu, souffert,
Il est mort sur la croix, descendu dans l'abîme,
Et voici que, trois jours passés, d'un vol sublime,
Il surgit de la tombe, il est ressuscité !
Hosanna dans l'espace et dans l'éternité !

Par delà les sept cieux où palpitent vos ailes,
Exhalez l'hosanna des fêtes éternelles,
O Dominations, ô Vertus, ô Splendeurs,
Trônes, Princes, Gardiens et mystiques Ardeurs,
Et vous, ô Séraphins, et vous, pures Essences,
Vous, brûlants Chérubins, Louanges et Puissances,
Echelle de Jacob, vivants degrés de feu
Qui, de la terre au ciel et de l'homme à son Dieu,
Dans la beauté, l'amour et la force sereine,
Formez de l'univers l'harmonie et la chaîne !
Et vous, ô fils aînés de Celui qui fit tout,
Qui, plus près de sa face, éclatants et debout,
Ecoutez les premiers ses paroles fécondes,
Archanges immortels qui veillez sur les mondes,
Allumez le Calvaire aux foudres du Sina !
Chantez le Saint des saints, Archanges ! Hosanna !
Gloire au Verbe incréé ! Par un divin mystère
Il a racheté l'homme, il a sauvé la terre,
Il a vaincu la mort, il est ressuscité !
Hosanna dans l'espace et dans l'éternité !

A Madame Anaïs S. M.

La nue était d'or pâle, et d'un ciel doux et frais,
Sur les jaunes bambous, sur les rosiers épais,
Sur la mousse gonflée et les safrans sauvages,
D'étroits rayons filtraient à travers les feuillages.
Un arome léger d'herbe et de fleurs montait ;
Un murmure infini dans l'air subtil flottait ;
Chœur des Esprits cachés, âmes de toutes choses,
Qui font chanter la source et s'entr'ouvrir les roses ;
Dieux jeunes, bienveillants, rois d'un monde enchanté
Où s'unissent d'amour la force et la beauté.

La brume bleue errait aux pentes des ravines :
Et de leurs becs pourprés lissant leurs ailes fines,
Les blonds sénégalis, dans les gérofliers,
D'une eau pure trempés, s'éveillaient par milliers.
La mer était sereine, et sur la houle claire
L'aube vive dardait sa flèche de lumière ;
La montagne nageait dans l'air éblouissant
Avec ses verts coteaux de maïs mûrissant,
Et ses cônes d'azur, et ses forêts bercées
Aux brises du matin sur les flots élancées ;
Et l'île, rougissante et lasse du sommeil,
Chantait et souriait aux baisers du soleil.

O jeunesse sacrée, irréparable joie,
Félicité perdue, où l'âme en pleurs se noie !
O lumière, ô fraîcheur des monts calmes et bleus,
Des coteaux et des bois feuillages onduleux ;

Aube d'un jour divin, chant des mers fortunées,
Florissante vigueur de mes belles années...
Vous vivez, vous chantez, vous palpitez encor,
Saintes réalités, dans vos horizons d'or !
Mais, ô nature, ô ciel, flots sacrés, monts sublimes,
Bois dont les vents amis font murmurer les cimes,
Formes de l'idéal, magnifiques aux yeux,
Vous avez disparu dans mon cœur oublieux !
Et voici que lassé de voluptés amères,
Haletant du désir de mes mille chimères,
Hélas ! j'ai désappris les hymnes d'autrefois,
Et que mes dieux trahis n'entendent plus ma voix !

ÇUNAÇÉPA

POÈME

A Ferdinand de L.

I

La Vierge au char de nacre, aux tresses dénouées,
S'élance en souriant de la mer aux nuées
Dans un brouillard de perle empli de flèches d'or.
De son rose attelage elle presse l'essor ;
Elle baigne le mont bleuâtre aux lignes calmes,
Et la fraîche vallée, où bercés sur les palmes,
Les oiseaux au col rouge, au corps de diamant,
Dans les nids attiédis sifflent joyeusement.

Tout s'éveille, vêtu d'une couleur divine,
Tout étincelle et rit : le fleuve, la colline,
Et la gorge où, le soir, le tigre a miaulé,
Et le lac transparent de lotus étoilé.
Le bambou grêle sonne au vent ; les mousses hautes
Entendent murmurer leurs invisibles hôtes ;
L'abeille en bourdonnant s'envole ; et les grands bois,
Épais, mystérieux, pleins de confuses voix,
Où les sages, plongés dans leur rêve ascétique,
Ne comptent plus les jours tombés du ciel antique,
Sentant courir la sève et circuler le feu,
Se dressent rajeunis dans l'air subtil et bleu.
C'est ainsi que l'Aurore, à l'Océan pareille,
Disperse ses rayons sur la terre vermeille,
Comme de blancs troupeaux dans les herbages verts,
Et de son doux regard pénètre l'univers.
Elle conduit au seuil des humaines demeures
Le souci de la vie avec l'essaim des heures ;
Car rien ne se repose à sa vive clarté.
Seul, dilatant son cœur sous le ciel argenté,
Libre du vain désir des aurores futures,
L'homme juste vers elle élève ses mains pures.
Il sait que la Mayâ, ce mensonge éternel,
Se rit de ce qui marche et pleure sous le ciel,
Et qu'en formes sans nombre, illusion féconde,
Avant le cours des temps elle a rêvé le monde.

II

Sous la varangue basse, auprès de son figuier,
Le Richi vénérable achève de prier,

Sur ses bras d'ambre jaune il abaisse sa manche,
Noue autour de ses reins la mousseline blanche,
Et croisant ses deux pieds sous sa cuisse, l'œil clos,
Immobile et muet, il médite en repos.
Sa femme, à pas légers, vient poser sur sa natte
Le riz, le lait caillé, la banane et la datte ;
Puis elle se retire et va manger à part.
Trois hommes sont assis aux côtés du vieillard,
Ses trois fils. L'aîné siége à droite ; le plus jeune
A gauche. Le dernier rêve, en face, et fait jeûne.
Bien que le moins aimé, c'est le plus beau des trois.
Ses poignets sont ornés de bracelets étroits ;
Sur son dos ferme et nu sa chevelure glisse
En anneaux négligés, épaisse, noire et lisse.
La tristesse se lit sur son front soucieux,
Et telle qu'un nuage assombrit ses grands yeux.
Abaissant à demi sa paupière bronzée,
Il regarde vers l'Est la colline boisée
Où sous les nappes d'or du soleil matinal,
Les aras pourpre et bleu flambent dans le cantal ;
Où la vierge naïve aux beaux yeux de gazelle
Parle de loin au cœur qui s'élance vers elle.
Mais, de l'aube qui naît jusqu'aux ombres du soir,
Un long jour passera sans qu'il puisse la voir.
Aussi, l'âme blessée, il garde le silence,
Tandis que le figuier murmure et se balance,
Et qu'on entend, aux bords du fleuve aux claires eaux,
Les caïmans joyeux giapir dans les roseaux.

III

Çurya, comme un bloc de cristal diaphane,
Dans l'espace azuré monte, grandit et plane;
La nue en fusion blanchit autour du dieu,
Et l'océan céleste oscille dans le feu.
Tout bruit décroît ; l'oiseau laisse tomber ses ailes,
Les feuilles du bambou ne chantent plus entre elles,
La fleur languissamment clôt sa corolle d'or
A l'abeille qui rôde et qui bourdonne encor;
Et la terre et le ciel où la flamme circule
Se taisent à la fois devant le dieu qui brûle.
Mais voici que le long du fleuve, par milliers,
Tels qu'un blanc tourbillon courent des cavaliers;
Des chars tout hérissés de faux roulent derrière
Et comme un étendard soulèvent la poussière.
Sur un grand éléphant qui fait trembler le sol,
Vêtu d'or, abrité d'un large parasol
D'où pendent en festons des guirlandes fleuries,
Le front ceint d'un bandeau chargé de pierreries,
Le vieux Maharadjah, chef des hommes, pareil
Au magnanime Indra debout dans le soleil,
Devant le seuil rustique où le Brahmane siége,
S'arrête, environné du belliqueux cortége.

— Richi, cher aux Dévas, dit-il, sage aux longs jours,
Qui des temps fugitifs as mesuré le cours,
Écoute-moi : mon cœur est couvert d'un nuage,
Et comme au vil Çudra les dieux m'ont fait outrage.
Je leur avais offert un sacrifice humain.

Le Brahmane sacré levait déjà la main,
Quand du pilier massif déliant la victime,
Ils ont terni ma gloire et m'ont chargé d'un crime.
J'ai parcouru les monts, les plaines, les cités,
Cherchant un homme pur des signes détestés
Qui lave de son sang ma faute involontaire,
Et du ressentiment des dieux sauve la terre.
Car Indra, que mes pleurs amers n'ont point touché,
Refusera l'eau vive au monde desséché,
Et nous verrons languir sous les feux de sa haine
Sur les sillons taris toute la race humaine.
Mais je n'ai point trouvé homme prédestiné.
Tes enfants sont nombreux, livre-moi ton aîné,
Et je te donnerai, Richi, te rendant grâces,
En échange et pour prix, cent mille vaches grasses.

Le Brahmane lui dit : — O roi, pour aucun prix,
Je ne te céderai le premier de mes fils.
Par Celui qui réside au sein des apparences
Et se meut dans le monde et les intelligences,
Dût la terre, semblable à la feuille des bois,
Palpiter dans la flamme et se tordre aux abois,
Radjah ! je garderai le chef de ma famille.
Entre tous les vivants dont le monde fourmille,
Vaines formes d'un jour, mon premier-né m'est cher.

Et la femme sentant frémir toute sa chair,
Dit à son tour : — O roi, par la rouge déesse,
J'aime mon dernier fils avec trop de tendresse.

Alors Çunacépa se leva sans pâlir :
— Je vois bien que le jour est venu de mourir.
Mon père m'abandonne et ma mère m'oublie ;

Mais avant qu'au pilier le Brahmane me lie
Permets, Maharadjah, que tout un jour encor
Je vive. Quand, demain, dans la mer pleine d'or
Çurya d'un seul bond poussera ses cavales,
Je serai prêt. — C'est bien, dit le Roi. — Les cymbales
Résonnent, l'air s'emplit du bruit strident des chars,
Hennissements et cris roulent de toutes parts ;
Et remontant le cours de la sainte rivière
Tous s'en vont, inondés de flamme et de poussière.

Le jeune homme, debout devant ses vieux parents,
Calme, les regardait de ses yeux transparents,
Et les voyant muets : — Mon père vénérable,
Mes jours seront pareils aux feuilles de l'érable
Qu'un orage d'été fait voltiger dans l'air
Bien avant qu'ait sifflé le vent froid de l'hiver.
Adieu. Ma mère, adieu. Vivez longtemps, mes frères.
Indra vous garde tous des Puissances contraires,
Et qu'il boive mon sang sur son pilier d'airain.

Et le Richi lui dit : — Tout n'est qu'un songe vain.

IV

La colline était verte et de fleurs étoilée
Où l'arome du soir montait de la vallée,
Où revenait l'essaim des sauvages ramiers
Se blottir aux rameaux assouplis des palmiers,
Qui sous les cloches d'or des plantes enlacées,
Rafraîchissaient l'air chaud de leurs feuilles bercées.
Çunacépa, couché parmi le noir gazon,

Voyait le jour décroître au paisible horizon,
Et pressant de ses bras son cœur plein de détresse,
Pleurait devant la mort sa force et sa jeunesse.
Il vous pleurait, ô bois murmurants et touffus,
Vallée où l'ombre amie éveille un chant confus,
Fleuve aimé des Dêvas, dont l'écume divine
A senti tant de fois palpiter sa poitrine ;
Champs de maïs, au vent du matin onduleux,
Cimes des monts lointains, vastes mers aux flots bleus,
Beaux astres, habitants de l'espace sans borne
Qui flottez dans le ciel étincelant et morne !
Mais plus que la nature et que ce dernier jour,
O fleur épanouie aux baisers de l'amour,
O Çanta, coupe pure où ses lèvres fidèles
Buvaient le flot sacré des larmes immortelles,
C'était toi qu'il pleurait, toi, son unique bien,
Auprès de qui le monde immense n'était rien !
Et, comme il t'appelait de son âme brisée,
Tu vins à ses côtés t'asseoir dans la rosée,
Joyeuse, et tes longs cils voilant tes yeux charmants,
Souple comme un roseau sous tes blancs vêtements,
Et faisant à tes bras, qu'autour de lui tu jettes,
Sonner tes bracelets où tintent des clochettes.
Puis, d'une voix pareille aux chansons des oiseaux
Quand l'aube les éveille en leurs nids doux et chauds,
Ou comme le bruit clair des sources fugitives,
Tu lui dis de ta bouche humide, aux couleurs vives :

— Me voici, me voici, mon bien-aimé ! j'accours.
Depuis hier, ami, j'ai compté mille jours !
Jamais contre mes vœux l'heure ne fut plus lente.
Mais à peine ai-je vu, de sa lueur tremblante,

Une étoile argenter l'azur du ciel profond,
J'ai délaissé ma natte et notre enclos d'un bond !
L'antilope aux jarrets légers courrait moins vite.
Mais ton visage est triste, et ton regard m'évite !
Tu pleures ! Est-ce moi qui fais couler tes pleurs ?
Réponds-moi ; mes baisers guériront tes douleurs.
Parle, pourquoi pleurer ? souviens-toi que je t'aime
Plus que mon père et plus que ma mère elle-même !

Et de ses beaux bras nus elle fit doucement
Un tiède collier d'ambre au cou de son amant,
Inquiète, cherchant à deviner sa peine,
Et posant au hasard sa bouche sur la sienne.
Lui, devant tant de grâce et d'amour hésitant,
Se taisait, le front sombre et le cœur palpitant.
Mais bientôt, débordant d'angoisse et d'amertume,
Il répondit : — Çanta ! qu'un jour encor s'allume,
Il me verra mourir. Quand l'ombre descendra,
Je répandrai mon sang sur le pilier d'Indra.
Mon père vénéré, heureux soit-il sans cesse !
Au couteau du Brahmane a vendu ma jeunesse :
Je tiendrai sa parole. O ma vie, ô ma sœur,
Viens, viens, regarde-moi ! L'aube a moins de douceur
Que tes yeux, et l'eau vive est moins limpide et pure
Quand ils rayonnent sous ta noire chevelure ;
Et le son de ta voix m'enivre et chante mieux
Que la blanche Apsara sous le figuier des dieux !
Oh ! parle-moi ! Ta bouche est comme la fleur rose
Qu'un baiser du soleil enflamme à peine éclose,
La fleur de l'açoka dont l'arome est de miel,
Où les bleus colibris boivent l'oubli du ciel !

Oh! que je presse encor tes lèvres parfumées,
Qui pour toujours, hélas! me vont être fermées;
Et, puisque j'ai vécu le jour de mon bonheur,
Pour la dernière fois viens pleurer sur mon cœur!

Comme on voit la gazelle en proie au trait rapide,
Rouler sur l'herbe épaisse et de son sang humide,
Clore ses yeux en pleurs, palpiter et gémir,
La pâle jeune fille, avec un seul soupir,
Aux pieds de son amant tomba froide et pâmée.
Epouvanté, baisant sa lèvre inanimée,
Çunacépa lui dit : — O Çanta, ne meurs pas!
Il souleva ce corps charmant entre ses bras,
Et de mille baisers et de mille caresses
Il réchauffa son front blanc sous ses noires tresses.
— Ne meurs pas! ne meurs pas! Je t'aime, écoute-moi :
Je ne pourrai jamais vivre ou mourir sans toi!

Elle entr'ouvrit les yeux, et des larmes amères,
Brûlantes, aussitôt emplirent ses paupières :
— Viens, ô mon bien-aimé! fuyons! le monde est grand.
Nous suivrons la ravine où gronde le torrent;
Sur la ronce et l'épine, à travers le bois sombre,
Nul regard ennemi ne nous suivra dans l'ombre.
Hâtons-nous. La nuit vaste enveloppe les cieux.
Je connais les sentiers étroits, mystérieux,
Qui conduisent du fleuve aux montagnes prochaines.
Les grands tigres rayés y rôdent par centaines;
Mais le tigre vaut mieux que l'homme au cœur de fer!
Viens! fuyons sans tarder, si mon amour t'est cher.

Çunacépa, pensif, et se baissant vers elle,
La regardait. Jamais il ne la vit si belle,

Avec ses longs yeux noirs do pleurs étincelants,
Et ses bras do lotus enlacés et tremblants,
Ses lèvres de corail, et flottant sur sa joue
Ses longs cheveux épars que la douleur dénoue.

— Les dieux savent pourtant si je t'aime, ô Çanta!
Mais que dirait le Roi, fils de Daçaratha?
Qu'un Brahmane a volé cent mille belles vaches,
Et qu'il a pour enfants des menteurs et des lâches!
Non, non, mieux vaut mourir. J'ai promis, je tiendrai.
Le vieux Radjah m'attend; encor un jour, j'irai,
Et le sang jaillira par flots purs de mes veines!
Taris tes pleurs, enfant, cessons nos plaintes vaines;
Aimons-nous! L'heure vole et ne revient jamais!
Et, quand mes yeux éteints seront clos désormais,
O fleur de mon printemps, sois toujours adorée!
Parfume encor la terre où je t'ai respirée!

— Tu veux mourir, dit-elle, et tu m'aimes! Eh bien!
Le couteau dans ton cœur rencontrera le mien!
Je te suivrai. Mes yeux pourraient-ils voir encore
Le monde s'éveiller, désert à chaque aurore!
C'est par toi que l'oreille ouverte aux bruits joyeux,
J'écoutais les oiseaux qui chantaient dans les cieux;
Par toi que la verdeur de la vallée enivre,
Par toi que je respire et qu'il m'est doux de vivre...

Et des sanglots profonds étouffèrent sa voix.

Alors un grand Oiseau qui planait sur les bois
Comme un nuage noir aux voûtes éternelles,
Sur un palmier géant vint replier ses ailes.
De ses larges yeux d'or la prunelle flambait

Et dardait un éclair dans la nuit qui tombait,
Et de son dos puissant les plumes hérissées
Faisaient dans le silence un bruit d'armes froissées.
Puis, vers les deux amants qu'il semblait contempler,
Il se pencha d'en haut et se mit à parler :

— Ne vous effrayez pas de mon aspect sauvage :
Je suis inoffensif et vieux, si ce n'est sage.
C'est moi qui combattis autrefois dans le ciel
Le maître de Lanka, le Rakças immortel,
Lorsqu'en un tourbillon, plein de désirs infâmes,
Il enlevait Çita, la plus belle des femmes.
De mes serres d'airain et de mon bec de fer
Je fis pleuvoir sanglants des lambeaux de sa chair ;
Mais il me brisa l'aile et ravit sa victime.
Et moi, comme un roc lourd roulant de cime en cime,
Je crus mourir. Enfants, je suis l'antique Roi
Des vautours. J'ai pitié de vous ; écoutez-moi.
Quand Çurya des monts enflammera la crête,
Cherchez dans la forêt Viçvamitra l'ascète,
Dont les austérités terribles font un dieu.
Lui seul peut te sauver, fils du Brahmane. Adieu.

Et repoussant du pied les palmes remuées,
Il déploya son vol vers les hautes nuées.

V

La Nuit divine enfin, dans l'ampleur des cieux clairs,
Avec sa robe noire aux plis brodés d'éclairs,
Son char d'ébène et d'or, attelé de cavales
De jais, et dont les yeux sont deux larges opales ;

Tranquille et déroulant au souffle harmonieux
De l'espace, au-dessus de son front glorieux,
Sa guirlande étoilée et l'écharpe des nues,
Descendit dans les mers des Dêvas seuls connues ;
Et l'Est devint d'argent, puis d'or, puis flamboya,
Et l'univers encor reconnut Çurya !

A travers la forêt profonde et murmurante,
Où sous les noirs taillis jaillit la source errante ;
Où comme le reptile, en de souples détours,
La liane aux cent nœuds étreint les rameaux lourds,
Et laisse, du sommet des immenses feuillages,
Pendre ses fleurs de pourpre au milieu des herbages ;
Par les sentiers de mousse épaisse et de rosiers,
Où les lézards aux dos diaprés, par milliers,
Rôdent furtifs et font crier la feuille sèche ;
Dans les fourrés d'érable où, comme un vol de flèche,
L'antilope aux yeux bleus, l'oreille au vent, bondit ;
Où l'œil du léopard par instant resplendit ;
Tous deux, le cœur empli d'espérance et de crainte,
Cherchaient Viçvamitra dans sa retraite sainte.
Et quand le jour, tombant des cimes du ciel bleu
De l'éternelle voûte embrasa le milieu,
Loin de l'ombre, debout, dans une âpre clairière,
Ils le virent soudain, baigné par la lumière.
Ses yeux creux que jamais n'a fermés le sommeil
Luisaient ; ses maigres bras brûlés par le soleil
Pendaient le long du corps ; ses jambes décharnées,
Du milieu des cailloux et des herbes fanées,
Se dressaient sans ployer comme des pieux de fer ;
Ses ongles recourbés s'enfonçaient dans la chair ;
Et sur l'épaule aiguë et sur l'échine osseuse,

Tombait jusqu'aux jarrets sa chevelure affreuse,
Inextricable amas de ronces, noir réseau
De fange desséchée et de fientes d'oiseau,
Où, comme font les vers dans la vase mouvante,
S'agitait au hasard la vermine vivante,
Peuple immonde habitant de ce corps endurci,
Et nourri de son sang inerte. C'est ainsi
Que gardant à jamais sa rigide attitude,
Il rêvait comme un Dieu fait d'un bloc sec et rude.

Çanta, le sein ému d'une pieuse horreur,
Frémit ; mais le jeune homme, aguerrissant son cœur,
Parla, plein de respect : — Viçvamitra, mon père,
Je ne viens point à toi dans une heure prospère :
Le destin noir me suit comme un cerf aux abois.
Jeunesse, amour, bonheur, et la vie à la fois,
Je perds tout. Sauve-moi. Je sais qu'à ta parole
Le ciel devient plus sombre ou l'orage s'envole.
Tu peux, par la vertu des incantations,
Alléger le fardeau des malédictions ;
Tu peux, sans altérer l'implacable justice,
Emousser sur mon cœur le fer du sacrifice.
Réponds donc. Si le Roi des vautours a dit vrai,
Tu feras deux heureux, mon père, et je vivrai.

Et l'Ascète immobile écoutait sans paraître
Entendre. Et le jeune homme étonné reprit : — Maître,
Ne répondras-tu point? Et le maigre vieillard
Lui dit sans abaisser son morne et noir regard :
— Réjouis-toi, mon fils ! bien qu'il soit vain de rire
Ou de pleurer, et vain d'aimer ou de maudire.
Tu vas sortir, sacré par l'expiation,
Du monde obscur des sens et de la passion,

Et franchir, jeune encor, la porte de lumière
Par où tu plongeras dans l'Essence première.
La vie est comme l'onde où tombe un corps pesant :
Un cercle étroit s'y forme, et va s'élargissant,
Et disparaît enfin dans sa grandeur sans terme.
La Mayâ te séduit ; mais si ton cœur est ferme,
Tu verras s'envoler comme un peu de vapeur
La colère, l'amour, le désir et la peur ;
Et le monde illusoire aux formes innombrables
S'écroulera sous toi comme un monceau de sables.

— O sage ! si mon cœur est faible et déchiré,
Je ne crains rien pour moi, sache-le. Je mourrai
Comme si j'étais fait ou d'airain ou de pierre,
Sans pâlir ni pousser la plainte et la prière
Du lâche ou du Çudra. Mais j'aime et suis aimé !
Vois cette fleur des bois dont l'air est embaumé,
Ce rayon enchanté qui plane sur ma vie,
Dont ma paupière est pleine et jamais assouvie !
Mon sang n'est plus à moi : Çanta meurt si je meurs !

Et Viçvamitra dit : — Les flots pleins de rumeurs
Que le vent roule et creuse et couronne d'écume,
Les forêts qu'il secoue et heurte dans la brume,
Les lacs que l'Açura bat d'un noir aileron
Et dont les blancs lotus sont souillés de limon,
Et le ciel où la foudre en rugissant se joue,
Sont tous moins agités que l'homme au cœur de boue !
Va ! le monde est un songe et l'homme n'a qu'un jour,
Et le néant divin ne connaît pas l'amour !

Çunacépa lui dit : — C'est bien. Je te salue,
Mon père, et je t'en crois ; ma mort est résolue ;

Et trop longtemps, vain jouet des brèves passions,
J'ai disputé mon âme aux incarnations.
Mais, par tous les Dévas, ô sage, elle est si belle !
Taris ses pleurs amers, prie et veille pour elle,
Afin que je m'endorme en bénissant ton nom.
Alors Çanta, les yeux étincelants : Oh ! non,
Maître ! non, non ! tu veux éprouver son courage !
La divine bonté brille sur ton visage ;
Secours-le, sauve-moi ! J'embrasse tes genoux,
Mon père vénérable et cher ! vivre est si doux !
Puissent les dieux qui t'ont donné la foi suprême
T'accueillir en leur sein ! Vois, je suis jeune et j'aime !
Telle, Çanta, le front prosterné, sanglotait,
Et l'Ascète, les yeux dans l'espace, écoutait :

— J'entends chanter l'oiseau de mes jeunes années,
Dit-il, et l'épaisseur des forêts fortunées
Murmure comme aux jours où j'étais homme encor.
Ai-je dormi cent ans, gardant tel qu'un trésor
Le souvenir vivant des passions humaines !
D'où vient que tout mon corps frémit, et que mes veines
Sentent brûler un sang glacé par tant d'hivers ?
Mais c'est assez, Mayâ, source de l'univers !
C'est assez, j'ai vécu. Pour toi, femme, pareille
A l'Apsara qui court sur la mousse vermeille,
Et toi, fils du Brahmane, écoutez et partez,
Et ne me troublez plus dans mes austérités.
Dès qu'au pilier fatal, sous des liens d'écorce,
Les sacrificateurs auront dompté ta force,
Récite par sept fois l'hymne sacré d'Indra.
Aussitôt dans la nue un bruit éclatera
Terrible, et tes liens se briseront d'eux-mêmes,

Et les hommes fuiront, épouvantés et blêmes ;
Et le sang d'un cheval calmera les Dévas ;
Et si tu veux souffrir encore, tu vivras !
Adieu. Je vais rentrer dans l'éternel silence,
Comme une goutte d'eau dans l'Océan immense.

VI

Le siége est d'or massif, et d'or le pavillon
Du vieux Maharadjah. L'image d'un lion
Flotte, enflammée, en l'air, et domine la fête.
Dix colonnes d'argent portent le large faîte
Du trône où des festons brodés de diamants
Pendent aux angles droits en clairs rayonnements.
Sur les degrés de nacre où la perle étincelle
La pourpre en plis soyeux se déploie et ruisselle ;
Et mille Kçatryas, grands, belliqueux, armés,
Tiennent du Pavillon tous les abords fermés.
En face, fait de pierre et de forme cubique,
L'autel est préparé selon le rite antique,
Surmonté d'un pilier d'airain et d'un bœuf blanc
Aux quatre cornes d'or. D'un accent grave et lent,
Le Brahmane qui doit égorger la victime
Murmure du Çama la formule sublime,
Et les prêtres courbés récitent tour à tour
Cent prières du Rig, cent versets du Yadjour.
Et dans la plaine immense un peuple infini roule
Comme les flots. Le sol tremble au poids de la foule.
Les hommes au sang pur, au corps blanc, aux yeux fiers,
Qui vivent sur les monts et sur le bord des mers,

Et tendent l'arc guerrier avec des mains robustes ;
Et la race au front noir, maudite des dieux justes,
Dévouée aux Rakças et qui hante les bois ;
Tous pour le sacrifice accourent à la fois,
Et font monter au ciel, d'une voix éclatante,
Les clameurs de la joie et d'une longue attente.

Les cymbales de cuivre et la conque aux bruits sourds,
Et la vina perçante et les rauques tambours
Vibrant, grondant, sifflant, résonnent dans la plaine,
Et les peuples muets retiennent leur haleine.
C'est l'heure. Le Brahmane élève au ciel les bras,
Et la victime offerte avance pas à pas.
Le jeune homme au front ceint de lotus, calme et pâle,
Monte sans hésiter sur la pierre fatale ;
Tous ses membres roidis sont liés au poteau,
Et le prêtre en son sein va plonger le couteau.
Alors il se souvient des paroles du sage ;
Il prie Indra qui siége et gronde dans l'orage,
Et sept fois, l'hymne saint que tous disent en chœur,
Fait hésiter le fer qui doit percer son cœur.
Tout à coup, des sommets du ciel plein de lumière,
La foudre inattendue éclate sur la pierre ;
L'airain du pilier fond en ruisseaux embrasés ;
Çunacépa bondit, ses liens sont brisés ;
Il est libre ! A travers la foule épouvantée
Il fuit comme la flèche à son but emportée.
Aussitôt le soleil rayonne, et sur le flanc
Un étalon fougueux, dont tout le poil est blanc,
Tombe, les pieds liés, hennit, et le Brahmane
Offre son sang au dieu de qui la foudre émane.

VII

O rayon de soleil égaré dans nos nuits,
O bonheur ! le moment est rapide où tu luis,
Et quand l'illusion qui t'a créé t'entraîne,
Un plus amer souci consume l'âme humaine ;
Mais quels pleurs répandus, quel mal immérité,
Peuvent payer jamais ta brève volupté !

L'air sonore était frais et plein d'odeurs divines.
Les bengalis au bec de pourpre, aux ailes fines,
Et les verts colibris et les perroquets bleus,
Et l'oiseau diamant, flèche au vol merveilleux,
Dans les buissons dorés, sur les figuiers superbes,
Paissaient, sifflaient, chantaient. Au sein des grandes herbes
Un murmure joyeux s'exhalait des halliers ;
Autour du miel des fleurs, les essaims familiers,
Délaissant les vieux troncs aux ruches pacifiques,
S'empressaient ; et partout, sous les cieux magnifiques,
Avec l'arome vif et pénétrant des bois,
Montait un chant immense et paisible à la fois.
Sur son cœur enivré pressant sa bien-aimée,
Réchauffant de baisers sa lèvre parfumée,
Çunacépa sentait, en un rêve enchanté.
Déborder le torrent de sa félicité !
Et Çanta l'enchaînait d'une invincible étreinte ;
Et rien n'interrompait, durant cette heure sainte
Où le temps n'a plus d'aile, où la vie est un jour,
Le silence divin et les pleurs de l'amour.

ODES ANACRÉONTIQUES

I

LES LIBATIONS

Sur le myrte frais et l'herbe des bois,
Au rhythme amoureux du mode ionique,
Mollement couché, j'assouplis ma voix.
Éros, sur son cou nouant sa tunique,
Emplit en riant, échanson joyeux,
Ma coupe d'onyx d'un flot de vin vieux.
La vie est d'un jour sous le ciel antique ;
C'est un char qui roule au stade olympique :
Buvons, couronnés d'hyacinthe en fleurs !
A quoi bon verser les liqueurs divines
Sur le marbre inerte où sont nos ruines,
Ce peu de poussière insensible aux pleurs ?
Assez tôt viendront les heures cruelles,
O ma bien-aimée, et la grande Nuit
Où nous conduirons, dans l'Hadès sans bruit,
La danse des morts sur les asphodèles !

II

LA COUPE

Prends ce bloc d'argent, adroit ciseleur.
N'en fais point surtout d'arme belliqueuse,
Mais bien une coupe élargie et creuse
Où le vin ruisselle et semble meilleur.
Ne grave à l'entour Bouvier ni Pléiades,
Mais le chœur joyeux des belles Ménades,
Et l'or des raisins chers à l'œil ravi,
Et la verte vigne et la cuve ronde
Où les vendangeurs foulent à l'envi
De leurs pieds pourprés la grappe féconde.
Que j'y voie encore Évoë vainqueur,
Aphrodite, Éros et les Hyménées,
Et sous les grands bois les Vierges menées
La verveine au front et l'amour au cœur !

III

LA TIGE D'ŒILLET

Énos m'a frappé d'une tige molle
D'œillets odorants récemment cueillis.
Il fuit à travers les sombres taillis,
A travers les prés il m'entraîne et vole.
Sans une onde vive où me ranimer,

Je le suis, je cours dès l'aube vermeille,
Mes yeux sont déjà près de se fermer,
Je meurs ; mais le dieu me dit à l'oreille :
Oh ! le faible cœur qui ne peut aimer !

IV

LE SOUHAIT

Du roi Phrygien la fille rebelle
Fut en noir rocher changée autrefois ;
La fière Prokné devint hirondelle,
Et d'un vol léger s'enfuit dans les bois.
Pour moi, que ne suis-je, ô chère maîtresse,
Le miroir heureux de te contempler,
Le lin qui te voile et qui te caresse,
L'eau que sur ton corps le bain fait rouler ;
Le réseau charmant qui contient et presse
Le ferme contour de ton jeune sein ;
La perle, ornement de ton col que j'aime,
Ton parfum choisi, ta sandale même,
Pour être foulé de ton pied divin !

V

LA CAVALE

O jeune cavale, au regard farouche,
Qui cours dans les prés d'herbe grasse emplis,
L'écume de neige argente ta bouche,
La sueur ruisselle à tes flancs polis.
Vigoureuse enfant des plaines de Thrace,
Tu hennis au bord du fleuve mouvant,
Tu fuis, tu bondis, la crinière au vent :
Les daims auraient peine à suivre ta trace.
Mais bientôt, ployant sur tes jarrets forts,
Au hardi dompteur vainement rebelle,
Tu te soumettras, humble et non moins belle,
Et tes blanches dents rongeront le mors !

VI

LE PORTRAIT

Toi que Rhode entière a couronné roi
Du bel art de peindre, artiste, entends-moi.
Fais ma bien-aimée et sa tresse noire
Où la violette a mis son parfum,
Et l'arc délié de ce sourcil brun
Qui se courbe et fuit sous un front d'ivoire.
Surtout, Rhodien, que son œil soit bleu

Comme l'onde amère et profond comme elle ;
Qu'il charme à la fois et qu'il étincelle,
Plein de volupté, de grâce et de feu !
Fais sa joue en fleur et sa bouche rose,
Et que le Désir y vole et s'y pose !
Pour mieux soutenir le carquois d'Éros,
Que le cou soit ferme et l'épaule ronde ;
Qu'une pourpre fine, agrafée au dos,
Flottante, et parfois entr'ouverte, inonde
Son beau corps plus blanc que le pur Paros ;
Et sur ses pieds nus aux lignes si belles,
Adroit Rhodien, entrelace encor
Les nœuds assouplis du cothurne d'or,
Comme tu ferais pour les Immortelles !

VII

L'ABEILLE

Sur le vert Hymette, Éros, un matin,
Dérobait du miel à la ruche attique ;
Mais voyant le Dieu faire son butin,
Une prompte abeille accourt et le pique.
L'enfant tout en pleurs, le Dieu maladroit,
S'enfuit aussitôt, souffle sur son doigt,
Et jusqu'à Kypris vole à tire-d'aile,
Oubliant son arc, rouge et courroucé :
— Ma mère, un petit serpent m'a blessé
Méchamment, dit-il, de sa dent cruelle.
Tel se plaint Éros, et Kypris en rit :
— Tu blesses aussi, mais nul n'en guérit !

VIII

LA CIGALE

O Cigale, née avec les beaux jours,
Sur les verts rameaux dès l'aube posée,
Contente de boire un peu de rosée,
Et, telle qu'un roi, tu chantes toujours!
Innocente à tous, paisible et sans ruses,
Le gai laboureur, du chêne abrité,
T'écoute de loin annoncer l'été;
Apollon t'honore autant que les Muses,
Et Zeus t'a donné l'immortalité!
Salut, sage enfant de la terre antique,
Dont le chant invite à clore les yeux,
Et qui, sous l'ardeur du soleil attique,
N'ayant chair ni sang, vis semblable aux dieux!

IX

LA ROSE

Je dirai la rose aux plis gracieux.
La rose est le souffle embaumé des dieux,
Le plus cher souci des Muses divines.
Je dirai ta gloire, ô charme des yeux,
O fleur de Kypris, reine des collines!
Tu t'épanouis entre les beaux doigts

De l'Aube écartant les ombres moroses;
L'air bleu devient rose et roses les bois;
La bouche et le sein des Nymphes sont roses!
Heureuse la vierge aux bras arrondis
Qui dans les halliers humides te cueille!
Heureux le front jeune où tu resplendis!
Heureuse la coupe où nage ta feuille!
Ruisselante encor du flot paternel,
Quand de la mer bleue Aphrodite éclose
Étincela nue aux clartés du ciel,
La Terre jalouse enfanta la rose;
Et l'Olympe entier, d'amour transporté,
Salua la fleur avec la Beauté!

LE VASE

Reçois, pasteur des boucs et des chèvres frugales
Ce vase enduit de cire, aux deux anses égales.
Avec l'odeur du bois récemment ciselé,
Le long du bord serpente un lierre entremêlé
D'hélichryse aux fruits d'or. Une main ferme et fine
A sculpté ce beau corps de femme, œuvre divine,
Qui du péplos ornée, et le front ceint de fleurs,
Se rit du vain amour des amants querelleurs.
Sur ce roc où le pied parmi les algues glisse,

Traînant un long filet vers la mer glauque et lisse,
Un pêcheur vient en hâte, et bien que vieux et lent,
Ses muscles sont gonflés d'un effort violent.
Une vigne, non loin, lourde de grappes mûres,
Ploie. Un jeune garçon, assis sous les ramures,
La garde. Deux renards arrivent de côté
Et mangent le raisin par le pampre abrité;
Tandis que l'enfant tresse, avec deux pailles frêles
Et des brins de jonc vert, un piége à sauterelles.
Enfin, autour du vase et du socle dorien
Se déploie en tous sens l'acanthe corinthien.

J'ai reçu ce chef-d'œuvre, au prix, et non sans peine,
D'un grand fromage frais et d'une chèvre pleine.
Il est à toi, berger, dont les chants sont plus doux
Qu'une figue d'Ægile, et rendent Pan jaloux.

PHIDYLÉ

A N. Mille

Somno mollior herba.
VIRGILIUS.

L'HERBE est molle au sommeil sous les frais peupliers,
   Aux pentes des sources moussues
Qui, dans les prés en fleur germant par mille issues,
   Se perdent sous les noirs halliers.

Repose, ô Phidylé. Midi sur les feuillages
    Rayonne, et t'invite au sommeil.
Par le trèfle et le thym, seules, en plein soleil,
    Chantent les abeilles volages.

Un chaud parfum circule aux détours des sentiers;
    La rouge fleur des blés s'incline;
Et les oiseaux, rasant de l'aile la colline,
    Cherchent l'ombre des églantiers.

Les taillis sont muets; le daim, par les clairières,
    Devant les meutes en abois
Ne bondit plus : Diane, assise au fond des bois,
    Polit ses flèches meurtrières.

Dors en paix, belle enfant aux rires ingénus,
    Aux nymphes agrestes pareille!
De ta bouche au miel pur j'écarterai l'abeille,
    Je garantirai tes pieds nus.

Laisse sur ton épaule et ses formes divines,
    Comme un or fluide et léger,
Sous mon souffle amoureux courir et voltiger
    L'épaisseur de tes tresses fines !

Sans troubler ton repos, sur ton front transparent
    Libre des souples bandelettes,
J'unirai l'hyacinthe aux pâles violettes,
    Et la rose au myrte odorant.

Belle comme Érycine aux jardins de Sicile,
    Et plus chère à mon cœur jaloux,
Repose! et j'emplirai du souffle le plus doux
    La flûte à mes lèvres docile.

Je charmerai les bois, ô blanche Phidylé,
    De ta louange familière ;
Et les nymphes, au seuil de leurs grottes de lierre,
    En pâliront, le cœur troublé.

Mais quand l'Astre, incliné sur sa courbe éclatante,
    Verra ses ardeurs s'apaiser,
Que ton plus beau sourire et ton meilleur baiser
    Me récompensent de l'attente !

FULTUS HYACINTHO

A Prosper Huet

C'est le roi de la plaine et des gras pâturages.
Plein d'une force lente, à travers les herbages,
Il guide en mugissant ses compagnons pourprés
Et s'enivre à loisir de la verdeur des prés.
Tel que Zeus, sur les mers portant la vierge Europe,
Une blancheur sans tache en entier l'enveloppe.
Sa corne est fine, aux bouts recourbés et polis ;
Ses fanons florissants abondent à grands plis ;
Une écume d'argent tombe à flots de sa bouche,
Et de longs poils épars couvrent son œil farouche.
Il paît jusques à l'heure où, du zénith brûlant,
Midi plane, immobile, et lui chauffe le flanc.
Alors des saules verts l'ombre discrète et douce

Lui fait un large lit d'hyacinthe et de mousse,
Et couché comme un dieu près du fleuve endormi,
Pacifique, il rumine et clôt l'œil à demi.

LES ASCÈTES

I

Depuis qu'au joug de fer blanche esclave enchaînée,
L'Hellade avait fini sa belle destinée
Et qu'un dernier soupir, un souffle harmonieux
Avait mêlé son ombre aux ombres de ses dieux,
Le César, dévoré d'une soif éternelle,
Tarissait le lait pur de l'antique Cybèle.
Pâle, la main sanglante et le cœur plein d'ennuis,
D'une vague terreur troublant ses longues nuits,
Il écoutait, couché sur la pourpre romaine,
Dans un sombre concert gémir la race humaine ;
Et, tandis que la Louve aux mamelles d'airain
Dormait, le dos ployé sous son pied souverain,
Il affamait, hâtant les jours expiatoires,
Les lions de l'Atlas au fond des vomitoires.
Inépuisable mer, du sommet des sept monts,
Couvrant l'Empire entier de ses impurs limons,
Nue, horrible, traînant ses voluptés banales,

La débauche menait les grandes saturnales;
Car c'était l'heure sombre où le vieil Univers,
Ne pouvant oublier son opprobre et ses fers,
Gisait, sans Dieu, sans force, et fatigué de vivre,
Comme un lâche qui craint de mourir et s'enivre.
Et c'est alors, plus haut que l'orgie aux bruits sourds,
Qu'on entendit monter l'appel des nouveaux jours,
Cri d'allégresse et cri d'angoisse, voix terrible
D'amour désespéré vers le monde invisible.

II

Les bruits du siècle ont-ils étouffé votre voix,
Seigneur ! jusques à quand resterez-vous en croix?
En vain vous avez bu l'amertume et la lie :
Le monde se complaît dans sa vieille folie
Et s'attarde en chantant aux pieds de ses dieux morts.
Au désert, au désert, les sages et les forts !
Au désert, au désert ceux que l'Esprit convie,
Ceux qu'a longtemps battus l'orage de la vie,
Ceux que l'impie enivre à ses coupes de feu,
Ceux qui dormaient hier dans le sein de leur Dieu !
Au désert, au désert, les hommes et les femmes !
Étouffons dans nos cœurs les voluptés infâmes,
Vers la gloire des cieux éternels déployons
L'extase aux ailes d'or sous la dent des lions.
Multipliez en nous vos douleurs adorables,
Seigneur ! que nous soyons errants et misérables,
Qu'un soleil dévorant consume notre chair !
Le mépris nous est doux, l'outrage nous est cher,

Pourvu que, gravissant la cime du supplice,
Nous puissions jusqu'au bout tarir votre calice,
Et tout chargés d'opprobre et couronnés d'affronts,
D'une épine sanglante auréoler nos fronts !
O morne solitude, ô grande mer de sables,
Assouvis nos regards de choses périssables,
Balaie à tous les vents les vieilles vanités,
La poussière sans nom des cieux et des cités ;
Et pour nous arracher à la matière immonde,
Ouvre ton sein de flamme aux transfuges du monde !
Fuyons ! voici venir le jour mystérieux
Où, comme un peu de cendre aux quatre vents des cieux
La terre s'en ira par l'espace sublime.
Oh ! combien rouleront dans le brûlant abîme !
Mais l'Ange par nos noms nous appellera tous,
Et la face de Dieu resplendira pour nous !

III

O rêveurs, ô martyrs, vaillantes créatures,
Qui, dans l'effort sacré de vos nobles natures,
Poussiez vers l'idéal un sanglot éternel,
Je vous salue, amants désespérés du ciel !
Vous disiez vrai : le cœur de l'homme est mort et vide,
Et la terre maudite est comme un champ aride
Où la ronce inféconde, et qu'on arrache en vain,
Dans le sillon qui brûle étouffe le bon grain.
Vous disiez vrai : la vie est un mal éphémère ;
Et la femme bien plus que la tombe est amère !
Aussi, loin des cités aux bruits tumultueux,
Avec le crucifix et le bâton noueux,

Et du nimbe promis illuminant vos têtes,
Vous fuyiez vers la mort, pâles anachorètes !
Pour que nul œil humain ne vous revît jamais
Vous montiez çà et là sur d'inféconds sommets,
Et confiant votre âme aux souffles des orages,
Laissiez dormir vos os dans les antres sauvages.
Ou parfois, en songeant, sur le sable embrasé,
Que tout lien charnel ne s'était pas brisé,
Que le siècle quitté recevait vos hommages,
Qu'un tourbillon lointain de vivantes images
D'un monde trop aimé repeuplait votre cœur,
Que le ciel reculait, que l'homme était vainqueur ;
Troublant de vos sanglots l'implacable étendue,
Vous déchiriez vos flancs d'une main éperdue,
Vous rougissiez le sol du sang des repentirs ;
Et le désert, blanchi d'ossements de martyrs,
Écoutant ses lions remuer vos reliques,
S'emplissait dans la nuit de visions bibliques.

LES JUNGLES

A Louis Ménard

Sous l'herbe haute et sèche où le naja vermeil
Dans sa spirale d'or se déroule au soleil,
La bête formidable, habitante des jungles,
S'endort, le ventre en l'air, et dilate ses ongles.

De son mufle marbré qui s'ouvre, un souffle ardent
Fume ; la langue rude et rose va pendant ;
Et sur l'épais poitrail chaud comme une fournaise,
Passe par intervalle un frémissement d'aise.
Toute rumeur s'éteint autour de son repos :
La panthère aux aguets rampe en arquant le dos ;
Le python musculeux aux écailles d'agate,
Sous les nopals aigus glisse sa tête plate,
Et dans l'air où son vol en cercle a flamboyé,
La cantharide vibre autour du roi rayé.
Lui, baigné par la flamme et remuant la queue,
Il dort tout un soleil sous l'immensité bleue.

Mais l'ombre en nappe noire à l'horizon descend ;
La fraîcheur de la nuit a refroidi son sang ;
Le vent passe au sommet des herbes ; il s'éveille,
Jette un morne regard au loin, et tend l'oreille.
Le désert est muet. Vers les cours d'eau cachés
Où fleurit le lotus sous les bambous penchés,
Il n'entend point bondir les daims aux jambes grêles,
Ni le troupeau léger des nocturnes gazelles.
Le frisson de la faim creuse son maigre flanc :
Hérissé, sur soi-même il tourne en grommelant ;
Contre le sol rugueux il s'étire et se traîne,
Flaire l'étroit sentier qui conduit à la plaine,
Et se levant dans l'herbe avec un bâillement,
Au travers de la nuit miaule tristement.

LES HURLEURS

Le soleil dans les flots avait noyé ses flammes,
La ville s'endormait au pied des monts brumeux ;
Sur de grands rocs lavés d'un nuage écumeux
La mer sombre en grondant versait ses hautes lames.

La nuit multipliait ce long gémissement.
Nul astre ne luisait dans l'immensité nue :
Seule, la lune pâle, en écartant la nue,
Comme une morne lampe oscillait tristement.

Monde muet, marqué d'un signe de colère,
Débris d'un globe mort au hasard dispersé,
Elle laissait tomber de son orbe glacé
Un reflet sépulcral sur l'océan polaire.

Sans borne, assise au nord, sous les cieux étouffants,
L'Afrique, s'abritant d'ombre épaisse et de brume,
Affamait ses lions dans le sable qui fume,
Et couchait près des lacs ses troupeaux d'éléphants.

Mais sur la plage aride aux odeurs insalubres,
Parmi des ossements de bœufs et de chevaux,
De maigres chiens, épars, allongeant leurs museaux,
Se lamentaient, poussant des hurlements lugubres.

La queue en cercle sous leurs ventres palpitants,
L'œil dilaté, tremblant sur leurs pattes fébriles,
Accroupis çà et là, tous hurlaient, immobiles,
Et d'un frisson rapide agités par instants.

L'écume de la mer collait sur leurs échines
De longs poils qui laissaient les vertèbres saillir ;
Et, quand les flots par bonds les venaient assaillir ;
Leurs dents blanches claquaient sous leurs rouges babines.

Devant la lune errante aux livides clartés,
Quelle angoisse inconnue, au bord des noires ondes,
Faisait pleurer une âme en vos formes immondes?
Pourquoi gémissiez-vous, spectres épouvantés?

Je ne sais ; mais, ô chiens qui hurliez sur les plages,
Après tant de soleils qui ne reviendront plus,
J'entends toujours, du fond de mon passé confus,
Le cri désespéré de vos douleurs sauvages!

LES ÉLÉPHANTS

Le sable rouge est comme une mer sans limite,
Et qui flambe, muette, affaissée en son lit.
Une ondulation immobile remplit
L'horizon aux vapeurs de cuivre où l'homme habite.

Nulle vie et nul bruit. Tous les lions repus
Dorment au fond de l'antre éloigné de cent lieues,
Et la girafe boit dans les fontaines bleues,
Là-bas, sous les dattiers des panthères connus.

Pas un oiseau ne passe en fouettant de son aile
L'air épais où circule un immense soleil.
Parfois quelque boa, chauffé dans son sommeil,
Fait onduler son dos dont l'écaille étincelle.

Tel l'espace enflammé brûle sous les cieux clairs ;
Mais, tandis que tout dort aux mornes solitudes,
Les éléphants rugueux, voyageurs lents et rudes,
Vont au pays natal à travers les déserts.

D'un point de l'horizon, comme des masses brunes,
Ils viennent, soulevant la poussière, et l'on voit,
Pour ne point dévier du chemin le plus droit,
Sous leur pied large et sûr crouler au loin les dunes.

Celui qui tient la tête est un vieux chef. Son corps
Est gercé comme un tronc que le temps ronge et mine
Sa tête est comme un roc, et l'arc de son échine
Se voûte puissamment à ses moindres efforts.

Sans ralentir jamais et sans hâter sa marche,
Il guide au but certain ses compagnons poudreux ;
Et creusant par derrière un sillon sablonneux,
Les pèlerins massifs suivent leur patriarche.

L'oreille en éventail, la trompe entre les dents,
Ils cheminent, l'œil clos. Leur ventre bat et fume,
Et leur sueur dans l'air embrasé monte en brume,
Et bourdonnent autour mille insectes ardents.

Mais qu'importent la soif et la mouche vorace,
Et le soleil cuisant leur dos noir et plissé ?
Ils rêvent en marchant du pays délaissé,
Des forêts de figuiers où s'abrita leur race.

Ils reverront le fleuve échappé des grands monts,
Où nage en mugissant l'hippopotame énorme ;
Où, blanchis par la lune, et projetant leur forme,
Ils descendaient pour boire en écrasant les joncs.

Aussi, pleins de courage et de lenteur ils passent
Comme une ligne noire, au sable illimité ;
Et le désert reprend son immobilité
Quand les lourds voyageurs à l'horizon s'effacent.

LE DÉSERT

Quand le Bédouin qui va de l'Horeb en Syrie,
Lie au tronc du dattier sa cavale amaigrie,
Et sous l'ombre poudreuse où sèche le fruit mort,
Dans son rude manteau s'enveloppe et s'endort ;
Revoit-il, faisant trêve aux ardentes fatigues,
La lointaine oasis où rougissent les figues,
Et l'étroite vallée où campe sa tribu,
Et la source courante où ses lèvres ont bu,
Et les brebis bêlant, et les bœufs à leurs crèches,
Et les femmes causant près des citernes fraîches ;
Ou, sur le sable, en rond, les chameliers assis,
Aux lueurs de la lune écoutant les récits ?
Non, par delà le cours des heures éphémères,
Son âme est en voyage au pays des chimères ;

Il rêve qu'Alborak, le cheval glorieux,
L'emporte en hennissant dans la hauteur des cieux ;
Il tressaille, et croit voir, par les nuits enflammées,
Les filles de Djennet à ses côtés pâmées.
De leurs cheveux plus noirs que la nuit de l'enfer
Monte un âcre parfum qui lui brûle la chair ;
Il crie, il veut saisir, presser sur sa poitrine,
Entre ses bras tendus sa vision divine ;
Mais sur la dune au loin le chacal a hurlé,
Sa cavale piétine et son rêve est troublé.
Plus de Djennet, partout la flamme et le silence,
Et le grand ciel cuivré sur l'étendue immense.

Dans sa halte d'un jour, sous l'arbre desséché,
Tout rêveur, haletant de vivre, s'est couché,
Et comme le Bédouin, ployé de lassitude,
A dormi ton sommeil, ô morne solitude !
Oublieux de la terre, et d'un cœur irrité,
Il veut saisir l'amour dans son éternité ;
Et toujours il renaît à la vie inféconde
Pâle et désespéré dans le désert du monde.

LE RUNOIA

POEME

Chassée en tourbillons du Pôle solitaire,
La neige primitive enveloppe la terre ;
Livide, et s'endormant de l'éternel sommeil,
Dans la divine mer s'est noyé le soleil.
A travers les pins blancs qu'il secoue et qu'il ploie
Le vent gronde. La pluie aux grains de fer tournoie
Et disperse, le long des flots amoncelés,
De grands troupeaux de loups hurlants et flagellés.
Seule, immobile au sein des solitudes mornes,
Pareille au sombre Ymer évoqué par les Nornes,
Muette dans l'orage, inébranlable aux vents,
Et la tête plongée aux nuages mouvants,
Sur le cap nébuleux, sur le haut promontoire,
La tour de Runoïa se dresse toute noire :
Noire comme la nuit, haute comme les monts,
Et tournée à la fois vers les quatre horizons.

Mille torches pourtant flambent autour des salles,
Et nul souffle n'émeut leurs flammes colossales.
Des ours d'or accroupis portent de lourds piliers
Où pendent les grands arcs, les pieux, les boucliers,
Les carquois hérissés de traits aux longues pennes,
Des peaux de loups géants et des rameaux de rennes ;
Et là, mille chasseurs, assis confusément,
Versent des cruches d'or l'hydromel écumant.

Les Runoïas, dans l'ombre allumant leur paupière,
Se courbent haletants sur les harpes de pierre :
Les antiques récits se déroulent en chœur,
Et le sang des aïeux remonte dans leur cœur.
Mais le vieux roi du Nord, à la barbe de neige,
Reste silencieux et pensif sur son siége.
Un éternel souci ride le front du Dieu :
Il couvre de Runes la peau d'un serpent bleu,
Et rêve inattentif aux hymnes héroïques.
Un réseau d'or le ceint de ses anneaux magiques :
Sa cuirasse est d'argent, sa tunique est de fer ;
Ses yeux ont le reflet azuré de la mer.
Auprès du Dieu, debout dans sa morne attitude,
Est le guerrier muet qu'on nomme Inquiétude.

LES RUNOÏAS

Où sont les héros morts, rois de la haute mer,
Qui heurtaient le flot lourd du choc des nefs solides ?
Ils ne sentiront plus l'âpre vent de l'hiver
Et la grêle meurtrir leurs faces intrépides.
O guerriers énervés qui chassez par les monts
Les grands élans rameux source de l'abondance,
Vos pères sont couchés dans les épais limons :
Leur suaire est d'écume et leur tombe est immense.

LES CHASSEURS

La paix est sur la terre. Il nous faut replier
La voile rouge autour des mâts chargés d'entraves,
Et pendre aux murs les pieux, l'arc et le bouclier.
Runoïas ! le repos est nécessaire aux braves.

Nos glaives sont rouillés, nos navires sont vieux ;
L'or des peuples vaincus encombre nos demeures :
Pour mieux jouir des biens conquis par nos aïeux,
Puissions-nous ralentir le cours des promptes heures !

LES RUNOÏAS

Ecoutez vos enfants, guerriers des jours anciens !
La hache du combat pèse à leurs mains débiles :
Comme de maigres loups ils dévorent vos biens,
Et le sang est tari dans leurs veines stériles.
Mais non, dormez ! Mieux vaut votre cercueil mouvant,
Votre lit d'algue au sein de la mer soulevée ;
Mieux vaut l'hymne orageux qui roule avec le vent,
Que d'entendre et de voir votre race énervée !
Mangez, buvez, enfants dégénérés des forts,
Race sans gloire ! Et vous comme l'acier trempées,
Ames de nos aïeux, essaim de noirs remords,
Saluez à jamais le siècle des épées !

LES CHASSEURS

Nous partirons demain, joyeux et l'arc au dos ;
Nous forcerons les cerfs paissant les mousses rudes ;
Et vers la nuit, courbés sous d'abondants fardeaux,
Nous reviendrons en paix du fond des solitudes.
Les filles aux yeux clairs plus doux que le matin,
De leur pied rose et nu, promptes comme le renne,
Accourront sur la neige, et pour le gras festin
Feront jaillir le feu sous les broches de frêne.
L'hydromel écumeux déborde aux cruches d'or :
Laissons chanter l'ivresse et se rouiller les glaives,

Et l'orage éternel qui nous épargne encor
Avec les vains labeurs emporter les vieux rêves!

LE RUNOÏA

Runoïas! le soleil suprême est-il levé?
A-t-il rougi le ciel le jour que j'ai rêvé?
Avez-vous entendu la vieille au doigt magique
Frapper l'heure et l'instant sur le tambour runique?
L'aigle a-t-il délaissé le faîte de la tour?
Répondez, mes enfants, avez-vous vu le jour?

LES RUNOÏAS

Vieillard de Karjala, la nuit est noire encore,
Et le cap nébuleux n'a point revu l'aurore.

LE RUNOÏA

Il vient! il a franchi l'épaisseur de nos bois;
Le fleuve aux glaçons bleus fond et chante à sa voix;
Les grands loups de Pohja, gémissant de tendresse,
Ont clos leurs yeux sanglants sous sa douce caresse.
Le cheval aux crins noirs, l'étalon carnassier
Dont les pieds sont d'airain, dont les dents sont d'acier,
Qui rue et qui hennit dans les steppes divines,
Reçoit le mors dompteur de ses mains enfantines.

LES RUNOÏAS

Eternel Runoïa, qu'as-tu vu dans la nuit?
L'ombre immense du ciel roule, pleine de bruit,
A travers les forêts par le vent secouées;
La neige en tourbillons durcit dans les nuées.

LE RUNOÏA

Mes fils, je vois venir le Roi des derniers temps,
Faible et rose, couvert de langes éclatants.
L'étroit cercle de feu qui ceint ses tempes nues,
Comme un rayon d'été perce les noires nues;
Il sourit à la mer furieuse, et les flots
Courbent leur dos d'écume et calment leurs sanglots.
Les rafales de fer qui brisent les ramures
Et des aigles marins rompent les envergures,
N'osent sur son cou frêle effleurer ses cheveux,
Et l'aube d'un grand jour jaillit de ses yeux bleus !

LES CHASSEURS

La vieille de Pohja, la reine des sorcières,
A ri dans ton oreille et brûlé tes paupières,
Vieillard de Karjala, roi des hautes forêts !
Comme le cerf dompté qui brame dans les rêts,
Tu gémis, enlacé d'enchantements magiques.
Père des Runoïas, dieu des races antiques,
Vois ! nous chantons, puisant l'oubli des jours mauvais
Dans les flots enivrants de l'hydromel épais.
Imite-nous, ô chef des sacrés promontoires,
Et buvons sans pâlir aux temps expiatoires.

LE RUNOÏA

Ils sont venus ! Mes fils ont outragé mon nom !
Quand sur l'enclume d'or l'éternel forgeron,
Ilmarinenn eût fait le couvercle du monde,
La tente d'acier pur étincelante et ronde,

Et du marteau divin fixé dans l'air vermeil
Les étoiles d'argent, la lune et le soleil ;
Voyant le feu jaillir de la forge splendide,
J'ai dit que le travail était bon et solide,
J'ai menti. L'ouvrier fit mal. Il valait mieux
Dans le brouillard glacé laisser dormir les cieux.
Quand de l'œuf primitif j'eus fait sortir les germes,
Battre la mer houleuse et monter les caps fermes,
Gronder les ours, hurler les loups, bondir les cerfs,
Et verdir les bouleaux sur le sein des déserts ;
J'ai vu que mieux valaient le vide et le silence.
Quand j'eus conçu l'enfant de ma toute-puissance,
L'homme, le roi du monde et le sang de ma chair,
Son crâne fut de plomb et son cœur fut de fer.
J'en jure les Runas, ma couronne et mon glaive,
J'ai mal songé le monde et l'homme dans mon rêve !

La porte aux ais de fer, aux trois barres d'airain,
Sur ses gonds ébranlés roule et s'ouvre soudain ;
Une femme, un enfant, dans la salle sonore
Entrent, enveloppés d'une vapeur d'aurore.
Les cheveux hérissés de colère, le Roi
Tord la bouche, et frémit en son âme. L'effroi,
Comme un souffle incertain au noir monceau des nues,
Circule dans la foule en clameurs contenues.

LE RUNOÏA

Chasseurs d'ours et de loups, debout, ô mes guerriers !
Écrasez cet enfant sous les pieux meurtriers ;
Jetez dans les marais, sous l'onde envenimée,
Ses membres encor chauds, sa tête inanimée...
Et vous, ô Runoïas, enchantez le maudit !

Mais l'Enfant, d'une voix forte et douce, lui dit :

Je suis le dernier-né des familles divines,
Le fruit de leurs sillons, la fleur de leurs ruines,
L'Enfant tardif, promis au monde déjà vieux,
Qui dormis deux mille ans dans le berceau des dieux,
Et, m'éveillant hier sur le fumier rustique,
Fus adoré des rois de l'Ariane antique.
O Runoïa ! courbé du poids de cent hivers,
Qui rêves dans ta tour aux murmures des mers,
Je suis le sacrifice et l'angoisse féconde ;
Je suis l'Agneau chargé des souillures du monde ;
Et je viens apporter à l'homme épouvanté
Le mépris de la vie et de la volupté !
Et l'homme, couronné des fleurs de son ivresse,
Poussera tout à coup un sanglot de détresse ;
Dans sa fête éclatante un éclair aura lui :
La mort et le néant passeront devant lui.
Et les heureux du monde, altérés de souffrance,
Boiront avec mon sang l'éternelle espérance,
Et loin du siècle impur, sur le sable brûlant,
Mourront les yeux tournés vers un gibet sanglant.
Je romprai le lien des cœurs, et sans mesure
J'élargirai dans l'âme une ardente blessure.
La vierge maudira sa grâce et sa beauté ;
L'homme se reniera dans sa virilité ;
Et les sages, rongés par les doutes suprêmes,
Sur leurs genoux ployés inclinant leurs fronts blêmes,
Honteux d'avoir vécu, honteux d'avoir pensé,
Purifieront au feu leur labeur insensé.
Les siècles écoulés que l'œil humain pénètre,
Rentreront dans la nuit pour ne jamais renaître,

Je verserai l'oubli sur les dieux, mes aînés,
Et je prosternerai leurs fronts découronnés,
Parmi les blocs épars de l'Orient torride,
Plus bas que l'herbe vile et la poussière aride ;
Et pour l'éternité, sous l'eau vive des cieux,
Le bon grain germera dans le fumier des dieux.
Maintenant, es-tu prêt à mourir, Roi du Pôle?
As-tu noué ta robe autour de ton épaule,
Chanté ton chant suprême au monde, et dit adieu
A ce soleil qui voit le dernier jour d'un dieu?

LE RUNOÏA

O neiges, qui tombez du ciel inépuisable,
Houles des hautes mers qui blanchissez le sable,
Vents qui tourbillonnez sur les caps, dans les bois,
Et qui multipliez en lamentables voix,
Par delà l'horizon des steppes infinies,
Le retentissement des mornes harmonies!
Montagnes, que mon souffle a fait germer ; torrents
Où s'étanche la soif de mes peuples errants :
Vous, fleuves, échappés des assises polaires,
Qui roulez à grand bruit sous les pins séculaires!
Et vous, Vierges, dansant sur la courbe des cieux,
Filles des claires nuits, si belles à mes yeux,
Otawas! qui versez de vos urnes dorées
La rosée et la vie aux plaines altérées!
Et vous, brises du jour, qui bercez les bouleaux,
Vous, îles, qui flottez sur l'écume des eaux ;
Et vous, noirs étalons, ours des gorges profondes,
Loups qui hurlez, Élans aux courses vagabondes ;
Et vous, brouillards d'hiver, et vous, brèves clartés,

Qui flamboyez une heure au front d'or des étés !
Tous ! venez tous, enfants de ma pensée austère,
Forces, grâces, splendeurs du ciel et de la terre ;
Dites-moi si mon cœur est près de se tarir :
Monde que j'ai conçu, dis-moi s'il faut mourir !

L'ENFANT

La neige que l'orage en lourdes nappes fouette
Sur la côte glacée est à jamais muette.
Les clameurs de la mer ne te diront plus rien.
La nuit est sans oreille, et sur le cap ancien,
Le vent emporte, avec l'écume dispersée,
Comme un écho perdu ta parole insensée.
Les fleuves et les monts n'entendent plus ta voix ;
Tout l'univers, aveugle et stupide à la fois,
Roule comme un cadavre aux Steppes de l'espace.
J'ai pris l'âme du monde, et sa force et sa grâce ;
Et pour l'homme et pour toi, triste et vieux dans ta tour,
La nature divine est morte sans retour !

LES RUNOÏAS

O Roi, que tardes-tu ? nos mains sont enchaînées
Par des liens plus forts que le poids des années.
Brise l'enchantement qui nous tient asservis,
Et nous écraserons l'Enfant sur le parvis.
O Roi, parle ! ou du moins si ta langue est liée,
Médite en ton esprit la science oubliée ;
Et, pour nous arracher à nos doutes amers,
Grave les Runas d'or qui règlent l'univers.

L'ENFANT

Vous ne chanterez plus sur les harpes de pierre,
D'un dieu qui va mourir, prêtres désespérés !
Mon souffle a dissipé comme un peu de poussière
Et la science antique et les chants inspirés.
Vous ne charmerez plus les oreilles humaines :
Mon nom leur paraîtra plus vénérable et doux.
Pareils aux bruits mourants des tempêtes lointaines,
Les vieux jours dans l'oubli rentreront avec vous.
Les peuples railleront votre vaine sagesse,
Et d'un pied dédaigneux foulant vos os proscrits,
Prendront, pour obéir à ma loi vengeresse,
Votre mémoire en haine et vos noms en mépris.
Le siècle vous rejette, et la mort vous convie :
Subissez-la, muets, comme il sied aux cœurs forts ;
Car il faut expier la gloire avec la vie,
Avant de s'endormir auprès des aïeux morts.

LES CHASSEURS

Qu'ils meurent, s'il le faut ! Dans les steppes natales
En chasserons-nous moins le cerf au bond léger ?
Vienne le jour marqué par les Runas fatales,
La querelle des dieux est pour nous sans danger.
Pourvu que l'ours rusé se prenne à nos embûches ;
Que l'arc ne rompe pas, et qu'un chaud hydromel
Au prompt soleil du nord fermente dans les cruches,
Frères, la vie est bonne à vivre sous le ciel !
Vivons ! ouvrons nos cœurs aux ivresses nouvelles ;
Chasser et boire en paix, voilà l'unique bien.
Buvons ! notre sang brûle et nos femmes sont belles ;
Demain n'est pas encore, et le passé n'est rien !

L'ENFANT

Vous descendrez vivants dans ma géhenne en flamme,
Chiens aboyeurs, repus d'hydromel et de chair !
Vous serez consumés des angoisses de l'âme,
Vous vous tordrez hurlants dans le septième enfer !
Pareils aux pins ployés par le mal qui les ronge,
Tristes dès le berceau, sans joie et sans vigueur,
Vos enfants grandiront et vivront comme en songe,
Le glaive du désir enfoncé dans le cœur !
Pleins d'ennuis aux récits des choses disparues,
D'un œil morne ils verront sans plaisir ni regrets,
Par la hache et le feu, sous le choc des charrues,
Tomber la majesté de leurs vieilles forêts.
Ils auront froid et faim sur la terre glacée ;
Ils gémiront d'errer dans les brouillards du Nord ;
Et la volupté même, en leur veine épuisée,
Au lieu d'un sang nouveau fera courir la mort.
Ainsi, Dieu, Runoïas, chasseurs du sol polaire,
Je vous retrancherai de mon sillon jaloux,
Et je ferai germer ma moisson de colère
Sur l'éternelle fange où vous rentrerez tous !

Blanche sous le lin chaste et rude, illuminée
Du nimbe d'or flottant sur sa tête inclinée,
La Vierge d'Orient, une ombre dans les yeux,
Pressait entre ses bras son fils mystérieux ;
Et l'Enfant, sur le sein de la femme pensive
Parlait, et comme au vent tremblait la tour massive,
Et mieux qu'un glaive amer aux mains des combattants,
Sa voix calme plongeait dans les cœurs palpitants.

Plus pâles que les morts esclaves des sorcières,
Qui par les froides nuits rampent dans les bruyères,
Les Runoïas, courbés sous le dur jugement,
Rêvaient, dans leur angoisse et leur énervement.
Comme un dernier rayon qui palpite et dévie,
Ils voulaient ressaisir la pensée et la vie,
Mais leur esprit, semblable aux feuilles des vallons,
Hors d'eux-mêmes, errait en de noirs tourbillons.
Debout, tumultueux, la barbe hérissée,
Et laissant choir soudain la coupe commencée,
Les chasseurs, assaillis de vertige, brisaient
Les cruches où leurs mains incertaines puisaient,
Et les yeux enflammés d'épouvante et d'ivresse,
Vers le vieux roi du Nord criaient pleins de détresse.
Lui, sur son front ridé du souci de la mort,
Sentant passer le souffle ardent d'un Dieu plus fort,
Muet, inattentif aux clameurs élevées,
Evoquait dans son cœur les Runas réservées.

Mais l'Enfant, sur la peau du serpent azuré,
S'inclina doucement comme un rameau doré,
Et coupant deux fois l'air par un signe mystique,
D'un doigt rose effleura l'écriture magique.
Et les Runas fondaient, et des genoux du Dieu
Coulaient sur le parvis en clairs ruisseaux de feu,
Rapides, bondissant, serpentant sur les dalles,
Et brûlant les pieds nus dans le cuir des sandales.
Et les pieux et les arcs saisis sur les piliers,
Les glaives, de leur gaine arrachés par milliers,
Se heurtèrent aux mains de la foule en délire.
Avec des cris de rage et des éclats de rire,
Runoïas et chasseurs, de flammes enlacés,

Se ruaient au combat par élans insensés,
Comme un essaim confus d'abeilles furieuses ;
Ou tels que, vers midi, sous les faux radieuses,
Au rebord des sillons tombent les épis mûrs,
Et le sang jaillissait sur les parois des murs.
Mais voici qu'au milieu de la lutte suprême,
La Tour, en flamboyant, s'affaissa sur soi-même,
Et comme une montagne, en son écroulement,
Emplit la noire nuit d'un long rugissement.

Seul des siens, à travers cette ruine immense,
L'éternel Runoïa descendit en silence.
Dépossédé d'un monde, il lança sur la mer
Sa nacelle d'airain, sa barque à fond de fer ;
Et tandis que le vent, d'une brusque rafale
Tordait les blancs flocons de sa barbe royale,
Les regards attachés aux débris de sa tour,
Il cria dans la nuit : — Tu mourras à ton tour !
J'atteste par neuf fois les Runas immortelles,
Tu mourras comme moi, Dieu des âmes nouvelles,
Car l'homme survivra. Vingt siècles de douleurs
Feront saigner sa chair et ruisseler ses pleurs,
Jusqu'au jour où ton joug subi deux mille années,
Fatiguera le cou des races mutinées ;
Où tes temples dressés parmi les nations
Deviendront en risée aux générations,
Et ce sera ton heure ! et dans ton ciel mystique,
Tu rentreras vêtu du suaire ascétique,
Laissant l'homme futur, indifférent et vieux,
Se coucher et dormir en blasphémant les dieux !

Et nageant dans l'écume et les bruits de l'abîme,
Il disparut, tourné vers l'espace sublime.

LE NAZARÉEN

Quand le Nazaréen, en croix, les mains clouées,
Sentit venir son heure et but le vin amer,
Plein d'angoisse, il cria vers les sourdes nuées,
Et la sueur de sang ruissela de sa chair.

Mais dans le ciel muet de l'infâme colline
Nul n'ayant entendu ce lamentable cri,
Comme un dernier sanglot soulevait sa poitrine,
L'homme désespéré courba son front meurtri.

Toi qui mourais ainsi dans ces jours implacables,
Plus tremblant mille fois et plus épouvanté,
O vivante Vertu ! que les deux misérables
Qui, sans penser à rien, râlaient à ton côté ;

Que pleurais-tu, grande âme, avec tant d'agonie ?
Ce n'était pas ton corps sur la croix desséché,
La jeunesse et l'amour, ta force et ton génie,
Ni l'empire du siècle à tes mains arraché.

Non ! une voix parlait dans ton rêve, ô victime !
La voix d'un monde entier, immense désaveu,
Qui te disait : — Descends de ton gibet sublime,
Pâle crucifié, tu n'étais pas un Dieu !

Tu n'étais ni le pain céleste, ni l'eau vive :
Inhabile pasteur, ton joug est délié !
Dans nos cœurs épuisés, sans que rien lui survive,
Le Dieu s'est refait homme, et l'homme est oublié.

Cadavre suspendu vingt siècles sur nos têtes,
Dans ton sépulcre vide il faut enfin rentrer.
Ta tristesse et ton sang assombrissent nos fêtes;
L'humanité virile est lasse de pleurer.

Voilà ce que disait à ton heure suprême,
L'écho des temps futurs de l'abîme sorti;
Mais tu sais aujourd'hui ce que vaut ce blasphème;
O fils du charpentier, tu n'avais pas menti!

Tu n'avais pas menti! Ton Eglise et ta gloire
Peuvent, ô Rédempteur, sombrer aux flots mouvants:
L'homme peut sans frémir rejeter ta mémoire,
Comme on livre une cendre inerte aux quatre vents.

Tu peux, sur les débris des saintes cathédrales,
Entendre et voir, livide et le front ceint de fleurs,
Se ruer le troupeau des folles saturnales,
Et son rire insulter tes divines douleurs!

Car tu siéges auprès de tes égaux antiques,
Sous tes longs cheveux roux, dans ton ciel chaste et bleu:
Les âmes, en essaims de colombes mystiques,
Vont boire la rosée à tes lèvres de Dieu.

Et comme aux jours altiers de la force romaine,
Comme au déclin d'un siècle aveugle et révolté,
Tu n'auras pas menti, tant que la race humaine
Pleurera dans le temps et dans l'éternité!

CHRISTINE

Une étoile d'or là-bas illumine
Le bleu de la nuit, derrière les monts ;
La lune blanchit la verte colline :
Pourquoi pleures-tu, petite Christine ?
    Il est tard, dormons.

— Mon fiancé dort sous la noire terre,
Dans la froide tombe il rêve de nous.
Laissez-moi pleurer, ma peine est amère ;
Laissez-moi gémir et veiller, ma mère :
    Les pleurs me sont doux.

La mère repose, et Christine pleure,
Immobile auprès de l'âtre noirci.
Au long tintement de la douzième heure,
Un doigt léger frappe à l'humble demeure :
    — Qui donc vient ici ?

— Tire le verrou, Christine, ouvre vite :
C'est ton jeune ami, c'est ton fiancé.
Un suaire étroit à peine m'abrite ;
J'ai quitté pour toi, ma chère petite,
    Mon tombeau glacé.

Et cœur contre cœur tous deux ils s'unissent.
Chaque baiser dure une éternité :
Les baisers d'amour jamais ne finissent.
Ils causent longtemps ; mais les heures glissent,
    Le coq a chanté.

— Le coq a chanté, voici l'aube claire ;
L'étoile s'éteint, le ciel est d'argent.
Adieu, mon amour, souviens-toi, ma chère ;
Les morts vont rentrer dans la noire terre,
    Jusqu'au jugement.

— O mon fiancé, souffres-tu, dit-elle,
Quand le vent d'hiver gémit dans les bois,
Quand la froide pluie aux tombeaux ruisselle ?
Pauvre ami, couché dans l'ombre éternelle,
    Entends-tu ma voix ?

— Au rire joyeux de ta lèvre rose,
Mieux qu'au soleil d'or le pré rougissant,
Mon cercueil s'emplit de feuilles de rose ;
Mais tes pleurs amers, dans ma tombe close,
    Font pleuvoir du sang.

Ne pleure jamais. Ici-bas tout cesse,
Mais le vrai bonheur nous attend au ciel.
Si tu m'as aimé, garde ma promesse :
Dieu nous rendra tout, amour et jeunesse,
    Au jour éternel.

— Non ! je t'ai donné ma foi virginale ;
Pour me suivre aussi, ne mourrais-tu pas ?
Non, je veux dormir ma nuit nuptiale,
Blanche, à tes côtés, sous la lune pâle,
    Morte entre tes bras.

Lui ne répond rien. Il marche et la guide.
A l'horizon bleu le soleil paraît ;
Ils hâtent alors leur course rapide,

Et vont, traversant sur la mousse humide
 La longue forêt.

Voici les pins noirs du vieux cimetière.
— Adieu, quitte-moi, reprends ton chemin ;
Mon unique amour, entends ma prière !
Mais Elle au tombeau descend la première,
 Et lui tend la main.

Et depuis ce jour, sous la croix de cuivre,
Dans la même tombe ils dorment tous deux.
O sommeil divin dont le charme enivre !
Ils aiment toujours. Heureux qui peut vivre
 Et mourir comme eux !

LES ELFES

A Mademoiselle Emma L. de L.

Couronnés de thym et de marjolaine,
Les Elfes joyeux dansent sur la plaine.

Du sentier des bois aux daims familier,
Sur un noir cheval sort un chevalier.
Son éperon d'or brille en la nuit brune ;
Et, quand il traverse un rayon de lune,
On voit resplendir, d'un reflet changeant,
Sur sa chevelure un casque d'argent.

Couronnés de thym et de marjolaine,
Les Elfes joyeux dansent sur la plaine.

Ils l'entourent tous d'un essaim léger
Qui dans l'air muet semble voltiger ;
— Hardi chevalier, par la nuit sereine,
Où vas-tu si tard? dit la jeune Reine.
De mauvais esprits hantent les forêts ;
Viens danser plutôt sur les gazons frais.

Couronnés de thym et de marjolaine,
Les Elfes joyeux dansent sur la plaine.

— Non! ma fiancée aux yeux clairs et doux
M'attend, et demain nous serons époux.
Laissez-moi passer, Elfes des prairies,
Qui foulez en rond les mousses fleuries ;
Ne m'attardez pas loin de mon amour,
Car voici déjà les lueurs du jour.

Couronnés de thym et de marjolaine,
Les Elfes joyeux dansent sur la plaine.

— Reste, chevalier. Je te donnerai
L'opale magique et l'anneau doré,
Et ce qui vaut mieux que gloire et fortune,
Ma robe filée au clair de la lune.
— Non! dit-il. — Va donc! — Et de son doigt blanc
Elle touche au cœur le guerrier tremblant.

Couronnés de thym et de marjolaine,
Les Elfes joyeux dansent sur la plaine.

Et sous l'éperon le noir cheval part,
Il court, il bondit et va sans retard;

Mais le chevalier frissonne et se penche.
Il voit sur la route une forme blanche
Qui marche sans bruit et lui tend les bras :
— Elfe, esprit, démon, ne m'arrête pas !

Couronnés de thym et de marjolaine,
Les Elfes joyeux dansent sur la plaine.

Ne m'arrête pas, fantôme odieux !
Je vais épouser ma belle aux doux yeux.
— O mon cher époux, la tombe éternelle
Sera notre lit de noce, dit-elle :
Je suis morte ! — Et lui, la voyant ainsi,
D'angoisse et d'amour tombe mort aussi.

Couronnés de thym et de marjolaine,
Les Elfes joyeux dansent sur la plaine.

LE COLIBRI

Le vert colibri, le roi des collines,
Voyant la rosée et le soleil clair
Luire dans son nid tissé d'herbes fines,
Comme un frais rayon s'échappe dans l'air.

Il se hâte et vole aux sources voisines,
Où les bambous font le bruit de la mer;

Où l'açoka rouge, aux odeurs divines,
S'ouvre, et porte au cœur un humide éclair.

Vers la fleur dorée il descend, se pose,
Et boit tant d'amour dans la coupe rose,
Qu'il meurt, ne sachant s'il l'a pu tarir.

Sur ta lèvre pure, ô ma bien-aimée,
Telle aussi mon âme eût voulu mourir
Du premier baiser qui l'a parfumée !

TRE FILA D'ORO

Là-bas, sur la mer, comme l'hirondelle,
Je voudrais m'enfuir, et plus loin encor !
Mais j'ai beau vouloir, puisque la cruelle
A lié mon cœur avec trois fils d'or !

L'un est son regard, l'autre, son sourire,
Le troisième, enfin, est sa lèvre en fleur ;
Mais je l'aime trop, c'est un vrai martyre :
Avec trois fils d'or elle a pris mon cœur.

Oh ! si je pouvais dénouer ma chaîne !
Adieu, pleurs, tourments ; je prendrais l'essor.
Mais non, non ! mieux vaut mourir à la peine,
Que de vous briser, ô mes trois fils d'or !

LES DAMNÉS

La terre était immense et la nue était morne,
Et j'étais comme un mort en ma tombe enfermé ;
Et j'entendais gémir dans l'espace sans borne
Ceux dont le cœur saigna pour avoir trop aimé.

Femmes, adolescents, hommes, vierges pâlies,
Nés aux siècles anciens, enfants des jours nouveaux,
Qui, rongés de désirs et de mélancolies,
Se dressaient devant moi du fond de leurs tombeaux.

Plus nombreux que les flots amoncelés aux grèves,
Dans un noir tourbillon de haine et de douleurs,
Tous ces suppliciés des impossibles rêves
Roulaient, comme la mer, les yeux brûlés de pleurs.

Et sombre, le front nu, les ailes flamboyantes,
Les flagellant encor de désirs furieux,
Derrière le troupeau des âmes défaillantes
Volait le vieil Amour, le premier-né des dieux.

De leur plainte irritant la lugubre harmonie,
Lui-même consumé du mal qu'il fait subir,
Il chassait, à travers l'étendue infinie,
Ceux qui sachant aimer n'en ont point su mourir.

Et moi, je me levais de ma tombe glacée ;
Un souffle au milieu d'eux m'emportait sans retour ;
Et j'allais, me mêlant à la course insensée,
Aux lamentations des damnés de l'amour.

O morts livrés aux fouets des tardives déesses,
O Titans enchaînés dans l'Érèbe éternel,
Heureux! vous ignoriez ces affreuses détresses,
Et vous n'aviez perdu que la terre et le ciel !

LA CHANSON DU ROUET

O mon cher rouet, ma blanche bobine,
Je vous aime mieux que l'or et l'argent!
Vous me donnez tout, lait, beurre et farine,
Et le gai logis, et le vêtement.
Je vous aime mieux que l'or et l'argent,
O mon cher rouet, ma blanche bobine!

O mon cher rouet, ma blanche bobine,
Vous chantez dès l'aube avec les oiseaux;
Été comme hiver, chanvre ou laine fine,
Par vous, jusqu'au soir, charge les fuseaux.
Vous chantez dès l'aube avec les oiseaux,
O mon cher rouet, ma blanche bobine!

O mon cher rouet, ma blanche bobine,
Vous me filerez mon suaire étroit,
Quand près de mourir, et courbant l'échine,
Je ferai mon lit éternel et froid.

Vous me filerez mon suaire étroit,
O mon cher rouet, ma blanche bobine !

Imité de Burns.

L'ARC DE ÇIVA

Le vieux Daçaratha, sur son siége d'érable,
Depuis trois jours entiers, depuis trois longues nuits,
Immobile, l'œil cave et lourd d'amers ennuis,
    Courbe sa tête vénérable.

Son dos maigre est couvert de ses grands cheveux blancs,
Et sa robe est souillée. Il l'arrache et la froisse.
Puis il gémit tout bas, pressant avec angoisse
    Son cœur de ses deux bras tremblants.

A l'ombre des piliers aux lignes colossales,
Où le lotus sacré s'épanouit en fleurs,
Ses femmes, ses guerriers respectent ses douleurs,
    Muets, assis autour des salles.

Le vieux roi dit : Je meurs de chagrin consumé.
Qu'on appelle Rama, mon fils plein de courage.
Tous se taisent. Les pleurs inondent son visage.
    Il dit : O mon fils bien-aimé !

Lève-toi, Lakçmana ! Attele deux cavales
Au char de guerre, et prends ton arc et ton carquois.
Va ! Parcours les cités, les montagnes, les bois,
    Au bruit éclatant des cymbales.

Dis à Rama qu'il vienne. Il est mon fils aîné,
Le plus beau, le plus brave, et l'appui de ma race.
Et mieux vaudrait pour toi, si tu manques sa trace,
    Malheureux ! n'être jamais né.

Le jeune homme aux yeux noirs se levant plein de crainte,
Franchit en bondissant les larges escaliers :
Il monte sur son char avec deux cymbaliers,
    Et fuit hors de la cité sainte.

Tandis que l'attelage aux jarrets vigoureux
Hennit et court, il songe en son âme profonde :
Que ferai-je ? où trouver, sur la face du monde,
    Rama, mon frère généreux ?

Certes, la terre est grande, et voici bien des heures
Que l'exil l'a chassé du palais paternel,
Et que sa douce voix, par un arrêt cruel,
    N'a retenti dans nos demeures,

Tel Lakçmana médite. Et pourtant, jour et nuit,
Il traverse cités, vallons, montagne et plaine.
Chaque cavale souffle une brûlante haleine,
    Et leur poil noir écume et luit.

— Avez-vous vu Rama, laboureurs aux mains rudes ?
Et vous, filles du fleuve aux flots de limons ?
Et vous, fiers cavaliers qui descendez des monts,
    Chasseurs des hautes solitudes ?

— Non ! nous étions courbés sur le sol nourricier.
—Non ! nous lavions nos corps dans l'eau qui rend plus belles.
— Non, Radjah ! nous percions les daims et les gazelles
    Et le léopard carnassier.

Et Lakçmana soupire en poursuivant sa route.
Il a franchi les champs où germe et croît le riz ;
Il s'enfonce au hasard dans les sentiers fleuris
    Des bois à l'immobile voûte.

— Avez-vous vu Rama, contemplateurs pieux,
L'archer, certain du but, brave entre les plus braves ?
— Non ! le rêve éternel a fermé nos yeux caves,
    Et nous n'avons vu que les dieux !

A travers les nopals aux tiges acérées,
Et les buissons de ronce et les rochers épars,
Et le taillis épais inaccessible aux chars,
    Il va par les forêts sacrées.

Mais voici qu'un cri rauque, horrible, furieux,
Trouble la solitude où planait le silence.
Le jeune homme frémit dans son cœur, et s'élance,
    Tendant l'oreille, ouvrant les yeux.

Un Rakças de Lanka, noir comme un ours sauvage,
Les cheveux hérissés, bondit dans le hallier.
Il porte une massue et la fait tournoyer,
    Et sa bouche écume de rage.

En face, roidissant son bras blanc et nerveux,
Le grand Rama sourit et tend son arc qui ploie,
Et sur son large dos comme un nuage ondoie
    L'épaisseur de ses longs cheveux.

Un pied sur un tronc d'arbre échoué dans les herbes,
L'autre en arrière, il courbe avec un mâle effort
L'arme vibrante où luit, messagère de mort,
    La flèche aux trois pointes acerbes.

Soudain, du nerf tendu part en retentissant
Le trait aigu. L'éclair a moins de promptitude.
Et le Rakças rejette, en mordant le sol rude,
    Sa vie immonde avec son sang.

— Rama Daçarathide, honoré des Brahmanes,
Toi dont le sang est pur et dont le corps est blanc,
Dit Lakçmana, salut, dompteur étincelant
    De toutes les races profanes !

Salut, mon frère aîné, toi qui n'as point d'égal !
O purificateur des forêts ascétiques,
Daçaratha, courbé sous les ans fatidiques,
    Gémit sur son siège royal.

Les larmes dans les yeux, il ne dort ni ne mange ;
La pâleur de la mort couvre son noble front.
Il t'appelle : ses pleurs ont lavé ton affront,
    Mon frère, et sa douleur te venge.

Rama lui dit : — J'irai. Tous deux sortent des bois
Où gît le noir Rakças dans les herbes humides,
Et montent sur le char aux sept jantes solides,
    Qui crie et cède sous leur poids.

La forêt disparaît. Ils franchissent vallées,
Fleuves, plaines et monts ; et, tout poudreux, voilà
Qu'ils s'arrêtent devant la grande Mytila,
    Aux cent pagodes crénelées.

D'éclatantes clameurs emplissent la cité,
Et le Roi les accueille et dit : — Je te salue,
Chef des guerriers, effroi de la race velue,
    Toute noire d'iniquité !

Puisses-tu, seul de tous, tendre, ô Daçarathide,
L'arc immense d'or pur que Civa m'a donné ;
Ma fille est le trésor par les dieux destiné
    A qui ploiera l'arme splendide.

— Je briserai cet arc comme un rameau flétri :
Les Dêvas m'ont promis la plus belle des femmes !
Il saisit l'arme d'or d'où jaillissent des flammes,
    Et la tend d'un bras aguerri.

Et l'arc ploie et se brise avec un bruit terrible.
La foule se prosterne et tremble. Le Roi dit :
— Puisse un jour Ravano, sept fois vil et maudit,
    Tomber sous la flèche invincible !

Sois mon fils. — Et l'époux immortel de Çita,
Grâce aux dieux incarnés qui protègent les justes,
Plein de gloire, revit ses demeures augustes
    Et le vieux roi Daçaratha.

SOUVENIR

Le ciel, aux lueurs apaisées,
Rougissait le feuillage épais,
Et d'un soir de mai, doux et frais,
On sentait perler les rosées.

Tout le jour, le long des sentiers,
Vous aviez, aux mousses discrètes,
Cueilli les pâles violettes,
Et défleuri les églantiers!

Vous aviez fui, vive et charmée,
Par les taillis, en plein soleil;
Un flot de sang jeune et vermeil
Pourprait votre joue animée.

L'écho d'argent de votre voix
Avait sonné sous les yeuses,
D'où les fauvettes envieuses
Répondaient toutes à la fois.

Et rien n'était plus doux au monde
Que de voir, sous les bois profonds,
Vos yeux si beaux, sous leurs cils longs,
Etinceler, bleus comme l'onde!

O jeunesse, innocence, azur!
Aube adorable qui se lève!
Vous étiez comme un premier rêve
Qui fleurit au fond d'un cœur pur!

Le souffle des tièdes nuées,
Voyant les roses se fermer,
Effleurait, pour s'y parfumer,
Vos blondes tresses dénouées.

Et déjà vous reconnaissant
A votre grâce fraternelle,
L'étoile du soir, blanche et belle,
S'éveillait à l'Est pâlissant.

C'est alors que, lasse, indécise,
Rose, et le sein tout palpitant,
Vous vous blottites un instant
Dans le creux d'un vieux chêne assise.

Un rayon, par l'arbre adouci,
Teignait de nuances divines
Votre cou blanc, vos boucles fines :
Que vous étiez charmante ainsi !

Autour de vous les rameaux frêles,
En vertes corbeilles tressés,
Enfermaient vos bras enlacés,
Comme un oiseau fermant ses ailes ;

Ou co... la Dryade enfant,
Qui do... ignorant elle-même,
Et va rêver d'un dieu qui l'aime
Sous l'écorce qui la défend !

Nous vous regardions en silence.
Vos yeux étaient clos ; dormiez-vous ?
Dans quel monde joyeux et doux
L'emportais-tu, jeune Espérance ?

Lui disais-tu qu'il est un jour
Où, loin de la terre natale,
La vierge, d'une aile idéale,
S'envole au ciel bleu de l'amour ?

Qui sait ? l'oiseau sous la feuillée
Hésite et n'a point pris l'essor,
Et la Dryade rêve encor...
Un Dieu ne l'a point éveillée !

LE VENT FROID DE LA NUIT

A Pierre Dubois

Le vent froid de la nuit siffle à travers les branches,
Et casse par moments les rameaux desséchés ;
La neige, sur la plaine où les morts sont couchés,
Comme un suaire étend au loin ses nappes blanches.

En ligne noire, au bord de l'étroit horizon,
Un long vol de corbeaux passe en rasant la terre,
Et quelques chiens, creusant un tertre solitaire,
Entre-choquent les os dans le rude gazon.

J'entends gémir les morts sous les herbes froissées.
O pâles habitants de la nuit sans réveil,
Quel amer souvenir, troublant votre sommeil,
S'échappe en sourds sanglots de vos lèvres glacées ?

Oubliez, oubliez ! vos cœurs sont consumés ;
De sang et de chaleur vos artères sont vides.
O morts, morts bienheureux, en proie aux vers avides,
Souvenez-vous plutôt de la vie, et dormez !

Ah ! dans vos lits profonds quand je pourrai descendre,
Comme un forçat vieilli qui voit tomber ses fers,
Que j'aimerai sentir, libre des maux soufferts,
Ce qui fut moi rentrer dans la commune cendre !

Mais, ô songe, les morts se taisent dans leur nuit.
C'est le vent, c'est l'effort des chiens à leur pâture ;
C'est ton morne soupir, implacable nature !
C'est mon cœur ulcéré qui pleure et qui gémit.

Tais-toi. Le ciel est sourd, la terre te dédaigne.
A quoi bon tant de pleurs si tu ne peux guérir ?
Sois comme un loup blessé qui se tait pour mourir
Et qui mord le couteau de sa gueule qui saigne.

Encore une torture, encore un battement.
Puis rien. La fosse s'ouvre, un peu de chair y tombe ;
Et l'herbe de l'oubli, cachant bientôt la tombe,
Sur tant de vanité croît éternellement.

L'ANATHÈME

A Eugène Maron

Si nous vivions au siècle où les dieux éphémères
Se couchaient pour mourir avec le monde ancien,
Et de l'homme et du ciel détachant le lien,
Rentraient dans l'ombre auguste où résident les Mères;

Les regrets, les désirs, comme un vent furieux,
Ne courberaient encor que les âmes communes;
Il serait beau d'être homme en de telles fortunes,
Et d'offrir le combat au sort injurieux.

Mais nos jours valent-ils le déclin du vieux monde?
Le temps, Nazaréen, a tenu ton défi;
Et pour user un Dieu deux mille ans ont suffi,
Et rien n'a palpité dans sa cendre inféconde.

Heureux les morts! L'écho lointain des chœurs sacrés
Flottait à l'horizon de l'antique sagesse;
Les suprêmes lueurs des soleils de la Grèce
Luttaient avec la nuit sur des fronts inspirés.

Dans le pressentiment de forces inconnues,
Déjà plein de Celui qui ne se montrait pas,
O Paul, tu rencontrais, au chemin de Damas,
L'éclair inespéré qui jaillissait des nues!

Notre nuit est plus noire et le jour est plus loin.
Que de sanglots perdus sous le ciel solitaire!

Que de flots d'un sang pur sont versés sur la terre
Et fument, ignorés d'un éternel témoin !

Comme l'Essénien, au bout de son supplice,
Désespéré d'être homme et doutant d'être un dieu,
Las d'attendre l'Archange et les langues de feu,
Les peuples flagellés ont tari leur calice.

Ce n'est pas que le fer et la torche à la main,
Le Gépide ou le Hun les foule et les dévore ;
Qu'un empire agonise, et qu'on entende encore
Les chevaux d'Alarik hennir dans l'air romain.

Non ! le poids est plus lourd qui les courbe et les lie ;
Et, corrodant leur cœur d'avarice enflammé,
L'idole au ventre d'or, le Moloch affamé
S'assied, la pourpre au dos, sur la terre avilie.

Un air impur étreint le globe dépouillé
Des bois qui l'abritaient de leur manteau sublime ;
Les monts sous des pieds vils ont abaissé leur cime ;
Le sein mystérieux de la mer est souillé.

Les Ennuis énervés, spectres mélancoliques,
Planent d'un vol pesant sur un monde aux abois ;
Et voici qu'on entend gémir comme autrefois
L'Ecclésiaste assis sous les cèdres bibliques.

Plus de transports sans frein vers un ciel inconnu,
Plus de regrets sacrés, plus d'immortelle envie...
Hélas ! des coupes d'or où nous buvions la vie
Nos lèvres ni nos cœurs n'auront rien retenu.

O mortelles langueurs, ô jeunesse en ruine,
Vous ne contenez plus que cendre et vanité !

L'amour ! l'amour est mort avec la volupté ;
Nous avons renié la passion divine !

Pour quel dieu désormais brûler l'orge et le sel ?
Sur quel autel détruit verser les vins mystiques ?
Pour qui faire chanter les lyres prophétiques
Et battre un même cœur dans l'homme universel ?

Quel fleuve lavera nos souillures stériles ?
Quel soleil, échauffant le monde déjà vieux,
Fera mûrir encor les labeurs glorieux
Qui rayonnaient aux mains des nations viriles ?

O liberté, justice, ô passion du beau,
Dites-nous que votre heure est au bout de l'épreuve,
Et que l'amant divin promis à l'âme veuve
Après trois jours aussi sortira du tombeau !

Éveillez, secouez vos forces enchaînées,
Faites courir la sève en nos sillons taris ;
Faites étinceler, sous les myrtes fleuris,
Un glaive inattendu, comme aux Panathénées !

Sinon, terre épuisée, où ne germe plus rien
Qui puisse alimenter l'espérance infinie,
Meurs ! Ne prolonge pas ta muette agonie,
Rentre pour y dormir au flot diluvien.

Et toi, qui gis encor sur le fumier des âges,
Homme, héritier de l'homme et de ses maux accrus,
Avec ton globe mort et tes dieux disparus,
Vole, poussière vile, au gré des vents sauvages !

LES OISEAUX DE PROIE

Je m'étais assis sur la cime antique
Et la vierge neige, en face des dieux ;
Je voyais monter dans l'air pacifique
La procession des morts glorieux.

La terre exhalait le divin cantique
Que n'écoute plus le siècle oublieux,
Et la chaîne d'or du Zeus homérique
D'anneaux en anneaux l'unissait aux cieux.

Mais, ô passions, noirs oiseaux de proie,
Vous avez troublé mon rêve et ma joie :
Je tombe du ciel et n'en puis mourir.

Vos ongles sanglants ont dans mes chairs vives
Enfoncé l'angoisse avec le désir,
Et vous m'avez dit : — Il faut que tu vives !

REQUIES

Comme un morne exilé, loin de ceux que j'aimais,
Je m'éloigne à pas lents des beaux jours de ma vie,
Du pays enchanté qu'on ne revoit jamais.

Sur la haute colline où la route dévie
Je m'arrête, et vois fuir à l'horizon dormant
Ma dernière espérance, et pleure amèrement.

O malheureux ! crois-en ta muette détresse ;
Rien ne refleurira, ton cœur ni ta jeunesse,
Au souvenir cruel de tes félicités.

Tourne plutôt les yeux vers l'angoisse nouvelle,
Et laisse retomber dans leur nuit éternelle
L'amour et le bonheur que tu n'as point goûtés.

Le temps n'a pas tenu ses promesses divines.
Tes yeux ne verront point reverdir tes ruines ;
Livre leur cendre morte au souffle de l'oubli.

Endors-toi sans tarder en ton repos suprême ;
Et souviens-toi, vivant dans l'ombre enseveli,
Qu'il n'est plus en ce monde un seul être qui t'aime.

La vie est ainsi faite, il nous la faut subir.
Le faible souffre et pleure, et l'insensé s'irrite ;
Mais le plus sage en rit, sachant qu'il doit mourir.

Rentre au tombeau muet où l'homme enfin s'abrite,
Et là, sans nul souci de la terre et du ciel,
Repose, ô malheureux, pour le temps éternel !

POÉSIES NOUVELLES

POESIES NOUVELLES

LA RAVINE SAINT-GILLES

A Mademoiselle Elysée L. de L.

La gorge est pleine d'ombre où, sous les bambous grêles
Le soleil au zénith n'a jamais resplendi,
Où les filtrations des sources naturelles
S'unissent au silence enflammé de midi.

De la lave durcie aux fissures moussues
Au travers des lichens l'eau tombe en ruisselant,
S'y perd, et, se creusant de soudaines issues,
Germe et circule au fond parmi le gravier blanc.

Un bassin aux reflets d'un bleu noir y repose,
Morne et glacé, tandis que le long des blocs lourds,
La liane en treillis suspend sa cloche rose
Entre d'épais gazons aux touffes de velours.

Sur les rebords saillants où le cactus éclate,
Errant des vétivers aux aloës fleuris,
Le cardinal, vêtu de sa plume écarlate,
En leurs nids cotonneux trouble les colibris.

Les martins au bec jaune et les vertes perruches
Du haut des pics aigus regardent l'eau dormir ;
Et, dans un rayon vif, autour des noires ruches,
On entend un vol d'or tournoyer et frémir.

Soufflant leur vapeur chaude au-dessus des arbustes,
Suspendus au sentier d'herbe rude entravé,
Des bœufs de Tamatave, indolents et robustes,
Hument l'air du ravin que l'eau vive a lavé ;

Et les grands papillons aux ailes magnifiques,
La rose sauterelle, en ses bonds familiers,
Sur leur bosse calleuse et leurs reins pacifiques
Sans peur du fouet velu se posent par milliers.

A la pente du roc que la flamme pénètre
Le lézard souple et long s'enivre de sommeil,
Et, par instants, saisi d'un frisson de bien-être,
Il agite son dos d'émeraude au soleil.

Sous les réduits de mousse où les cailles replètes
De la chaude savane évitent les ardeurs,
Glissant sur le velours de leurs pattes discrètes,
L'œil mi-clos de désir rampent les chats rôdeurs.

Et quelque Noir, assis sur un quartier de lave,
Gardien des bœufs épars paissant l'herbage amer,
Un haillon rouge aux reins, fredonne un air saklave
Et songe à la grande Ile en regardant la mer.

Ainsi, sur les deux bords de la gorge profonde,
Rayonne, chante et rêve, en un même moment,
Toute forme vivante et qui fourmille au monde;
Mais, formes, sons, couleurs s'arrêtent brusquement.

Plus bas, tout est muet et noir au sein du gouffre,
Depuis que la montagne, en émergeant des flots,
Rugissante, et par jets de granit et de soufre,
Se figea dans le ciel et connut le repos.

A peine une échappée étincelante et bleue
Laisse-t-elle entrevoir, en un pan du ciel pur,
Vers Rodrigue ou Ceylan, le vol des paille-en-queue,
Comme un flocon de neige égaré dans l'azur.

Hors ce point lumineux qui sur l'onde palpite,
La ravine s'endort dans l'immobile nuit ;
Et quand un roc miné d'en haut s'y précipite,
Il n'éveille pas même un écho de son bruit.

Pour qui sait pénétrer, Nature, dans tes voies,
L'illusion t'enserre et ta surface ment :
Au fond de tes fureurs comme au fond de tes joies,
Ta force est sans ivresse et sans emportement.

Tel, parmi les sanglots, les rires et les haines,
Heureux qui porte en soi, d'indifférence empli,
Un impassible cœur sourd aux rumeurs humaines,
Un gouffre inviolé de silence et d'oubli.

La vie a beau frémir autour de ce cœur morne,
Muet comme un ascète absorbé par son Dieu ;
Tout roule sans écho dans son ombre sans borne,
Et rien n'y luit du ciel, hormis un trait de feu.

Mais ce peu de lumière à ce néant fidèle
C'est le reflet perdu des espaces meilleurs ;
C'est ton rapide éclair, Espérance éternelle,
Qui l'éveille en sa tombe et le convie ailleurs !

LE MANCHY

Sous un nuage frais de claire mousseline,
    Tous les dimanches au matin,
Tu venais à la ville en manchy de rotin,
    Par les rampes de la colline.

La cloche de l'église alertement tintait ;
    Le vent de mer berçait les cannes ;
Comme une grêle d'or, aux pointes des savanes,
    Le feu du soleil crépitait.

Le bracelet aux poings, l'anneau sur la cheville
    Et le mouchoir jaune aux chignons,
Deux Telingas portaient, assidus compagnons,
    Ton lit aux nattes de manille.

Ployant leur jarret maigre et nerveux, et chantant,
    Souples dans leurs tuniques blanches,
Le bambou sur l'épaule et les mains sur les hanches,
    Ils allaient le long de l'étang.

Le long de la chaussée et des varangues basses
    Où les vieux créoles fumaient,
Par les groupes joyeux des noirs, il s'animaient
    Au bruit des bobres madécasses.

Dans l'air léger flottait l'odeur des tamarins ;
    Sur les houles illuminées
Au large, les oiseaux, en d'immenses traînées,
    Plongeaient dans les brouillards marins.

Et tandis que ton pied, sorti de la babouche,
    Pendait, rose, au bord du manchy,
A l'ombre des Bois-Noirs touffus et du Letchi
    Aux fruits moins pourprés que ta bouche ;

Tandis qu'un papillon, les deux ailes en fleur,
    Teinté d'azur et d'écarlate,
Se posait par instants sur ta peau délicate
    En y laissant de sa couleur ;

On voyait, au travers du rideau de batiste
    Tes boucles dorer l'oreiller ;
Et, sous leurs cils mi-clos, feignant de sommeiller,
    Tes beaux yeux de sombre améthyste.

Tu t'en venais ainsi, par ces matins si doux,
    De la montagne à la grand'messe,
Dans ta grâce naïve et ta rose jeunesse,
    Au pas rhythmé de tes hindous.

Maintenant, dans le sable aride de nos grèves,
    Sous les chiendents, au bruit des mers,
Tu reposes parmi les morts qui me sont chers
    O charme de mes premiers rêves !

LES PLAINTES DU CYCLOPE

Certes, il n'aimait pas à la façon des hommes,
Avec des tresses d'or, des roses ou des pommes,
Depuis que t'ayant vue, ô fille de la mer,
Le désir le mordit au cœur d'un trait amer.
Il t'aimait, Galatée, avec des fureurs vraies :
Laissant le lait s'aigrir et sécher dans les claies,
Oubliant les brebis laineuses aux prés verts,
Et se souciant peu de l'immense univers.
Sans trêve ni repos, sur les algues des rives,
Il consumait sa vie en des plaintes naïves,
Interrogeait des flots les volutes d'azur,
Et suppliait la nymphe au cœur frivole et dur,
Tandis que sur sa tête, à tout vent exposée,
Le jour versait sa flamme et la nuit sa rosée,
Et qu'énorme, couché sur un roc écarté,
Il disait de son mal la cuisante âcreté :

Plus vive que la chèvre ou la fière génisse,
Plus blanche que le lait qui caille dans l'éclisse,

O Galatée ! ô toi dont la joue et le sein
Sont fermes et luisants comme le vert raisin ;
Si je viens à dormir aux cimes de ces roches,
A la pointe du pied, furtive, tu m'approches ;
Mais sitôt que mon œil s'entr'ouvre, en quelques bonds
Tu m'échappes, cruelle, et fuis aux flots profonds !
Hélas ! je sais pourquoi tu ris de ma prière :
Je n'ai qu'un seul sourcil sur ma large paupière,
Je suis noir et velu comme un ours des forêts,
Et plus haut que les pins ! Mais, tel que je parais,
J'ai des brebis par mille, et je les trais moi-même ;
En automne, en été, je bois leur belle crème ;
Et leur laine moëlleuse, en flocons chauds et doux,
Me revêt, tout l'hiver, de l'épaule aux genoux !

Je sais jouer encore, ô pomme bien-aimée !
De la claire syrinx, par mon souffle animée :
Nul cyclope, habitant l'île aux riches moissons,
N'a tenté jusqu'ici d'en égaler les sons.
Veux-tu m'entendre, ô nymphe, en ma grotte prochaine ?
Viens, laisse-toi charmer, et renonce à ta haine :
Viens ! je nourris pour toi, depuis bientôt neuf jours,
Onze chevreaux tout blancs et quatre petits ours !
J'ai des lauriers en fleur avec des cyprès grêles,
Une vigne, une eau vive et des figues nouvelles ;
Tout cela t'appartient, si tu ne me fuis plus !
Et si j'ai le visage et les bras trop velus,
Eh bien, je plongerai tout mon corps dans la flamme ;
Je brûlerai mon œil, qui m'est cher, et mon âme !

Si je savais nager, du moins ! Au sein des flots
J'irais t'offrir des lis et de rouges pavots.

Mais, vains souhaits! J'en veux à ma mère; c'est elle
Qui, me voyant en proie à cette amour mortelle,
D'un récit éloquent n'a pas su te toucher.
Vos cœurs à toutes deux sont durs comme un rocher!
Cyclope, que fais-tu? Tresse en paix tes corbeilles;
Recueille en leur saison le miel de tes abeilles;
Coupe pour tes brebis les feuillages nouveaux,
Et le temps, qui peut tout, emportera tes maux !

C'est ainsi que chantait l'antique Polyphème;
Et son amour s'enfuit avec sa chanson même,
Car les Muses, par qui se tarissent les pleurs,
Sont le remède unique à toutes nos douleurs.

L'ENFANCE D'HÉRAKLÈS

Orion, tout couvert de la neige du pôle,
Auprès du Chien sanglant montrait sa rude épaule;
L'ombre silencieuse au loin se déroulait.
Alkmène ayant lavé ses fils, gorgés de lait,
En un creux bouclier à la bordure haute,
Héroïque berceau, les coucha côte à côte,
Et, souriant, leur dit : Dormez, mes bien-aimés;
Beaux et pleins de santé, mes chers petits, dormez;
Que la Nuit bienveillante et les Heures divines

Charment d'un rêve d'or vos âmes enfantines!
Elle dit, caressa d'une légère main
L'un et l'autre enlacés dans leur couche d'airain,
Et la fit osciller, baisant leurs frais visages,
Et conjurant pour eux les sinistres présages.
Alors, le doux Sommeil, en effleurant leurs yeux,
Les berça d'un repos innocent et joyeux.

Ceinte d'astres, la Nuit, au milieu de sa course,
Vers l'occident plus noir poussait le char de l'Ourse.
Tout se taisait, les monts, les villes et les bois,
Les cris du misérable et le souci des rois.
Les dieux dormaient, rêvant l'odeur des sacrifices;
Mais veillant seule, Héra, féconde en artifices,
Suscita deux dragons écaillés, deux serpents
Horribles, aux replis azurés et rampants,
Qui devaient étouffer, messagers de sa haine,
Dans son berceau guerrier l'Enfant de la Thébaine.

Ils franchissent le seuil et son double pilier,
Et dardent leur œil glauque au fond du bouclier.
Iphiklos, en sursaut, à l'aspect des deux bêtes,
De la langue qui siffle et des dents toutes prêtes,
Tremble, et son jeune cœur se glace, et, pâlissant,
Dans sa terreur soudaine il jette un cri perçant,
Se débat et veut fuir le danger qui le presse;
Mais Héraklès, debout, dans ses langes se dresse,
S'attache aux deux serpents, rive à leurs cous visqueux
Ses doigts divins, et fait, en jouant avec eux,
Leurs globes élargis sous l'étreinte subite,
Jaillir comme une braise au-delà de l'orbite.
Ils fouettent en vain l'air, musculeux et gonflés,

L'Enfant sacré les tient, les secoue étranglés,
Et rit en les voyant, pleins de rage et de bave,
Se tordre tout autour du bouclier concave.
Puis, il les jette morts le long des marbres blancs,
Et croise pour dormir ses petits bras sanglants.

Dors, Justicier futur, dompteur des anciens crimes,
Dans l'attente et l'orgueil de tes faits magnanimes ;
Toi que les pins d'Œta verront, bûcher sacré,
La chair vive et l'esprit par l'angoisse épuré,
Laisser, pour être un dieu, sur la cime enflammée,
Ta cendre et ta massue, et la peau de Némée !

LA MORT DE PENTHÉE

Agavé, dont la joue est rose, Autonoé
Avec la belle Ino, ceintes de verts acanthes,
Menaient trois chœurs dansants d'ascétiques bacchantes
Sur l'âpre Cythéron aux mystères voué.
Elles allaient, cueillant les bourgeons des vieux chênes,
L'asphodèle, et le lierre aux ceps noirs enroulé,
Et bâtissaient, unis par ces légères chaînes,
Neuf autels pour Iakkhos et trois pour Sémélé.
Puis, elles y plaçaient, selon l'ordre et le rite,
Le grain générateur et le mystique van,
Du dieu qu'elles aimaient la coupe favorite,

La peau de léopard et le thyrse d'Évan.
Dans un lentisque épais, par l'étroit orifice
Du feuillage, Penthée observait tout cela.
Autonoé le vit la première, et hurla,
Bouleversant du pied l'apprêt du sacrifice.
Le profane aussitôt s'enfuit épouvanté ;
Mais les femmes, nouant leurs longues draperies,
Bondissaient après lui, pareilles aux furies,
La chevelure éparse et l'œil ensanglanté.
D'où vient que la fureur en vos regards éclate,
O femmes, criait-il, pourquoi me suivre ainsi ?
Et de l'ongle et des dents toutes trois l'ont saisi :
L'une arrache du coup l'épaule et l'omoplate ;
Agavé frappe au cœur le fils qui lui fut cher ;
Ino coupe la tête ; et, vers le soir, dans Thèbe,
Ayant chassé cette âme au plus noir de l'Érèbe,
Elles rentraient, traînant quelques lambeaux de chair.

Malheur à l'insensé que ce désir consume
De toucher à l'autel de la main ou des yeux !
Qu'il soit comme un bouc vil sous le couteau qui fume,
Étant né pour ramper, non pour chanter les dieux.

HÉRAKLÈS AU TAUREAU

Le soleil déclinait vers l'écume des flots,
Et les grasses brebis revenaient aux enclos;
Et les vaches suivaient, semblables aux nuées
Qui roulent sans relâche à la file entraînées,
Lorsque le vent d'automne, au travers du ciel noir,
Les chasse à grands coups d'aile, et qu'elles vont pleuvoir.
Derrière les brebis, toutes lourdes de laine,
Telles s'amoncelaient les vaches dans la plaine.
La campagne n'était qu'un seul mugissement,
Et les chiens de l'Elide aboyaient bruyamment.
Puis, succédaient trois cents taureaux aux larges cuisses,
Puis, deux cents au poil rouge, inquiets des génisses;
Puis, douze, les plus beaux et parfaitement blancs,
Qui de leurs fouets velus rafraîchissaient leurs flancs,
Hauts de taille, vêtus de force et de courage,
Et paissant d'habitude au meilleur pâturage.
Plus noble encor, plus fier, plus brave, plus grand qu'eux,
En avant, isolé comme un chef belliqueux,
Phaéthon les guidait, lui, l'orgueil de l'étable,
Que les anciens bouviers disaient à Zeus semblable,
Quand le dieu triomphant, ceint d'écume et de fleurs,
Nageait dans la mer glauque avec Europe en pleurs.
Or, dardant ses yeux prompts sur la peau léonine
Dont Héraklès couvrait son épaule divine,
Irritable, il voulut heurter d'un brusque choc
Contre cet étranger son front dur comme un roc;

Mais, ferme sur ses pieds, tel qu'une antique borne,
Le héros d'une main le saisit par la corne,
Et, sans rompre d'un pas, il lui ploya le col,
Meurtrissant ses naseaux furieux dans le sol.
Et les bergers, en foule, autour du fils d'Alkmène,
Stupéfaits, admiraient sa vigueur surhumaine,
Tandis que, blancs dompteurs de ce soudain péril,
De grands muscles roidis gonflaient son bras viril.

L'OASIS

Derrière les coteaux stériles de Kobbé,
Comme un bloc rouge et lourd le soleil est tombé :
Un vol de vautours passe et semble le poursuivre.
Le ciel terne est rayé de nuages de cuivre ;
Et de sombres lueurs, vers l'est, traînent encor,
Pareilles aux lambeaux de quelque robe d'or.
Le rugueux Sennaar, jonché de pierres rousses
Qui hérissent le sable ou déchirent les mousses,
A travers la vapeur de ses marais malsains
Ondule jusqu'aux pieds des versants Abyssins.
La nuit tombe. On entend les koukals aux cris aigres.
Les hyènes, secouant le poil de leurs dos maigres,
De buissons en buissons se glissent en râlant.
L'hippopotame souffle aux berges du Nil Blanc,

Et vautre, dans les joncs rigides qu'il écrase,
Son ventre rose et gras tout cuirassé de vase.
Autour des flaques d'eau saumâtre où les schakals
Par bandes viennent boire, en longeant les nopals,
L'aigu fourmillement des stridentes bigaylles
S'épaissit et tournoie au-dessus des broussailles ;
Tandis que, du désert en Nubie emporté,
Un vent âcre, chargé de chaude humidité,
Avec une rumeur vague et sinistre, agite
Les rudes palmiers-doums où l'ibis fait son gîte.

Voici ton heure, ô roi de Sennaar, ô chef
Dont le soleil endort le rugissement bref.
Sous la roche concave et pleine d'os qui luisent,
Contre l'âpre granit tes ongles durs s'aiguisent :
Arquant tes souples reins fatigués du repos,
Et ta crinière jaune éparse sur le dos,
Tu te lèves, tu viens d'un pas mélancolique
Aspirer l'air du soir sur ton seuil famélique,
Et, le front haut, les yeux à l'horizon dormant,
Tu regardes l'espace et rugis sourdement.
Sur la lividité du ciel, la lune froide
De la proche oasis découpe l'ombre roide,
Où, las d'avoir marché par les terrains bourbeux,
Les hommes du Darfour font halte avec leurs bœufs.
Ils sont couchés là-bas auprès de la citerne
Dont un rayon de lune argente l'onde terne ;
Les uns, ayant mangé le mil et le maïs,
S'endorment en parlant du retour au pays ;
Ceux-ci, pleins de langueur, rêvant de grasses herbes,
Et le mufle enfoui dans leurs fanons superbes,
Ruminent lentement sur leur lit de graviers.

A toi la chair des bœufs ou la chair des bouviers !
Le vent a consumé leurs feux de ronce sèche.
Ta narine s'emplit d'une odeur vive et fraîche,
Ton ventre bat, la faim hérisse tes cheveux,
Et tu plonges dans l'ombre en quelques bonds nerveux !

HYPATIE ET CYRILLE

DIALOGUE

CYRILLE

J'AI voulu te parler, t'entendre sans témoins :
Tes propres intérêts ne demandaient pas moins.
On vante tes vertus ; s'il en est dans les âmes
Que Dieu n'éclaire point encore de ses flammes !
J'y veux croire, et je viens, non comme un ennemi,
Dans un esprit de haine, à te nuire affermi,
Mais en père affligé qui conseille sa fille
Et la veut ramener au foyer de famille.
C'est un devoir, non moins qu'un droit, et j'ai compté
Que tu me répondrais avec sincérité.
Par un siècle d'orage et par des temps funestes
Où le ciel ne rend plus ses signes manifestes,
J'ai vécu, j'ai blanchi sous mon fardeau sacré ;
Heureux, si, près d'atteindre au terme désiré,

Je versais dans ton sein la lumière et la vie !
Ma fille, éveille-toi, le Seigneur te convie ;
Tes dieux sont morts, leur culte impur est rejeté :
Confesse enfin l'unique et sainte vérité.

HYPATIE

Mon père a bien jugé du respect qui m'anime,
Et je révère en lui sa fonction sublime ;
Mais c'est me témoigner un intérêt trop grand,
Et ce discours me touche autant qu'il me surprend.
Par le seul souvenir des divines idées,
Vers l'unique idéal les âmes sont guidées ;
Je n'ai point oublié Timée et le Phédon ;
Jean n'a-t-il point parlé comme autrefois Platon ?
Les mots diffèrent peu ; le sens est bien le même.
Nous confessons tous deux l'Espérance suprême,
Et le Dieu de Cyrille, en mon cœur respecté,
Comme l'Abeille attique a dit la vérité.

CYRILLE

Confondre de tels noms est blasphème ou démence,
Mais tant d'aveuglement est digne de clémence.
Non, le Dieu que j'adore et qui d'un sang divin
De l'antique péché lava le genre humain,
Femme, n'a point parlé comme aux siècles profanes
Les sophistes païens couchés sous les platanes ;
Et, si quelque clarté dans leur nuit sombre a lui,
L'immuable lumière éclate seule en lui !
Il est venu : des voix l'annonçaient d'âge en âge,
La sagesse et l'amour ont marqué son passage ;

Il a vaincu la mort, et, pour de nouveaux cieux,
Purifié le cœur d'un monde déjà vieux ;
D'un souffle balayé des siècles de souillures,
Chassé de leurs autels les Puissances impures
Et rendu sans retour, par son oblation,
La force avec la vie à toute nation !
Parle, de l'œuvre humaine est-ce le caractère ?
Compare au Christ sauveur les sages de la terre
Et mesure leur gloire à son humilité.

HYPATIE

Ce serait prendre un soin trop plein de vanité.
Toute vertu sans doute a droit à nos hommages
Et c'est toujours un Dieu qui parle dans les sages.
Je rends ce que je dois au prophète inspiré,
Et comme à toi, mon père, il m'est aussi sacré ;
Mais sache dispenser une justice égale,
Et de ton maître aux miens marque mieux l'intervalle.
Sois équitable enfin. Que nous reproches-tu ?
Ne veillons-nous pas seuls près d'un temple abattu,
Sur les tombeaux divins qu'on brise et qu'on insulte ?
Prêtres d'un ciel muet, naufragés d'un grand culte,
Héritiers incertains d'un antique trésor,
Sans force et dispersés, que te faut-il encor ?
Oui, les temps sont mauvais ; non pas pour ton Église,
Mon père, mais pour nous que ton orgueil méprise,
Pour nous qui n'enseignons, dans notre abaissement,
Que l'étude, la paix et le recueillement.
Tourne au passé tes yeux ; rappelle en ta mémoire
Les destins accomplis aux jours de notre gloire :
Nos dieux n'étaient-ils donc qu'un rêve ? — Ont-ils menti ?

Vois quel monde immortel de leurs mains est sorti,
Ce symbole vivant, harmonieux ouvrage
Marqué de leur génie et fait à leur image,
Vénérable à jamais, et qu'ils n'ont enfanté
Que pour s'épanouir dans l'ordre et la clarté !
Quoi ! ce passé si beau ne serait-il qu'un songe,
Un vrai spectre animé d'un esprit de mensonge,
Une erreur séculaire où nous nous complaisons ?
Mais vous en balbutiez la langue et les leçons,
Et j'entends, comme aux jours d'Homère ou de Virgile,
Les sons qui m'ont bercée expliquer l'Évangile !
Ah ! dans l'écho qui vient du passé glorieux,
Écoute-les, Cyrille, et tu comprendras mieux.
Écoute au bord des mers, au sommet des collines,
Sonner les rhythmes d'or sur des lèvres divines,
Et le marbre éloquent, dans les blancs Parthénons,
Des artistes pieux éterniser les noms.
Regarde, sous l'azur qu'un seul siècle illumine,
Des îles d'Ionie aux flots de Salamine,
L'amour de la patrie et de la liberté
Triompher sur l'autel de la sainte beauté ;
Dans l'austère repos des foyers domestiques
Les grands législateurs régler les républiques,
Et les sages, du vrai frayant l'âpre chemin,
De sa propre grandeur saisir l'esprit humain !
Tu peux nier nos dieux ou leur jeter l'outrage,
Mais de leur livre écrit déchirer cette page,
Coucher notre soleil parmi les astres morts...
Va ! la tâche est sans terme et rit de tes efforts !
Non, ô dieux protecteurs de l'Hellade ma mère,
Que sur le Pavé d'or chanta le vieil Homère,
Vous qui vivez toujours, mais qui vous êtes tûs,

Je ne vous maudis pas, ô forces et vertus
Qui suffisiez jadis aux races magnanimes,
Et je vous reconnais à vos œuvres sublimes !

CYRILLE

Eh bien ! reconnais-les aux fruits qu'ils ont portés,
Ces démons de l'Enfer sous d'autres noms chantés,
Qui, d'un poison secret infectant l'âme entière,
Ont voulu l'étouffer dans l'immonde matière,
Et sous la robe d'or d'une vaine beauté
Ont caché le néant de l'impudicité.
Quand les peuples, nourris en de telles doctrines,
Comme des troncs séchés jusque dans leurs racines,
Florissants au dehors, mais la mort dans le cœur,
Tombent en cendre avant le coup du fer vengeur ;
Quand Rome, succédant à la Grèce asservie,
De sang, de voluptés terribles assouvie,
Faisant mentir enfin l'oracle sibyllin
Dans sa propre fureur se déchire le sein,
S'effraie aux mille cris de vengeance et de haine
D'un monde révolté qui va briser sa chaîne,
Et, d'un destin fatal précipitant le cours,
Dans ses temples muets blasphème ses dieux sourds ;
Enfant, prête l'oreille, interroge la nue ;
Dis-moi ce que ta gloire antique est devenue ;
Ou plutôt, vois, parmi l'essaim des noirs corbeaux,
La torche du Barbare errer sur vos tombeaux,
Et, repoussant du pied la bacchante avilie
Couchée, ivre et banale, au sein de l'Italie,
Le grand César chrétien abriter à la fois
Et l'empire et Byzance à l'ombre de la Croix !

Jours du premier triomphe où, comme une bannière,
Le sacré Labarum flotta dans la lumière !
Puis, quand un voile épais semble obscurcir le ciel,
Et qu'il faut boire encore à la coupe de fiel,
Vois Julien, faisant de la pourpre un suaire,
Ranimer un instant ses dieux dans l'ossuaire,
Railler le Christ sauveur, et, comme un insensé,
Refouler l'avenir débordant du passé,
Offrir un encens vil aux idoles infâmes,
L'or à l'apostasie et des pièges aux âmes,
Mais bientôt, de son crime avorté convaincu,
Crier : — Galiléen ! je meurs et suis vaincu !
Et maintenant, regarde, au sein de la tourmente,
L'humanité livrée à la mer écumante ;
Apprends-moi dans quel lit assez profond pour lui
Enfermer ce torrent qui déborde aujourd'hui,
Et qui, de jour en jour, plus furieux sans doute,
Pour trouver son niveau voudra creuser sa route :
Vaste bouillonnement de désirs, d'intérêts,
D'avide convoitise et de sombres regrets ;
Peuples vieillis flottant au milieu du naufrage,
Et jeunes nations surgissant d'un orage,
Sans force d'une part, et d'autre part sans frein,
Qui roulent au hasard comme un déluge humain.
Comment briseras-tu ce flot irrésistible ?
Où marques-tu le terme à sa course terrible ?
Et le mèneras-tu, par des sentiers choisis,
Du jardin de Platon aux parvis d'Eleusis ?
Ma fille, un nouveau lit s'ouvre au courant de l'onde,
Un nouveau jour se lève à l'horizon du monde,
Et le sang de mon Dieu cimente parmi nous,
Le seul temple assez grand pour nous contenir tous.

Là, dans un même élan d'espérances communes,
L'homme méditera de plus hautes fortunes.
La paix, la liberté, le ciel à conquérir
Feront un saint devoir de vivre et de mourir,
Et les siècles verront, pleins de joie infinie,
La famille terrestre à son Dieu réunie!

HYPATIE

Va! ne mesure point ta force à nos revers :
Je sais à quel désastre assiste l'univers.
Le noble Julien, succombant à la peine,
M'instruit à confesser son espérance vaine ;
Ce que César tenta, je ne l'ai point rêvé :
Contre ses dieux trahis ce monde est soulevé !
Le présent, l'avenir, la puissance et la vie
Sont à vous, je le sais, et la mort nous convie ;
Mais jusqu'à la fureur pourquoi vous emporter ?
Jusque dans nos tombeaux pourquoi nous insulter ?
Que craignez-vous des morts, vous, de qui les mains pures
S'élèvent vers le ciel, vierges de nos souillures,
Et qui, seuls, dites-vous, êtes prédestinés
A donner la sagesse aux peuples nouveaux-nés ?
Efforcez-vous, plutôt que nous jeter l'outrage,
De chasser de vos cœurs la discorde sauvage,
Et, s'il est vrai qu'un Dieu vous guide, soyez doux,
Cléments et fraternels, et valez mieux que nous.
Regarde! tout l'Empire est plein de vos querelles.
Quel jour ne voit germer quelques sectes nouvelles
Depuis que Constantin, voici bientôt cent ans,
Dans Nicée assembla vos pères triomphants
Qui, du temple nouveau pour mieux asseoir la base,

Contraignirent le monde à la foi d'Athanase ?
Vains efforts ! car l'ardeur de vos dissensions
N'a cessé de troubler le cœur des nations.
Que la pourpre proscrive ou cache l'hérésie,
Portant dans vos débats la même frénésie,
Et par la controverse à la haine poussés,
Du nom du même Dieu tous vous vous maudissez !
Où sont la paix, l'amour, qu'enseignent vos églises ?
Sont-ce là les leçons à l'univers promises,
Et veux-tu, qu'infidèle au culte des aïeux,
Je prenne aveuglément vos passions pour dieux ?
Cyrille, écoute-moi. Demain, dans mille années,
Dans vingt siècles, — qu'importe au cours des destinées !
L'homme étouffé par vous enfin se dressera :
Le temps vous fera croître et le temps vous tuera ;
Et comme toute chose humaine et périssable,
Votre œuvre ira dormir dans l'ombre irrévocable !

CYRILLE

Qu'en sais-tu ? D'où te vient cette présomption
D'oser pousser au ciel ta malédiction ?
Quoi ! l'Eglise que Dieu pour sa gloire a fondée,
Du sang des saints martyrs encor tout inondée,
Comme un phare éclatant dans le naufrage humain,
Si tu ne l'applaudis, va s'écrouler demain !
Tu braves à ce point l'éternelle Justice !
Tremble qu'elle n'éclate et ne t'anéantisse...
Mais je m'oublie, et Dieu qui parle par ma voix,
Daigne encor t'avertir une dernière fois.
Femme ! si nous offrons en spectacle à nos frères
La barque de l'apôtre en proie aux vents contraires,

Touchant à peine au port, et, comme aux premiers jours,
Lancée en haute mer pour y lutter toujours;
Si la victoire même a produit un mal pire
Par la contagion des vices de l'Empire;
Si l'hérésie enfin, mensonge renaissant,
Souille notre triomphe en nous désunissant,
Et, germe de colère autant que de ruine,
Livre au caprice humain la parole divine;
Si trop d'ardeur nous pousse à trop de liberté,
Ne t'en réjouis point dans ta malignité :
Nos passions du moins sont d'un ordre sublime !
Nous combattons en nous les esprits de l'abîme
Et nous voulons forger avec des mains en feu
La sereine unité de nos âmes en Dieu !
Qu'importe tout un siècle écoulé dans l'orage,
Si l'arche du refuge est intacte et surnage !
Si, durant la tempête, un souffle furieux
S'envole au Port divin et nous y conduit mieux !
Comme Pierre, jadis, qui s'effraie et chancelle,
Sur les flots soulevés le Seigneur nous appelle;
Mais, si dans sa clémence, il nous prend en merci,
Où l'apôtre a marché nous marcherons aussi;
Et ce miracle saint, quand la foi le contemple,
Du triomphe promis est l'image et l'exemple,
Entends, ouvre les yeux, ma fille, et suis nos pas.
C'est le néant qui s'ouvre à qui n'espère pas !
Y dormir à jamais, est-ce là ton envie?
Adores-tu les morts ? As-tu peur de la vie?
Tes dieux sont en poussière aux pieds du Christ vainqueur !

HYPATIE

Ne le crois pas, Cyrille : ils vivent dans mon cœur,
Non tels que tu les vois, vêtus de formes vaines,
Subissant dans le ciel les passions humaines,
Adorés du vulgaire et dignes de mépris,
Mais tels que les ont vus de sublimes esprits :
Dans l'espace étoilé n'ayant point de demeures,
Forces de l'univers, vertus intérieures,
De la terre et du ciel concours harmonieux
Qui charment la pensée et l'oreille et les yeux,
Et donnent, idéal aux sages accessible,
A la beauté de l'âme une splendeur visible.
Tels sont mes dieux ! — Qu'un siècle ingrat s'écarte d'eux,
Je ne les puis trahir puisqu'ils sont malheureux !
Je le sens, je le sais, — voici les heures sombres,
Les jours marqués dans l'ordre impérieux des Nombres.
Aveugle à notre gloire et prodigue d'affronts,
Le temps injurieux découronne nos fronts,
Et, dans l'orgueil naissant de sa haute fortune,
L'avenir n'entend plus la voix qui l'importune.
O Rois harmonieux, chefs de l'esprit humain,
Vous qui portiez la lyre et la balance en main,
Il est venu, Celui qu'annonçaient vos présages,
Celui que contenaient les visions des sages,
L'Expiateur promis dont Eschyle a parlé !
Au sortir du sépulcre et de sang maculé,
L'arbre de son supplice à l'épaule, il se lève ;
Il offre à l'univers ou les clefs ou le glaive ;
Il venge le Barbare écarté des autels

Et jonche vos parvis de membres immortels !
Mais je garantirai des atteintes grossières
Jusqu'au dernier soupir vos pieuses poussières,
Heureuse, si, planant sur les jours à venir,
Votre immortalité sauve mon souvenir.
Salut, Rois de l'Hellade ! — Adieu, noble Cyrille.

CYRILLE

Abjure tes erreurs, ô malheureuse fille,
Le Dieu jaloux t'écoute ! ô triste aveuglement !
Je m'indigne et gémis en un même moment.
Mais puisque tu ne veux ni croire ni comprendre
Et refuses la main que je venais te tendre,
Que ton cœur s'endurcit dans un esprit mauvais,
Ç'en est assez ; j'ai fait plus que je ne devais.
Un dernier mot encor : — n'enfreins pas ma défense ;
Une ombre de salut te reste : — le silence.
Dieu seul te jugera, s'il ne l'a déjà fait ;
Sa colère est sur toi ; n'en hâte point l'effet.

HYPATIE

Je ne puis oublier, en un silence lâche,
Le soin de mon honneur et ma suprême tâche,
Celle de confesser librement sous les cieux
Le beau, le vrai, le bien qu'ont révélés les dieux.
Depuis deux jours déjà, comme une écume vile,
Les moines du désert abondent dans la ville,
Pieds nus, la barbe inculte et les cheveux souillés ;
Tout maigris par le jeûne et du soleil brûlés.
On prétend qu'un projet sinistre et fanatique

Amène parmi nous cette horde extatique,
C'est bien. Je sais mourir, et suis fière du choix
Dont m'honorent les dieux une dernière fois.
Cependant, je rends grâce à la sollicitude
Et n'attends plus de toi qu'un peu de solitude.

LA GENÈSE POLYNÉSIENNE

Dans le vide éternel interrompant son rêve,
L'Être unique, le grand Taaroa se lève.
Il se lève et regarde : il est seul, rien ne luit.
Il pousse un cri sauvage au milieu de la nuit :
Rien ne répond. Le temps, à peine né, s'écoule ;
Il n'entend que sa voix. Elle va, monte, roule,
Plonge dans l'ombre noire et s'enfonce au travers.
Alors, Taaroa se change en univers :
Car il est la clarté, la chaleur et le germe ;
Il est le haut sommet, il est la base ferme.
L'œuf primitif que Pô, la grande nuit, couva ;
Le monde est la coquille où vit Taaroa.
Il dit : Pôles, rochers, sables, mers pleines d'îles,
Soyez ! échappez-vous des ombres immobiles !
Il les saisit, les presse et les pousse à s'unir ;
Mais la matière est froide et n'y peut parvenir :
Tout gît muet encore au fond du gouffre énorme ;
Tout reste sourd, aveugle, immuable et sans forme.

L'Être unique, aussitôt, cette source des dieux,
Roule dans sa main droite et lance les sept cieux.
L'étincelle première a jailli dans la brume,
Et l'étendue immense au même instant s'allume ;
Tout se meut, le ciel tourne, et, dans son large lit,
L'inépuisable mer s'épanche et le remplit :
L'univers est parfait du sommet à la base,
Et devant son travail le Dieu reste en extase.

LA VISION DE BRAHMA

Tandis qu'enveloppé des ténèbres premières,
Brahma cherchait en soi l'origine et la fin,
La Mayà le couvrit de son réseau divin,
Et son cœur sombre et froid se fondit en lumières.

Aux pics du Kailaça, d'où l'eau vive et le miel
Filtrent des verts figuiers et des rouges érables,
D'où le saint fleuve verse en courses immuables
Ses cascades de neige à travers l'arc-en-ciel ;

Parmi les coqs guerriers, les paons aux belles queues,
L'essaim des Apsaras qui bondissaient en chœur,
Et le vol des esprits bercés dans leur langueur
Et les riches oiseaux lissant leurs plumes bleues ;

Sur sa couche semblable à l'écume du lait,
Il vit Celui que nul n'a vu, l'âme des âmes,
Tel qu'un frais nymphéa dans une mer de flammes,
D'où l'Être en millions de formes ruisselait :

Hâri, le réservoir des inertes délices,
Dont le beau corps nageait dans un rayonnement,
Qui méditait le monde, et croisait mollement
Comme deux palmiers d'or ses vénérables cuisses.

De son parasol rose en guirlandes flottaient
Des perles et des fleurs parmi ses tresses brunes,
Et deux cygnes, brillants comme deux pleines lunes,
Respectueusement de l'aile l'éventaient.

Sur sa lèvre écarlate, ainsi que des abeilles,
Bourdonnaient les Védas, ivres de son amour ;
Sa gloire ornait son col et flamboyait autour ;
Des blocs de diamant pendaient à ses oreilles.

A ses reins verdoyaient des forêts de bambous ;
Des lacs étincelaient dans ses paumes fécondes ;
Son souffle égal et pur faisait rouler les mondes
Qui jaillissaient de lui pour s'y replonger tous.

Un açvattha touffu l'abritait de ses palmes ;
Et dans la bienheureuse et sainte inaction,
Il se réjouissait de sa perfection,
Immobile, les yeux resplendissants mais calmes.

Oh ! qu'il était aimable à voir, l'Être parfait,
Le Dieu jeune, embelli d'inexprimables charmes,
Celui qui ne connaît les désirs ni les larmes,
Par qui l'Insatiable est enfin satisfait !

Comme deux océans, troubles pour les profanes,
Mais, pour les cœurs pieux, miroirs de pureté,
Abîmes de repos et de sérénité,
Que ses yeux étaient doux, qu'ils étaient diaphanes !

A son ombre, le sein parfumé de çantal,
Mille vierges, au fond de l'étang circulaire,
Semblaient, à travers l'onde inviolée et claire,
Des colombes d'argent dans un nid de cristal.

De bleus rayons baignaient leurs paupières mi-closes ;
Leurs bras polis tintaient sous des clochettes d'or :
Et leurs cheveux couvraient d'un souple et noir trésor
La neige de leur gorge où rougissaient des roses.

Dans l'onde où le lotus primitif a fleuri,
Assises sur le sable aux luisantes coquilles,
Telles apparaissaient ces mille belles filles,
Frais et jeunes reflets du suprême Hâri.

A la droite du Dieu, penché sur ses cavales,
L'archer Çurya faisait sonner le plein carquois ;
Et l'Aurore guidait du bout de ses beaux doigts
L'attelage aux grands yeux, aux poils roses et pâles

A gauche, un géant pourpre et sinistre, portant
Des crânes chevelus en ceinture à ses hanches,
L'œil creux, triste, affamé, grinçant de ses dents blanches,
Broyait et dévorait l'univers palpitant.

Sous les pieds de Hâri, la mer, des vents battue,
Gonflait sa houle immense et secouait les monts,
Remuant à grands bruits ses forêts de limons
Sur le dos âpre et dur de l'antique Tortue ;

Et la terre étalait ses végétations
Où tigres et pythons poursuivaient les gazelles,
Et ses mille cités où les races mortelles
Germaient, mêlant le rire aux lamentations.

Mais Brahma, dès qu'il vit l'Être-principe en face,
Sentit comme une force irrésistible en lui,
Et la concavité de son crâne ébloui
Reculer, se distendre et contenir l'espace.

Les constellations jaillirent de ses yeux ;
Son souffle condensa le monceau des nuées ;
Il entendit monter les sèves déchaînées,
Et croître dans son sein l'Océan furieux.

Sagesse et passions, vertus, vices des hommes,
Désirs, haines, amours, maux et félicité,
Tout rugit et chanta dans son cœur agité :
Il ne dit plus : « Je suis ; » mais il pensa : « Nous sommes ! »

Ainsi, devant le roi des monts Kalatçalas,
Qui fait s'épanouir les mondes sur sa tige,
Brahma crut, dilaté par l'immense vertige,
Que son cerveau divin se brisait en éclats.

Puis, abaissant les yeux, il dit : Maître des maîtres,
Dont la force est interne et sans borne à la fois,
Je ne puis concevoir, en sa cause et ses lois,
Le cours tumultueux des choses et des êtres.

S'il n'est rien, sinon toi, Hâri, suprême Dieu ;
Si l'univers vivant, en toi germe et respire ;
Si rien sur ton essence unique n'a d'empire,
L'action ni l'état, ni le temps ni le lieu ;

D'où vient qu'aux cieux troublés ta force se déchaîne?
D'où vient qu'elle bondisse et hurle avec les flots?
D'où vient que, remplissant la terre de sanglots,
Tu souffres, ô mon maître, au sein de l'ame humaine?

Et moi, moi qui, durant mille siècles, plongé
Comme un songe mauvais dans la nuit primitive,
Porte un doute cuisant que le désir ravive,
Ce mal muet toujours, toujours interrogé ;

Qui suis-je? Reponds-moi, Raison des origines !
Suis-je l'âme d'un monde errant par l'infini,
Ou quelque antique Orgueil de ses actes puni
Qui ne peut remonter à ses sources divines?

C'est en vain qu'explorant mon cœur de toutes parts,
J'excite une étincelle en sa cavité sombre...
Mais je pressens la fin des épreuves sans nombre,
Puisque ta vision éclate à mes regards.

Change en un miel divin mon immense amertume ;
Parle, fixe à jamais mes vœux irrésolus,
Afin que je m'oublie et que je ne sois plus,
Et que la vérité m'absorbe et me consume.

Il se tut, et l'Esprit suprême, l'Etre pur,
Fixa sur lui ses yeux d'où naissent les aurores ;
Et du rouge contour de ses lèvres sonores
Un rire éblouissant s'envola dans l'azur.

Et les vierges, du lit nacré de l'eau profonde,
D'un mouvement joyeux troublèrent en nageant
Ce bleu rideau marbré d'une écume d'argent,
Et parmi les lotus se bercèrent sur l'onde.

L'açvattha, du pivot au sommet, frissonna,
Agitant sur Hâri ses palmes immortelles ;
Les cygnes réjouis battirent des deux ailes,
Et le parasol rose au dessus rayonna.

Çurya fit se cabrer ses sept cavales rousses
Rétives sous le mors au zénith enflammé ;
Et l'Aurore arrêta dans le ciel parfumé
Les vaches du matin, patientes et douces.

Tel que des lueurs d'or dans la vapeur du soir,
Chaque Esprit entr'ouvrit ses ailes indécises ;
La montagne oscillante exhala dans les brises
Ses aromes sacrés, comme d'un encensoir.

Les Apsaras, rompant les chœurs au vol agile,
S'accoudèrent sur l'herbe où fleurit le saphir ;
Le saint fleuve en suspens cessa de retentir
Et se cristallisa dans sa chute immobile.

Un vaste étonnement surgit ainsi de tout,
Quand Brahma se fut tû dans l'espace suprême :
Le géant affamé, le destructeur lui-même,
Interrompit son œuvre et se dressa debout.

Et voici qu'une Voix grave, paisible, immense,
Sans échos, remplissant les sept sphères du ciel,
La voix de l'incréé parlant à l'éternel,
S'éleva sans troubler l'ineffable silence.

Ce n'était point un bruit humain, un son pareil
Au retentissement de la foudre ou des vagues ;
Mais plutôt ces rumeurs magnifiques et vagues
Qui circulent en vous, mystères du sommeil !

Or Brahma, haletant sous la Voix innommée
Qui pénétrait en lui, mais pour n'en plus sortir,
Sentit de volupté son cœur s'anéantir
Comme au jour la rosée en subtile fumée.

Et cette Voix disait : Si je gonfle les mers,
Si j'agite les cœurs et les intelligences,
J'ai mis mon énergie au sein des apparences,
Et durant mon repos j'ai songé l'univers.

Dans l'œuf irrévélé qui contient tout en germe,
Sous mon souffle idéal je l'ai longtemps couvé ;
Puis, vigoureux, et tel que je l'avais rêvé,
Pour éclore, il brisa du front sa coque ferme.

Dès son premier élan, rude et capricieux,
Je lui donnai pour lois ses forces naturelles,
Et, vain jouet des combats qui se livraient entre elles,
De sa propre puissance il engendra ses dieux.

Indra roula sa foudre aux flancs des précipices ;
La mer jusques aux cieux multiplia ses bonds ;
L'homme fit ruisseler le sang des étalons
Sur la pierre cubique, autel des sacrifices.

Et moi, je m'incarnai dans les héros anciens,
J'allai, purifiant les races ascétiques ;
Et, le cœur transpercé de mes flèches mystiques,
L'homme noir de Lanka rugit dans mes liens.

Toute chose depuis fermente, vit, s'achève ;
Mais rien n'a de substance et de réalité,
Rien n'est vrai que l'unique et morne éternité :
O Brahma ! toute chose est le rêve d'un rêve.

La Mayâ dans mon sein bouillonne en fusion,
Dans son prisme changeant je vois tout apparaître ;
Car ma seule inertie est la source de l'Être :
La matrice du monde est mon Illusion.

C'est elle qui s'incarne en ses formes diverses,
Esprits et corps, ciel pur, monts et flots orageux ;
Et qui mêle, toujours impassible en ses jeux,
Aux sereines vertus les passions perverses.

Mais par l'inaction, l'austérité, la foi,
Tandis que, sans faiblir durant l'épreuve rude,
Toute vertu se fond dans ma béatitude,
Les noires passions sont distinctes en moi.

Brahma, tel est le rêve où ton esprit s'abîme,
N'interroge donc plus l'auguste vérité :
Que serais-tu, sinon ma propre vanité
Et le doute secret de mon néant sublime ?

Et sur les sommets d'or du divin Kailaça,
Où nage dans l'air pur le vol des blancs génies,
L'inexprimable Voix cessant ses harmonies,
La Vision terrible et sainte s'effaça.

LE SOMMEIL DU CONDOR

Par delà l'escalier des roides Cordillières,
Par delà les brouillards hantés des aigles noirs,
Plus haut que les sommets creusés en entonnoirs
Où bout le flux sanglant des laves familières ;
L'envergure pendante et rouge par endroits,
Le vaste Oiseau, tout plein d'une morne indolence,
Regarde l'Amérique et l'espace en silence,
Et le sombre soleil qui meurt dans ses yeux froids.
La nuit roule de l'Est, où les pampas sauvages
Sous les monts étagés s'élargissent sans fin ;
Elle endort le Chili, les villes, les rivages,
Et la mer Pacifique et l'horizon divin ;
Du continent muet elle s'est emparée :
Des sables aux coteaux, des gorges aux versants,
De cime en cime, elle enfle, en tourbillons croissants,
Le lourd débordement de sa haute marée.
Lui, comme un spectre, seul, au front du pic altier,
Baigné d'une lueur qui saigne sur la neige,
Il attend cette mer sinistre qui l'assiége :
Elle arrive, déferle et le couvre en entier.
Dans l'abîme sans fond la Croix australe allume
Sur les côtes du ciel son phare constellé.
Il râle de plaisir, il agite sa plume,
Il érige son cou musculeux et pelé,

Il s'enlève en fouettant l'âpre neige des Andes,
Dans un cri rauque il monte où n'atteint pas le vent,
Et, loin du globe noir, loin de l'astre vivant,
Il dort dans l'air glacé, les ailes toutes grandes.

TABLE

POEMES ANTIQUES

HYPATIE	3
THYONÉ	6
GLAUCÉ	11
HÉLÈNE	16
LA ROBE DE CENTAURE	56
CHANT ALTERNÉ	57
ÉGLOGUE	60
VÉNUS DE MILO	63
CYBÈLE	65
PAN	67
KLYTIE	68
LES EOLIDES	71
ÉTUDES LATINES	74
NIOBÉ	86

LA SOURCE	103
LE RÉVEIL D'HÉLIOS	104
HYLAS	106
JUIN	109
MIDI	111
NOX	112
KHIRON	113
LA FONTAINE AUX LIANES	146
JANE	150
NANNY	151
NELL	152
LA FILLE AUX CHEVEUX DE LIN	153
ANNIE	155
ÇURYA	156
BHAGAVAT	159
DIES IRÆ	176

POEMES ET POESIES

LA PASSION	183
A MADAME ANAIS S. M.	215
ÇUNACÉPA	216
ODES ANACRÉONTIQUES	234
LE VASE	240
PHIDYLÉ	241
FULTUS HYACINTHO	243
LES ASCÈTES	244
LES JUNGLES	247
LES HURLEURS	249
LES ÉLÉPHANTS	250
LE DÉSERT	252

TABLE 333

LE RUNOIA	254
LE NAZARÉEN	267
CHRISTINE	269
LES ELFES	271
LE COLIBRI	273
TRA FILA D'ORO	274
LES DAMNÉS	275
LA CHANSON DU ROUET	276
L'ARC DE CIVA	277
SOUVENIR	282
LE VENT FROID DE LA NUIT	284
L'ANATHÈME	286
LES OISEAUX DE PROIE	289
REQUIES	290

POESIES NOUVELLES

LA RAVINE SAINT-GILLES	295
LE MANCHY	298
LES PLAINTES DU CYCLOPE	300
L'ENFANCE D'HÉRAKLÈS	302
LA MORT DE PENTHÉE	304
HÉRAKLÈS AU TAUREAU	306
L'OASIS	307
HYPATIE ET CYRILLE	309
LA GENÈSE POLYNÉSIENNE	320
LA VISION DE BRAHMA	321
LE SOMMEIL DU CONDOR	329

FIN

LIBRAIRIE POULET-MALASSIS ET DE BROISE
9, RUE DES BEAUX-ARTS

Bibliothèque moderne

Les Oubliés et les Dédaignés, figures littéraires de la fin du XVIIIe siècle, par Charles Monselet, 2 vol.. 5 fr.

Linguet. — Mercier. — Dorat-Cubières. — Olympe de Gouges. — Le Cousin Jacques. — Le Chevalier de la Morlière. — Le Chevalier de Mouhy. — Desforges — Gorgy. — La Morency. — Plancher-Valcour. — Baculard d'Arnaud. — Grimod de la Reynière.

Sophie Arnould, d'après sa correspondance et ses mémoires inédits, par Ed. et J. de Goncourt, 1 vol.. 2 fr.

Lettres d'un Mineur en Australie, par Antoine Fauchery, 1 vol..... 2 fr. 50

Les Fleurs du Mal, par Charles Baudelaire (épuisé), 1 vol........... 3 fr.

Poésies complètes de Théodore de Banville (Les Cariatides; les Stalactites; Odelettes; le Sang de la Coupe; la Malédiction de Vénus, etc.); avec une eau-forte titre, dessinée et gravée par Louis Duveau, 1 vol..................... 5 fr.

Couronne, histoire juive, par Alexandre Weill, 1 vol................ 2 fr.

Lettres familières écrites d'Italie a quelques amis, de 1739 à 1740, par Charles De Brosses, avec une étude littéraire et des notes, par Hippolyte Babou, 2 vol. (seule édition sans suppressions).............................. 6 fr.

Les Payens Innocents, nouvelles, par Hippolyte Babou, 1 vol........ 3 fr.

Mémoires du Duc de Lauzun (1747-1783), publiés pour la première fois avec les passages supprimés, les noms propres, une étude sur la vie de l'auteur, des notes et une table générale, par Louis Lacour, 1 vol............................ 4 f.

Essais sur l'époque actuelle. — Libres opinions morales et historiques, par Émile Montégut, 1 vol... 3 fr.

Du Génie Français. — La Renaissance et la Réformation. — Des Controverses sur le XVIIIe siècle. — De la Toute-Puissance de l'Industrie — De l'Individualité humaine dans la Société moderne. — De l'Idée de Monarchie Universelle. — De l'Homme Éclairé. — De l'Italie et du Piémont — Fragment sur le Génie Italien. — Werther. — Hamlet. — Confidences d'un Hypocondriaque.

En préparation.

Ch. Asselineau : *La double Vie*, nouvelles, 1 vol. — Th. Gautier : *Honoré de Balzac*, 1 vol. — Ch. Baudelaire : *Curiosités esthétiques*, 1 vol. — Cervantes : *Nouvelles*, traduites par Pierre Hessein et Filleau de Saint-Martin, nouvelle édition entièrement revue et corrigée, comprenant la nouvelle du *Licencié Vidriera*, traduite pour la première fois par Charles Romey. — Maxime Ducamp : *En Hollande, Lettres à un ami*, 1 vol. — La Grange-Chancel : *Les Philippiques*, réimprimées sur l'exemplaire manuscrit du Régent, précédées de *Mémoires* pour servir à l'histoire de La Grange-Chancel et de son temps, en partie écrits par lui-même, notes historiques et littéraires de M. de Lescure — Mercier : *Le Nouveau Paris*, introduction et notes de Ch. Alleaume, 2 vol.

Publications de formats divers.

Le Comte Gaston de Raousset-Boulbon, sa vie et ses aventures, d'après ses papiers et sa correspondance, par H. de la Madelène, in-12....... 2 fr.

Quelques exemplaires ont été imprimés sur papier vergé au prix de... 6 fr.

Odes funambulesques, par Th. de Banville, avec une eau-forte d'après un dessin de Ch. Voillemot, fleurons et initiales imprimés en rouge, in-8°.

Ce livre est presqu'épuisé.

Paris et le Nouveau Louvre, ode, par Théodore de Banville, in-8°... 50 c.
Même format et même typographie que les Odes funambulesques.

Histoire du Sonnet, pour servir à l'Histoire de la Poésie française, par Ch. Asselineau, 2e éd. — In-8° tiré à 150 ex. sur papier vergé............ 3 fr.

Jean de Schelandre, poëte verdunois (1585-1635), par Ch. Asselineau, 2e édit, in-8°. — Tiré à 120 exemplaires papier vergé....................... 3 fr. 50

Antoine Lemaistre, par Rapetti, ancien professeur suppléant au collège de France, in-8° sur vergé. Tiré à 200 exempl........................... 1 fr. 50

La Lorgnette Littéraire, dictionnaire des grands et des petits auteurs de mon temps, par Charles Monselet, in-16............................... 2 fr. 50

La Défection de Marmont, exposée d'après ses Mémoires et les témoignages de contemporains, ouvrage suivi d'un appendice contenant des documents inédits ou peu connus sur les événements de 1814, par A. Rapetti, 1 vol. in-8°... 6 fr.

Alençon. — Imp. de POULET-MALASSIS et DE BROISE.

LIBRAIRIE POULET-MALASSIS ET DE BROISE
9, RUE DES BEAUX-ARTS

Bibliothèque moderne

LES OUBLIÉS ET LES DÉDAIGNÉS, figures littéraires de la fin du XVIIIe siècle, par Charles Monselet, 2 vol................................... 5 fr.

Linguet. — Mercier. — Dorat-Cubières. — Olympe de Gouges. — Le Cousin Jacques — Le Chevalier de la Morlière. — Le Chevalier de Mouhy. — Desforges. — Gorgy. — La Morency. — Plancher-Valcour. — Baculard d'Arnaud. — Grimod de la Reynière.

SOPHIE ARNOULD, d'après sa correspondance et ses mémoires inédits, par Ed. et J. de Goncourt, 1 vol................................ 2 fr.
LETTRES D'UN MINEUR EN AUSTRALIE, par Antoine Fauchery, 1 vol..... 2 fr. 50
LES FLEURS DU MAL, par Charles Baudelaire (épuisé), 1 vol............ 3 fr.
POÉSIES COMPLÈTES de Théodore de Banville (Les Cariatides; les Stalactites; Odelettes; le Sang de la Coupe; la Malédiction de Vénus, etc.); avec une eau-forte titre, dessinée et gravée par Louis Duveau, 1 vol................ 5 fr.
COURONNE, histoire juive, par Alexandre Weill, 1 vol................ 2 fr.
LETTRES FAMILIÈRES ÉCRITES D'ITALIE A QUELQUES AMIS, de 1739 à 1740, par Charles De Brosses, avec une étude littéraire et des notes, par Hippolyte Babou, 2 vol. (seule édition sans suppressions)........................... 6 fr.
LES PAYENS INNOCENTS, nouvelles, par Hippolyte Babou, 1 vol........ 3 fr.
MÉMOIRES DU DUC DE LAUZUN (1747-1783), publiés pour la première fois avec les passages supprimés, les noms propres, une étude sur la vie de l'auteur, des notes et une table générale, par Louis Lacour, 1 vol...................... 4 f.
ESSAIS SUR L'ÉPOQUE ACTUELLE. — LIBRES OPINIONS MORALES ET HISTORIQUES, par Émile Montégut, 1 vol............................... 3 fr.

Du Génie Français. — La Renaissance et la Réformation. — Des Controverses sur le XVIIIe siècle. — De la Toute-Puissance de l'Industrie. — De l'Individualité humaine dans la Société moderne. — De l'Idée de Monarchie Universelle. — De l'Homme Éclairé. — De l'Italie et du Piémont — Fragment sur le Génie Italien. — Werther. — Hamlet. — Confidences d'un Hypocondriaque.

En préparation.

CH. ASSELINEAU : *La double Vie*, nouvelles, 1 vol. — TH. GAUTHIER : *Honoré de Balzac*, 1 vol. — CH. BAUDELAIRE : *Curiosités esthétiques*, 1 vol. — CERVANTES : *Nouvelles*, traduites par Pierre Rosseu et Filleau de Saint-Martin, nouvelle édition entièrement revue et corrigée, comprenant la nouvelle du *Licencié Vidriera*, traduite pour la première fois par Charles Romey. — MAXIME DUCAMP : *En Hollande, Lettres à un ami*, 1 vol. — LA GRANGE-CHANCEL : *Les Philippiques*, réimprimées sur l'exemplaire manuscrit du Régent, précédées de *Mémoires* pour servir à l'histoire de La Grange-Chancel et de son temps, en partie écrits par lui-même, notes historiques et littéraires de M. de Lescure. — MERCIER : *Le Nouveau Paris*, introduction et notes de Ch. Alleaume, 2 vol.

Publications de formats divers.

LE COMTE GASTON DE RAOUSSET-BOULBON, sa vie et ses aventures, d'après ses papiers et sa correspondance, par H. de la Madelène, in-12...... 2 fr.
Quelques exemplaires ont été imprimés sur papier vergé au prix de... 6 fr.
ODES FUNAMBULESQUES, par Th. de Banville, avec une eau-forte d'après un dessin de Ch. Voillemot, fleurons et initiales imprimés en rouge, in-8°.
Ce livre est presqu'épuisé.
PARIS ET LE NOUVEAU LOUVRE, ode, par Théodore de Banville, in-8°.... 50 c.
Même format et même typographie que les ODES FUNAMBULESQUES.
HISTOIRE DU SONNET, pour servir à l'Histoire de la Poésie française, par Ch. Asselineau, 2e éd. — In-8° tiré à 150 ex. sur papier vergé............ 3 fr.
JEAN DE SCHELANDRE, poëte verdunois (1585-1635), par Ch. Asselineau, 2e édit. in-8°. — Tiré à 120 exemplaires papier vergé.................... 3 fr. 50
ANTOINE LEMAISTRE, par Rapetti, ancien professeur suppléant au collège de France, in-8° sur vergé. Tiré à 200 exemp.................... 1 fr. 50
LA LORGNETTE LITTÉRAIRE, dictionnaire des grands et des petits auteurs de mon temps, par Charles Monselet, in-16....................... 2 fr. 50
LA DÉFECTION DE MARMONT, exposée d'après ses Mémoires et les témoignages de contemporains, ouvrage suivi d'un appendice contenant des documents inédits ou peu connus sur les événements de 1814, par A. Rapetti, 1 vol. in-8°... 6 fr.

Alençon. — Imp. de POULET-MALASSIS et DE BROISE.

www.ingramcontent.com/pod-product-compliance
Lightning Source LLC
Chambersburg PA
CBHW060457170426
43199CB00011B/1238